QUINZE ANS

DU RÈGNE DE

LOUIS XIV

II

Paris.—Imprimé chez Bonaventure et Ducessois, 55, quai des Grands-Augustins.

QUINZE ANS

DU RÈGNE DE

LOUIS XIV

1700-1715

PAR ERNEST MORET

TOME DEUXIÈME

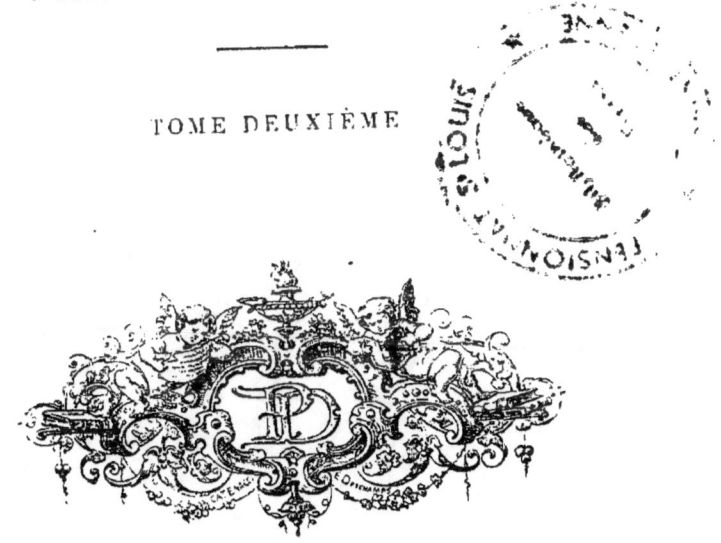

PARIS

A LA LIBRAIRIE ACADÉMIQUE

DIDIER ET Cie, LIBRAIRES-ÉDITEURS.

35, QUAI DES GRANDS-AUGUSTINS.

1859

Tous droits réservés.

Ernest Moret est mort le 11 juillet 1858, à l'âge de trente-quatre ans, avant d'avoir terminé l'œuvre qu'il avait entreprise et qu'il se proposait de continuer jusqu'à la révolution de 1789. Initié de son vivant au plan qu'il s'était tracé, nous avons reçu après sa mort la douloureuse mission de réunir ses manuscrits et de coordonner ces pages qui portaient l'empreinte encore toute récente du labeur qu'il a poursuivi avec un inépuisable courage jusque dans ses derniers jours. C'est ainsi que nous pouvons dès à présent annoncer la prochaine publication de deux volumes, qui avec le premier, publié en 1851, contiendront la première période du xvIII siècle, sous le titre de *Quinze Ans du règne de Louis XIV*.

L'auteur, jaloux de répondre par de constants efforts aux bienveillantes critiques dont le premier volume avait été l'objet, se proposait de le refondre entièrement et de l'enrichir de documents tout nouveaux. Espérance vaine ! ses forces l'ont trahi trop tôt. Les volumes que nous publions ne contiennent pas son dernier mot, et nous savons pertinemment que si quelques chapitres étaient complétement terminés [1], le plus grand nombre devait recevoir des développements considérables. Tel qu'il est, toutefois, cet ouvrage mérite l'attention du public, ne serait-ce que par des épisodes entièrement inédits.

En acceptant la mission que nous a confiée une pieuse sollicitude, nous nous sommes imposé pour premier devoir de respecter scrupuleusement le texte de l'auteur, et si parfois nous avons rencontré quelques lacunes regrettables, il nous a toujours été facile de les combler à l'aide de l'immense quantité de matériaux qu'il avait réunis.

Nous ne terminerons pas sans ajouter que nous croyons être l'interprète impartial de tous ceux qui

---

[1] Notamment les chapitres xiv du II⁰ volume et xvi et xvii du III⁰ qui ont été lus à l'Académie des sciences morales et politiques, dans les séances publiques des 29 août, 5 septembre et 10 octobre 1857.

ont connu Ernest Moret, en disant que son ardent amour du juste et du bien et sa patience infatigable à rechercher la vérité lui avaient dès longtemps concilié l'affection et l'estime de chacun, et que sa fin si prompte et si prématurée a valu des regrets unanimes à sa mémoire.

Edmond Sallard.

CHAPITRE PREMIER.

LA HONGRIE.—I.

(900-1699.)

Coup d'œil géographique sur la Hongrie. — Marais, steppes, vignes, montagnes.—Dernières invasions des barbares.—Arrivée des Magyares en Europe. — Leurs courses en Italie, en Allemagne. — Leur établissement en Hongrie.—Baptême de leur chef Geysa.—Fondation du royaume de Hongrie. — Etablissement du droit des armes. — Rois magyares. — Rois étrangers. — Avénement des princes de la maison d'Autriche au trône.—Les quatre peuples de la Hongrie.—Roumains. —Slaves.—Magyares.—Allemands.—Invasion et influence de la réforme en Hongrie. — Protestation des Magyares. — Guerre de deux siècles entre les Magyares et les Autrichiens.—Rois Magyares opposés aux empereurs. — Rois de la maison d'Autriche. Tékély. — Ses premières campagnes.—Son alliance avec les Turcs et sa participation au siège de Vienne. — Sa disgrâce à Constantinople et sa captivité. — Découragement et soumission des Magyares. — Cruautés du général autrichien Caraffa.—Sanglant tribunal d'Epéries.—Tortures, supplices, terreur. — Diète de Presbourg, qui supprime le droit des armes et déclare héréditaire le trône de Hongrie. —Manifeste de Tékély. — Il rentre en Hongrie avec les Turcs. — Leur défaite à Salankemen et à Zenta.—Paix de Carlowitz.—Exil, mort et testament de Tékély.

On a vu comment Villars, plein de confiance dans la puissante coopération des révoltés hongrois, proposait à l'électeur de Bavière de marcher sur Vienne, et par cette résolution, aussi hardie qu'imprévue, de porter le dernier coup à la puissance de l'Autriche. Le moment est venu de raconter cette formidable insurrection, qui prit bientôt, grâce aux subsides de Louis XIV, toutes les proportions d'une véritable guerre civile. Mais pour bien comprendre cette lutte lointaine et ignorée, il faut connaître le pays témoin de ces événements et les peuples qui furent appelés à y prendre part.

Si l'on embrasse la Hongrie d'un regard, elle semble un large amphithéâtre, baigné par le Danube et couronné par la cime des Carpathes. Au premier plan, sur la frontière turque, se trouve le Bannat[1] ou gouvernement de Témeswar, dont la fertilité rappelle les campagnes de la Lombardie. Après le Bannat s'étendent des terres plates, couvertes d'étangs et de marais[2], pleines de dangers pour qui s'y aventure sans les connaître, et que la Theiss inonde chaque année. Entre la Theiss et le Danube, la campagne change d'aspect, et l'on entre dans les steppes[3], immenses plaines de sable couvertes de broussailles épaisses et qui, de Témeswar à Giula, de Pesth à Debreczin, occupent environ trois cents lieues ; elles ont la tristesse, le silence et jusqu'au mirage du désert ; au milieu du jour les caravanes aperçoivent sur le sable des lacs étincelants qui s'éloignent à leur approche[4].

[1] Ban signifie gouverneur perpétuel.
[2] Les Hongrois ont un mot pour qualifier chacun de leurs marais : il y a le marais qui porte des îles, le marais qui porte des herbes, etc. V. Malte-Brun, t. VI, p. 606. Ces marais couvrent environ 600,000 hect.
[3] En magyare la *Puzta* ; nous mettons à dessein ce mot, parce qu'on l'emploie fréquemment dans les récits contemporains.
[4] C'est *Dalibaba*, disent les Magyares, la fée du Midi, qui se joue en riant des pauvres bergers.

De distance en distance, autour des puits, apparaissent des prairies, des champs cultivés, des moissons si élevées que le cheval y disparaît avec son cavalier; puis des villages, uniformément composés d'une seule et large rue où se pressent les charrues et les troupeaux et où se retrouvent toujours les tableaux du pâturage et du labour; Debreczin même, qui contient soixante mille habitants, n'est qu'un vaste village [1].

Sur la rive droite du Danube s'étend la Hongrie transdanubienne. Au commencement du siècle dernier, cette contrée, habitée par des Slaves ou Allemands, était encore très-arriérée en agriculture et ne contenait aucune ville importante, à l'exception de Gran.

Sur la rive gauche, au contraire, s'élèvent les villes principales de la Hongrie : Pesth, la capitale magyare, la cité moderne, avec ses rues bruyantes et son fleuve chargé de bateaux; Bude, l'ancienne capitale des Ottomans, avec ses mosquées changées en églises; plus loin, Comorn, Léopolstadt, Tirnau, que ses couvents et ses cloches ont fait nommer la petite Rome; Presbourg enfin, la ville officielle, la métropole des empereurs.

Sur la Theiss, entre Erlau, Vacs et Gyongos, commence la région des vignes dont les coteaux donnent

---

[1] *V. Townson et de Gérando.* Ces villages sont sans arbres; les Magyares, comme les Turcs et les Espagnols, qui tiennent ce préjugé des Maures, haïssent et redoutent les arbres.

les meilleurs vins. Au sortir de Tokay[1], on entre dans les Carpathes, qui, fermant au nord le royaume de la Bohême à la Gallicie, semblent une barrière infranchissable. L'aspect du pays est triste, le climat froid, la terre avare; le bruit et la fumée des forges indiquent seuls les villages enfouis au fond des vallées; Czerwenitza aux mines d'opale; Neusohl[2] aux mines de cuivre; Schemnitz aux mines d'argent; Kremnitz aux mines d'or; puis Kaschau, la capitale de la haute Hongrie, et Munkacz, forteresse féodale des Ragoczi, dont le nom doit se retrouver dans la lutte qui va s'ouvrir. Bientôt les cultures disparaissent pour faire place à la sombre verdure des forêts de sapins; après Scholmnitz, les sapins meurent à leur tour et la neige remplace l'herbe; on arrive au sommet des Carpathes; en bas, sont les montagnes amoncelées, les cimes aiguës des pics, les brouillards ou les orages[3]; dans le ciel, passent les nuages blancs de la Pologne, apportés et chassés par les vents du nord.

Telle est la Hongrie; il nous reste à faire connaître ses habitants. Au temps qui nous occupe, il n'y a pas, à proprement parler, de nation hongroise; pour en trouver la cause, il faut se reporter aux premiers

[1] C'est sur le rayon de miel, près de Tokay, que se récolte le vin qui porte ce nom.

[2] Un proverbe hongrois dit que Neusohl est ceint de murs de cuivre, Schemnitz de murs d'argent, Kremnitz de murs d'or; ces mines donnent annuellement 85,000 marcs d'argent et 3,000 marcs d'or. Les mines de Schemnitz ont mille pieds de profondeur et sont les plus riches de l'Europe.

[3] Il y a des orages terribles dans les hautes Carpathes. V. *Townson*.

temps du moyen âge, et se rappeler que pendant un intervalle de huit siècles les migrations des barbares continuèrent sans interruption dans les diverses contrées de l'Europe : d'abord les Goths, puis les Francs, les Huns, les Slaves, les Magyares, les Mongols, les Turcs enfin, qui, par la prise de Constantinople, firent disparaître les derniers vestiges de la domination romaine en Orient.

Au xe siècle, les Magyares venant de l'Asie, suivant les uns, des bords du Volga, suivant les autres, avaient traversé la Russie, étaient descendus en Hongrie par les Carpathes et avaient inondé successivement l'Italie et l'Allemagne. Vaincus par Othon le Grand dans la sanglante journée d'Augsbourg, ils étaient revenus sur leurs pas, avaient asservi les Valaques et les Slaves, anciens habitants ou conquérants de la Hongrie, et s'étaient établis définitivement dans ce pays où Geysa, un de leurs principaux chefs, avait reçu le baptême sous le nom chrétien d'Etienne Ier.

Pendant trois siècles[1], les successeurs d'Etienne Ier, puissamment secondés par l'élan impétueux d'un peuple à demi barbare, avaient ajouté de nombreuses provinces à leur empire qui, vers l'an 1300, s'étendait du Dnieper à l'Adriatique et du Danube à la mer Noire.

Aussi impatients du joug de leurs rois qu'ardents à la conquête, les Magyares avaient obtenu de leurs

[1] 1000-1301.

princes un statut redoutable qui, en cas d'atteinte au pacte national, consacrait formellement le droit d'insurrection[1]. Tous les rois de Hongrie, avant de recevoir la couronne, devaient jurer le maintien de cette constitution, qui servira d'étendard aux soldats de Ragoczi.

Après l'extinction de la dynastie magyare, la décadence avait commencé ; la Hongrie, gouvernée par des rois étrangers, napolitains, valaques ou bohèmes, avait perdu successivement la Gallicie et la Dalmatie, et avait eu à soutenir des luttes incessantes contre les Turcs ses ennemis les plus redoutables ; Louis II avait perdu la vie à la bataille de Mohacz en cherchant à les repousser ; il laissait un royaume dévasté, et pour le défendre une fille, Anne de Hongrie, qui, bientôt après, donnait sa main et sa couronne à l'archiduc Ferdinand d'Autriche (1526).

Avec Ferdinand Ier commence pour la Hongrie une ère de malheurs peut-être sans précédents dans les annales humaines ; aux guerres étrangères viennent se joindre les guerres intestines qui se prolongent jusqu'aux temps de cette histoire et qui toutes ont pour première cause la diversité des races qui vivent à côté les unes des autres sans se mêler, gar-

---

« [1] S'il arrive (disait le roi d'André II après l'énumération des libertés hongroises) que notre présente disposition soit violée par nous ou par quelques-uns de nos successeurs, les évêques et les magnats auront à jamais le droit de nous résister sans être entachés de trahison. *Sine nota alicujus infidelitatis.* » Art. 31 du décret d'André II (1222). Les Hongrois nommaient ce décret leur bulle d'or.

dant leurs mœurs, leurs religions et leurs langues respectives et que l'on verra prendre parti, suivant leur origine, pour ou contre les armées autrichiennes.

Quatre peuples en effet se partagent le pays : les Valaques, les Slaves, les Magyares et les Allemands.

Les Valaques, le plus ancien de ces peuples, revendiquent à juste titre une origine romaine[1]; leur habit de toile est celui des légionnaires de la colonne Trajane; leur langue, un mélange de slave où le latin domine; ils ont les vices et les vertus des méridionaux : la paresse et la sobriété, l'enthousiasme et l'apathie; ils aiment avec passion la danse, la musique, la poésie, les pompes de l'Eglise grecque, et mêlent à son culte les terreurs superstitieuses des sortiléges et des fantômes; mais ils ne tremblent pas sur le champ de bataille, et l'on retrouve chez eux la bravoure et comme la solidité romaines. Malgré l'asservissement que leur a fait subir la race conquérante, on les verra dans la lutte s'enrôler et combattre sous les drapeaux des révoltés.

Les Slaves, maîtres de la Hongrie avant les Magyares, se subdivisent en Slovaques, Serbes et Croates; tous suivent la religion grecque et parlent une langue commune. Mais leur caractère diffère essentiellement : autant les premiers sont doux, timides et indolents, autant les Serbes et les Croates sont belliqueux et rebelles au joug des Magyares. Placés à la limite de l'Europe chrétienne, dans un pays sans cesse envahi par les Turcs, ils naissent au milieu des bruits de la guerre, labourent le fusil sur l'épaule, rendent invasion pour invasion, feu pour feu, sang pour sang. Les fantassins croates éclairent l'armée[1], harcèlent l'ennemi, pillent les convois, achèvent les blessés ; les cavaliers serbes, équipés comme les spahis du sultan, empalent et décapitent comme eux les captifs, et tous, Serbes et Croates, conservant contre les Magyares l'amer ressentiment de leur défaite, iront dès les premiers jours offrir leurs utiles services à l'empereur.

Les conquérants, les Magyares, formaient alors le tiers de la nation[2]; seuls propriétaires et seuls nobles, ils votaient l'impôt sans y participer et ne devaient au pays que leur sang ; portant les plus magnifiques costumes, resplendissants d'or et de pierreries, ces gentilshommes semblaient une race de rois. Comme les Polonais leurs voisins, ils aimaient le jeu et le faste, la licence des festins et les grandes chasses féodales; comme eux aussi les périls de la guerre et les orages de la liberté.

Ils nommaient leurs rois par acclamation dans de grandes assemblées où ils réglaient les affaires publiques. Les diètes se tenaient à Rakos, non loin de Pesth, dans une immense plaine où jusqu'à deux cent mille homme se trouvèrent quelquefois réunis;

---

[1] C'était, si l'on peut ainsi parler, des Cosaques à pied : les Pandours, ces terribles manteaux rouges de la guerre de sept ans, étaient Croates.
[2] Il y a aujourd'hui en Hongrie quatre millions de Magyares, cinq millions de Slaves, deux millions de Valaques et un million d'Allemands.

les délibérations avaient lieu en plein air, et si le danger pressait, si les Turcs passaient le Danube, il arrivait que l'assemblée votait et commençait la guerre le même jour. Parfois aussi, et surtout aux élections royales, ces fiers législateurs tiraient leurs épées et se chargeaient avec furie; le forum se changeait alors en champ de bataille et cette triste journée avait la guerre civile pour lendemain. Quant aux paysans magyares, parlant la même langue, ayant les mêmes passions que les gentilshommes, ils prétendaient à la même noblesse, méprisaient le commerce et les métiers, et se contentaient de garder les troupeaux, dans les steppes, où ils restaient dix mois de l'année enveloppés dans leurs manteaux blancs et les yeux fixés sur le désert.

Les derniers venus enfin de ces quatre peuples, les Allemands, descendaient des colonies saxonnes établies dans le royaume au moyen âge. Si les Magyares préféraient la vie rude et libre des champs et des forêts, s'ils habitaient des manoirs rustiques ou des huttes délabrées, les Saxons au contraire recherchaient le séjour et les travaux des villes, le commerce et l'industrie, et leurs maisons plus vastes, mieux aérées, entourées d'arbres et de jardins, avaient cet air d'aisance et cette propreté qui caractérisent les demeures hollandaises. Mais à l'époque où nous écrivons, en dépit de ces différences de mœurs et d'origines, le plus puissant de tous les liens, la foi religieuse, rattachait les Allemands aux Magyares; dès les premiers temps de la réforme, les

Saxons avaient embrassé les doctrines de Luther[1], comme les Magyares celle de Calvin, et, menacés dans leurs croyances communes par l'Autriche, ces deux peuples se donnèrent la main. Et maintenant, on peut ranger d'avance les combattants : d'un côté, l'Autriche, les catholiques grecs, les catholiques latins, les Croates et les Serbes; de l'autre, les réformés allemands et magyares, combattant les uns pour leur liberté religieuse, et les autres pour leur indépendance religieuse, nationale et politique et la constitution de leur pays.

La guerre, qui sera désormais si inquiétante pour la maison d'Autriche, existait depuis l'avénement de Ferdinand Ier. Dès cette époque, les Magyares avaient protesté contre l'élection d'un prince autrichien ; opposant diète à diète, souverain à souverain, à Ferdinand Ier Jean Zapoly, à Rodolphe II Etienne Boskay, à Ferdinand II Gabriel Betlem, à Ferdinand III Betlem Gabor, à Léopold Ier Tékély, ils ont eu pendant deux siècles[2], concurremment avec les empereurs-rois de la maison d'Autriche, une série de chefs magyares, rois de Hongrie, princes de Transylvanie, calvinistes la plupart, alliés de la France ou de la Suède, appelant tour à tour les Turcs contre les Autrichiens ou les Autrichiens contre les Turcs, suivant l'intérêt du moment, mourant tous de mort violente, mais tous illustres par leur caractère

[1] Il y a aujourd'hui en Hongrie cinq millions de catholiques, quatre millions de grecs et trois millions et demi de protestants.
[2] De 1526 à 1699.

ou leurs talents, et immortalisés dans les chants nationaux des Hongrois.

Tékély[1], le dernier de ces chefs, les avait tous surpassés. Général à dix-neuf ans, il avait lutté pendant six années[2] contre l'empereur, qu'il avait vaincu dans huit batailles, et était arrivé avec vingt mille Magyares et l'armée ottomane jusque sous les murs de Vienne, qui ne dut son salut qu'à l'éclatante victoire de Sobieski. A partir de ce moment, la fortune qui n'avait pas cessé de lui être favorable, le soumit à de cruelles vicissitudes ; accusé auprès du sultan[3] d'avoir écouté les propositions de la cour de Vienne, il eut à subir une longue captivité qui découragea les Magyares et les décida à mettre bas les armes.

Cependant sa femme, Hélène Zriny, s'était retirée dans la forteresse de Munkacz[4] ; elle était veuve en premières noces de François Ragoczi, dont elle avait eu deux enfants : François-Léopold Ragoczi, que nous verrons bientôt figurer à la tête des mécontents et Julienne Ragoczi, sa sœur. Douée d'une énergie peu commune, la princesse refusa de se rendre, et dignement secondée par les officiers de son mari, elle parvint

---

[1] Né en 1658, il était petit-fils par sa mère du célèbre comte Nadasti, décapité en 1671 avec les comtes Frangipani et Zriny, sous prétexte d'une conspiration contre l'empereur.

[2] De 1677 à 1683.

[3] *Révolutions de Hongrie*, t. 1er, p. 299-302.

[4] La citadelle de Munkacz, bâtie sur un rocher à peine recouvert d'une légère couche de terre, est une des plus fortes citadelles de la haute Hongrie. Elle remonte au xvie siècle, et sert aujourd'hui de prison d'Etat.

à tenir en échec pendant dix-huit mois[1] les forces autrichiennes commandées par Caraffa, qui ne pénétra dans la place que par la trahison du gouverneur. Cette femme héroïque fut emmenée prisonnière à Vienne avec ses enfants[2].

D'épouvantables représailles suivirent la victoire des Autrichiens : prenant pour prétexte une conjuration qui ne fut jamais prouvée, Caraffa, soldat médiocre et courtisan décrié, établit à Epéries un tribunal composé d'officiers vendus et de renégats protestants ; il envoya à la mort les plus illustres seigneurs de la Hongrie et soumit aux plus cruelles tortures[3] un nombre considérable de gentilshommes, de bourgeois et de paysans dont le plus grand crime était d'être riches ou d'appartenir à la religion protestante. Cent ans après, suivant le témoignage de l'historien Pray, le souvenir de ces sanglantes assises[4] et le nom de Caraffa faisaient encore trembler les enfants.

Sous l'empire de la terreur inspirée par ces supplices ou gagnés par les flatteries de l'empereur, les députés réunis à Presbourg dans une diète[5] solennelle avaient déclaré le trône héréditaire et couronné le fils

---

[1] 1685-1687. *Révolutions de Hongrie*, t. Ier, p. 325, 334 et 383.

[2] Elle fut échangée en 1692 contre le feld-maréchal Heister, pris par Tékély et rejoignit son mari pour ne plus le quitter.

[3] « Eperiensi decem primos peractos reos, et *magnum vulgi numerum*, illos secari, hos suspendio tolli, jussit » (Caraffa). *Katona*, t. XXXV, p. 346.

[4] De février à novembre 1687.

[5] D'octobre à décembre 1687. *Révolutions de Hongrie*, t. Ier, p. 366.

de Léopold comme roi de Hongrie, sacrifiant sans résistance la constitution de leur pays et avec elle le fameux article 31 du décret d'André II. Seul aussi, Tékély résistait. Il publia dès lors un manifeste dans lequel il protesta contre les atteintes faites par la diète de Presbourg aux lois fondamentales du royaume [1]. Depuis longtemps justifié près du Grand Seigneur [2], il reparut sur le Danube avec cent mille Turcs, reprit Semembria, Widdin et Belgrade, et, poursuivant le cours de ses avantages, força les Impériaux à le reconnaître prince de Transylvanie. Le feld-maréchal Heister venait de tomber entre ses mains ; l'empereur ne pouvait désormais triompher d'un pareil adversaire qu'en lui opposant ses meilleurs généraux, Louis de Bade et le prince Eugène. A partir de ce moment, ce ne fut pour les soldats et les alliés de Tékély qu'une suite de désastres. Vaincu d'abord à Salankemen [3], où les Turcs laissent vingt mille morts sur le champ de bataille, et six ans après par le prince Eugène à Zenta, [4] il ne put empêcher le sultan de signer la paix de Carlowitz [5], qui lui fer-

---

[1] Ce manifeste est dans les *Révolutions de Hongrie*, t. Ier, p. 384. « Ne vous souvient-il plus, peuple hongrois, disait Tékély, du sang que les Autrichiens ont versé et comment ils ont armé la main du bourreau quand la leur a été lassée ? Y a-t-il quelqu'un de vous qui puisse se vanter de n'avoir pas perdu un frère, un parent, un ami, dans cette grande effusion de sang que vient d'ordonner Caraffa ! »

[2] 1683. V. les *Mémoires de Betlem Niklos* (par l'abbé Révérent, agent français en Transylvanie). *Révolutions de Hongrie*, t. VI, p. 372.

[3] En 1691.

[4] Septembre 1697. Le grand vizir et dix-sept pachas y perdirent la vie.

[5] Premiers jours de 1699. Cette paix rendit à l'Autriche les conquêtes

mait tout espoir de rétablir sa fortune. Il se vit contraint de reprendre le chemin de l'exil, après avoir perdu sa femme, qui succomba au chagrin et à la misère[1]. Il mourut lui-même oublié dans un faubourg de Constantinople[2], instituant pour son héritier son beau-fils, François-Léopold Ragoczi, auquel il léguait sa vengeance[3].

---

de Soliman, la Transylvanie et la Hongrie au delà du Danube, à l'exception d'une faible partie du Bannat, mais le sultan refusa de livrer Tékély.

[1] En 1703.
[2] *William Coxe*, t. IV, page 34.
[3] En 1705.

CHAPITRE II.

LA HONGRIE.—II.

(1699-1704.)

Occupation militaire de la Hongrie. — Excès des armées autrichiennes. —Arrestations.—Réquisitions. — Violences. — Taxes énormes. — Misère et mécontentement des Hongrois.—Mort du roi d'Espagne Charles II.—Guerre de l'Autriche avec la France.—Évacuation de la Hongrie par les armées autrichiennes. — Soulèvements partiels des paysans.—Ragoczi.—Son portrait, sa famille et son caractère.—Son exil volontaire à Saros. — Sa lettre à Louis XIV. — Trahison de Longueval.—Arrestation et captivité de Ragoczi à Neustadt. — Son procès, son évasion et sa fuite en Pologne— Secret message des paysans qui le supplient de se mettre à leur tête.—Les drapeaux de l'insurrection.—Excès des paysans. — Leur défaite à Dolha. — Arrivée de Ragoczi en Hongrie. — Enthousiasme des populations. — Combat de Munkacz. — Bruit de la mort de Ragoczi. — Touchant désespoir du peuple. — Succès des insurgés à Tisabecs.—Passage de la Theiss.— Progrès de l'insurrection. — Les Magyares arrivent jusqu'au Danube. — Leur retraite devant le feld-maréchal Heister. — Expédition de Ragoczi à travers les steppes.—Bataille de Tirnau. — Courses des Magyares en Autriche et en Styrie.

La Hongrie semblait domptée. Le général des Magyares mourait dans l'exil; la paix de Carlowitz rejetait les Turcs au delà de la frontière; la paix de Ryswick, signée deux ans auparavant avec Louis XIV, délivrait l'Autriche des Français. L'empereur, maître de toutes ses troupes, envoya en Hongrie des forces considérables, afin d'assurer la soumission du royaume par le long séjour de ses armées.

La présence des Autrichiens, qui devait terminer la guerre, la ralluma. Ils ne trouvèrent dans la Hongrie épuisée par deux siècles de guerre civile, ni les fourrages, ni les approvisionnements nécessaires à une armée, et traitèrent ce royaume en pays conquis, levant d'énormes réquisitions, pillant les villages et achevant leur ruine par des levées continuelles de soldats que l'Autriche envoyait servir loin de leur pays[1]. Les impôts furent tellement augmentés, que dans un pays qui produit le sel en abondance, les paysans renoncèrent à en faire usage, ne pouvant payer la surtaxe[2]. Quelques-uns livraient leurs femmes aux officiers pour s'exempter du service militaire[3], d'autres se pendaient de désespoir. On vit des mères vendre leurs filles aux Turcs, afin d'acquitter les impôts. Les paysans fuyaient par troupes dans les montagnes et sur les terres du sultan, préférant la servitude ottomane au joug des chrétiens. Un mémoire publié à cette époque établit que les sommes extorquées durant une année par les impériaux atteignaient le chiffre des impôts perçus par les Turcs pendant un demi-siècle[4].

A cette détresse publique se mêlaient les repré-

---

[1] *Révolutions de Hongrie*, t. II, p. 5 et 6.

[2] *Mémoire de Ragoczi*, t. V, p. 19-20.

[3] « On a vu, par un exemple inouï, que les uns se sont pendus, d'autres ont préféré se rendre esclaves des Turcs, d'autres ont livré leurs femmes pour s'exempter du service militaire, et vendu leurs enfants aux Turcs. » *Manifeste de Ragoczi*.

Révolutions de Hongrie, t. Ier, p. 379-380 et *Manifeste de Ragoczi*.

sailles du gouvernement contre tous ceux qui étaient soupçonnés d'avoir pris part à la dernière guerre. Les fonctionnaires autrichiens, dont la plupart sortaient des plus basses conditions[1], humiliant à plaisir les gentilshommes magyares, si fiers de leur naissance, fouillaient leurs châteaux, confisquaient leurs armes, démolissaient leurs forteresses. Au mépris de leurs priviléges, plusieurs seigneurs étaient maltraités et frappés de coups de bâton[2]. Tant de violences exaspérèrent les vaincus. Nobles et paysans s'unirent, attendant l'occasion de prendre les armes.

Ragoczi, le général désigné de l'insurrection, avait alors vingt-quatre ans[3]. Comme Tékély il réunissait

[1] « La plupart venaient de quitter la livrée d'un seigneur allemand. » *Révolutions de Hongrie*, t. Ier, p. 379.

[2] *Révolutions de Hongrie*, t. II, p. 5 et 6. Les excès allèrent si loin que l'empereur écrivait en 1704 à l'archevêque de Colocza, prélat magyare, qui se plaignait des violences commises envers son clergé : « Je plains ce royaume affligé et j'apprends avec déplaisir les excès auxquels, comme on le prétend, mes officiers civils et militaires se sont portés : ce n'a pas été par mes ordres. Qu'on m'en informe en détail et j'y remédierai. » *Révolutions de Hongrie*, t. II, p. 152.

[3] En 1700. Il était né en 1676. « Le prince François de Ragoczi, dit la *Vie du prince Ragoczi*, p. 9, est un prince très-bien fait, d'une taille haute et avantageuse, le visage rond et plein et des cheveux noirs; il porte la barbe à la turque. » L'ouvrage contient en outre un portrait équestre du temps. Il y a en tête des *Révolutions de Hongrie* une assez bonne gravure du prince. Il a la figure régulière et expressive, les lèvres un peu fortes, les cheveux longs à la Louis XIV, les sourcils épais, de grands et beaux yeux, de longues moustaches. Son visage a quelque chose de doux, de triste et en même temps d'étranger. Il ne ressemble à aucun Français célèbre mort ou vivant. C'est ce qu'a très-bien senti Saint-Simon quand il en a tracé ce portrait treize ans après : « Ragoczi était d'une très-haute taille sans rien de trop, bien fourni sans être gros, très-proportionné et fort bien fait, l'air fort, robuste et très-noble jusqu'à être imposant, sans rien de rude; le visage assez agréable et toute la physionomie tartare. » *Saint-Simon*, t. X, p.

les qualités nécessaires pour commander une armée de gentilshommes, l'éloquence, le courage, la noblesse. Il était issu d'une maison souveraine : trois Ragoczi avaient porté la couronne de Transylvanie[1]. A l'illustration du sang il joignait le prestige du malheur. Son nom rappelait toutes les souffrances de la patrie. Son aïeul, Georges Ragoczi, était mort en combattant les Turcs. Son père avait été détrôné et dépouillé de la Transylvanie par les Autrichiens. Son grand-oncle Frangipani et son aïeul maternel Pierre Zriny avaient perdu la tête sur l'échafaud. Son oncle maternel, le comte Zriny, vingt ans captif, était mort dans une forteresse[2]. Sa mère avait partagé avec Tékély, son second mari, pendant dix ans, les fatigues et les périls de la guerre, et était restée cinq années prisonnière à Vienne, après sa glorieuse défense de Munkacz. Échangée enfin contre le général Heister, elle avait rejoint son époux à Constantinople, où nous l'avons vu mourir pauvre et proscrite[3].

Privé de son père à cinq mois, Ragoczi avait souffert lui-même. Sa mère, en se remariant à Tékély, avait mêlé son enfance à la vie errante et misérable des guerres civiles. Au milieu des péripéties d'une lutte terrible, où elle suivait à cheval son mari, la comtesse Tékély laissait son fils à des mains mercenaires, entre lesquelles la vie du prince fut plus d'une fois en danger. L'espoir de transmettre à Tékély les ma-

[1] En 1606, 1631 et 1645.
[2] *Révolutions de Hongrie*, t. Ier, p. 310 et t. II, p. 8 et suiv.
[3] *William Coxe*, t. IV, p. 35.

gnifiques domaines de l'enfant¹, et d'augmenter ainsi les ressources de l'insurrection, justifiait d'avance les tentatives criminelles auxquelles il était sans cesse exposé ; un jour un fanatique essaya de l'empoisonner ; un fidèle serviteur du prince lui sauva la vie².

Conduit à Vienne avec sa mère, Ragoczi fut séparé d'elle et relégué au collége de Prague, où les jésuites, séduits par ses richesses, s'efforcèrent de l'attirer dans leur ordre³. Mais il refusa avec énergie. Sur ces entrefaites, le comte d'Aspremont, qui venait d'épouser sa sœur, l'arracha aux jésuites et le fit revenir à Vienne. Le gouvernement voulut lui imposer un mariage politique. Ragoczi résista de nouveau, sollicita la permission de voyager, et se rendit en Allemagne sous prétexte de visiter l'armée du Rhin. Il vit à Cologne la fille du landgrave de Hesse, la princesse Charlotte de Rheinfeld, alors âgée de seize ans, l'aima, et bravant les ressentiments de la cour, rechercha et obtint sa main⁴. L'Empereur à son retour lui infligea les arrêts : son beau-frère obtint de nouveau sa grâce, mais Ragoczi s'exila lui-même, quitta Vienne, où ses moindres mouvements étaient observés⁵, et où il ne rencontrait que des visages froids ou ennemis, et emmena sa jeune femme à son château de Saros, au milieu de

---

[1] Les Ragoczi possédaient des biens considérables en Hongrie ; du seul fief de Munkacz dépendaient 300 villages.

[2] *Révolutions de Hongrie*, t. II, p. 12.

[3] *William Coxe*, t. IV, p. 101.

[4] Septembre 1694.

William Coxe, t. IV, p. 102.

la haute Hongrie. L'occupation militaire continuait, et l'irritation des Magyares était à son comble.

En ce moment, le roi d'Espagne Charles II mourait en dépouillant l'Autriche, et laissant tous ses royaumes au petit-fils de Louis XIV[1]. Quelques mois après, la guerre éclatait avec la France ; Léopold Ier levait en Hongrie douze mille soldats, retirait du royaume la plupart de ses régiments, et dans plusieurs comtés les paysans prenaient déjà les armes[2]. Les gentilshommes hésitaient encore, mais l'insurrection fermentait dans toutes leurs têtes, et chaque château semblait un camp où l'on préparait la guerre. Dans la haute Hongrie, les amis et les voisins de Ragoczi l'exhortèrent à donner le signal de la révolte. Ils parlaient tout haut de se mettre en rapport avec Louis XIV, de lui demander de la poudre et de l'argent et d'insurger toute la contrée.

Parmi les hôtes du prince, se trouvait un Liégeois nommé Longueval, officier au service de l'Empereur, et alors en garnison à Épéries, à quelques lieues de Saros. Longueval avait les dehors d'un honnête homme, et joignait à une profonde instruction des mœurs régulières et polies. Il savait parfaitement le français[3], et Ragoczi, qui aimait cette langue et recherchait l'occasion de la parler, lui accorda bientôt son estime et son amitié[4]. Peu à peu

---
[1] Novembre 1700.
[2] *Mém. de Ragoczi*, t. V, p. 20.
[3] Les *Mémoires de Ragoczi* sont écrits en français.
[4] *Révolutions de Hongrie*, t. II, p. 24.

les visites de l'officier autrichien devinrent plus fréquentes, le prince et ses compagnons lui révélèrent leurs espérances et leurs desseins. Longueval feignit d'y applaudir, et comme il allait à Liége en congé, il proposa de faire passer une lettre à la cour de France. La proposition fut acceptée ; la lettre écrite par Ragoczi fut confiée à Longueval. Mais au lieu de la transmettre à Louis XIV, le Belge la porta à l'Empereur et lui révéla tous les détails du complot. Ragoczi, secrètement averti par sa sœur, ne pouvait croire à une aussi noire trahison, et, négligeant cet avertissement, s'obstinait à rester à Saros.

Trois mois s'écoulèrent en effet sans qu'il fût inquiété. Au bout de ce temps, sur la fin de mai 1701, ayant près de lui sa femme enceinte et malade, il est réveillé en sursaut au milieu de la nuit par un bruit d'armes et de pas. On enfonce sa porte ; une lumière brille; cinquante soldats envahissent sa chambre, et leur chef, un pistolet à la main, l'arrête au nom de l'Empereur. La résistance était impossible : un bataillon campait dans la cour et cernait le château; le prince se rend aux Autrichiens, qui l'emmènent à la citadelle de Neustadt. On l'enferme dans une salle basse et humide, dont toutes les fenêtres étaient murées, et où, par un sinistre rapprochement, son aïeul Pierre Zriny avait été détenu avant son supplice[1]. Ses complices, prévenus à temps, s'étaient sauvés en Pologne.

[1] *Révolutions de Hongrie*, t. II, p. 25.

Le procès du prince s'instruit aussitôt. Malgré l'horreur d'une telle prison et l'approche de la mort qui va le frapper à vingt ans, Ragoczi dispute froidement sa tête[1]. La lettre qu'il avait écrite était sans doute une charge accablante, mais elle était conçue de telle façon qu'elle n'établissait point une culpabilité manifeste[2]. Il n'avait contre lui qu'un seul témoin, Longueval, son dénonciateur. A la vue du prisonnier dont il avait si lâchement trahi l'hospitalité, ce dernier, qui n'avait d'autre mobile qu'une basse cupidité, se sentit un instant défaillir ; le prince alors l'interpella d'un ton ferme, et le voyant lever la main pour prêter le serment d'usage, s'écria qu'il était prêt à lui pardonner son ingratitude, mais qu'il le conjurait du moins au nom de leur ancienne amitié de ne pas perdre son âme par un parjure dont plus de cent gentilshommes pourraient le convaincre[3]. Longueval persista et prêta le serment sans ajouter une parole. Alors Ragoczi oppose l'incompétence de ses juges ; il est prince de l'Empire, il doit être jugé par ses pairs, par des princes. Cette prétention n'étant pas admise, le bourgmestre lui remet l'acte d'accusation en l'avertissant qu'il a trente jours pour y répondre, et que passé ce délai, il sera condamné par défaut. Ragoczi refuse de le recevoir. Le bourgmestre revient le lendemain,

[1] *Vie du prince Ragoczi*, p. 32.
[2] « On a falsifié l'interprétation de mes lettres, » dit plus tard Ragoczi, dans son Manifeste.
[3] *Révolutions de Hongrie*, t. II, p. 28.

déclarant qu'il a mission de laisser l'acte d'accusation dans sa prison. « Laissez-le, si tel est votre ordre, répond Ragoczi ; mais mon corps pourrira avec ce papier, avant que ma main le remue de sa place [1]. »

La condamnation était certaine : Ragoczi essaye de s'y soustraire par la fuite, dernière espérance qui lui reste. Il vend sa vaisselle d'argent pour se procurer des ressources, disant avec une feinte gaieté, qu'elle est inutile à un prisonnier, puis il affecte une complète résignation et le plus profond mépris de la mort. Pendant ce temps, la princesse, accourue à Neustadt, travaille avec ardeur à sa délivrance. Elle gagne, moyennant cinq cents ducats [2], un capitaine nommé Lehman, qui gardait son époux avec un détachement de dragons, et couchait dans une chambre contiguë à la sienne. Séduit par l'or, par la beauté de la princesse [3], peut-être par ces deux motifs, Lehman s'engage à faire sortir Ragoczi de la citadelle, et à lui procurer un déguisement et un cheval. Des relais préparés par ses amis devaient conduire le prince à la frontière.

Le jour convenu [4], Ragoczi, pour détourner les soupçons [5], donne un magnifique repas à ses gar-

---

[1] *Révolutions de Hongrie*, t. II, p. 36.
[2] *Mémoires* de Saint-Simon, t. X, p. 415.
[3] Suivant Sacy (*Histoire de Hongrie*), ce fut la beauté de la princesse qui toucha Lehman. Suivant les *Révolutions de Hongrie*, au contraire, Lehman, qui était né Prussien, favorisa l'évasion du prince par ambition, dans l'espoir d'obtenir plus tard de lui une récompense considérable.
[4] 7 novembre 1701.
[5] *Vie du prince Ragoczi*, p. 32-33.

diens. Dans la soirée, Lehman, resté seul avec lui sort et ordonne à la sentinelle qui gardait la porte d'aller chercher une lumière. Le soldat objectait sa consigne : « Allez, répond Lehman, je veillerai pour vous. » Ragoczi quitte aussitôt sa chambre, et passe dans celle du capitaine, où se trouvait le frère de Lehman, mandé à dessein, et cornette au régiment de Montecuculli. En un instant il revêt son uniforme, puis enfonçant son chapeau sur sa tête, il sort accompagné du cornette. Tous deux passent devant les sentinelles, traversent les cours, et arrivent au pont-levis. Là, ils se séparent, et le cornette remonte comme s'il venait de quitter un camarade.

Resté seul au milieu d'une ville inconnue, Ragoczi s'égare, marche pendant deux heures, et se retrouve au pied de la citadelle. Le temps presse cependant : les jours de novembre sont courts ; la nuit vient, et avec elle l'heure où l'on doit fermer les portes de Neustadt. Le prince, livré aux plus cruelles angoisses, rencontre heureusement le frère de Lehman, qui le remet dans sa route, et le conduit à la porte du faubourg où il arrive au moment même où les soldats s'apprêtaient à la fermer ; il passe à la faveur de son habit autrichien, retrouve ses amis qui l'attendaient, monte à cheval, traverse en quelques jours la Hongrie, et gagne la Pologne. L'Autriche mit vainement sa tête à prix ; mais elle atteignit ses complices. La princesse fut enfermée dans un couvent, et mise au secret. Lehman, d'abord soumis à la plus cruelle torture, eut la tête tranchée, et son corps, coupé en morceaux fut exposé publiquement. Il mourut avec le courage d'un homme qui croit avoir accompli un devoir[1].

En Pologne, Ragoczi retrouva les jeunes gentilshommes qui avaient échappé à l'arrestation par la fuite, et, parmi eux, le comte Berseny, son ami d'enfance, et bientôt son plus fidèle compagnon d'armes. Malgré la cordiale et généreuse hospitalité des Polonais, le prince ne vécut dans leur pays que d'une pensée, celle de revenir en Hongrie les armes à la main. Les événements qui se précipitaient semblaient appeler son retour. L'Autriche luttait contre Louis XIV en Flandre, en Allemagne et en Italie ; la Bavière se déclarait contre l'Empereur[2] ; Villars passait le Rhin, s'unissait à l'Électeur, et arrivait jusqu'au Danube[3] ; quelques régiments gardaient à peine la Hongrie ; dans plusieurs comtés, les paysans tenaient ouvertement la campagne ; ses vassaux enfin lui envoyaient secrètement un messager pour le supplier de venir se mettre à leur tête. L'occasion si désirée semblait venue. Ragoczi accepta la proposition de ses paysans. Il leur envoya des drapeaux avec ces mots : *Pour Dieu, la liberté et la patrie,* qui marquaient le triple caractère de la lutte religieuse, politique et nationale qui allait commencer. Il leur recommanda de les cacher jusqu'à son retour, puis lança un brûlant manifeste adressé à tous les princes

---

[1] *Vie du prince Ragoczi,* p. 39. *Révolutions de Hongrie,* t. II, p. 38 et suiv.
[2] Été de 1702.
[3] Été de 1703.

et à toutes les républiques du monde chrétien[1], et commençant de la sorte : « Les blessures de l'illustre nation hongroise se rouvrent[2]. » Il y rappelait la violation de la constitution, « l'ignomineuse abrogation de cette inviolable loi de ce grand roi, André II, qui avait été jusqu'à ces derniers temps la pierre angulaire de la liberté hongroise, » la terreur militaire, le nom maudit de Caraffa, les veuves et les orphelins d'Épéries, et le sang injustement répandu qui criait vengeance vers le ciel.

Mais sans respect pour ses instructions, les paysans déploient ses étendards et se soulèvent sans l'attendre, pillent les églises et les châteaux ; ils épouvantent les gentilshommes au lieu de les rallier. Le comte Karoly, l'un des plus grands seigneurs de la Hongrie, rassemble la noblesse des comtés voisins pour étouffer cette jacquerie, culbute les insurgés à Dolha[3] dans une rencontre, et rejette leurs bandes éparses sur les frontières de Pologne.

Ragoczi se trouvait en Gallicie, dans le château du général polonais Potosky, palatin de Kiovie, où il se disposait à passer la frontière, lorsqu'il apprit la déroute des paysans. Il consulta son ami sur le parti qu'il devait prendre. Comme il jouait sa tête, le palatin n'osa prendre la responsabilité d'un conseil.

---

[1] *Révolutions de Hongrie*, t. II, p. 54.
[2] « Recrudescunt inclytæ gentis Hungariæ vulnera. » Ce manifeste latin est dans *Katona*, t. XXXVI, p. 288. La traduction française se trouve dans les *Révolutions de Hongrie*, t. II, p. 90 et suiv.
[3] Dans le comté de Marinaros. *Engel*, t. V, p. 184.

Ragoczi dès lors n'écouta que sa conscience. La Hongrie l'appelait; il ne pouvait laisser massacrer sans les rejoindre des hommes qui s'étaient levés à sa voix; il fit donc ses préparatifs de départ. Le soir même du jour où il apprit la défaite de Dolha, et malgré la pluie qui tombait depuis le matin, confiant dans la justice de sa cause et le secours de Dieu, il embrassa en pleurant ses hôtes, et s'achemina vers la frontière avec quelques soldats polonais de la garde du palatin [1]. Ce court voyage ne s'accomplit pas sans obstacle. Comme il traversait l'un des derniers villages de la Pologne, les habitants, se soulevant sur son passage, arrêtèrent son cheval par la bride et lui défendirent d'avancer. Un juif, qui l'avait reconnu pendant cette altercation, prononça heureusement son nom, et les défiances des paysans se changèrent aussitôt en acclamations. S'empressant de lui présenter leurs excuses, ils le comblèrent de leurs attentions et de leurs souhaits. Une scène touchante augmenta l'enthousiasme de la foule. A ce nom de Ragoczi, un vieux prêtre nommé Petronius Kraninsky, supérieur d'un monastère grec, qui connaissait le prince depuis son enfance, et l'avait plus d'une fois porté dans ses bras, écarta le peuple, et se jeta

---

[1] « Le zèle pour la liberté de ma patrie, dit Ragoczi dans ses *Mémoires*, la générosité et l'attention à n'avoir rien à me reprocher, me le suggérèrent (le dessein de partir). Me confiant ainsi dans la justice de ma cause et dans le secours de Dieu, après avoir pris congé de mes amis, en répandant beaucoup de larmes de tendresse, je partis sur le soir d'un jour fort pluvieux...... » *Mémoires de Ragoczi.— Révolutions de Hongrie*, t. V, p. 28.

en pleurant au cou du voyageur. Ne pouvant se rassasier de le voir après tant d'années, il lui servit de guide au milieu des montagnes, et le suivit jusqu'à la frontière autrichienne[1].

Ragoczi traverse les Carpathes, et dès ses premiers pas il rencontre les fuyards de Dolha, cinquante cavaliers et deux cents paysans mal armés. Il se met à leur tête, et les conduit dans ses domaines, au milieu des populations qui gardaient son nom et souhaitaient si vivement son retour. La nouvelle de son arrivée se répand de village en village. Slaves, Magyares ou Roumains, tous accueillent avec ivresse le fils de leurs anciens princes. L'enthousiasme, chez ces populations à demi sauvages, revêt des formes naïves et religieuses : dès qu'ils l'apercevaient, les paysans couraient à sa rencontre, s'agenouillaient sur le chemin, faisaient le signe de la croix, et avec des larmes de bonheur louaient Dieu de son arrivée. Les femmes lui portaient du pain, de la viande, ou des fruits; les hommes prenaient leurs faulx et s'enrôlaient à sa suite. De toutes parts accouraient des bandes armées qui juraient de vivre et de mourir pour sa cause[2].

Avec elles, le prince commença sur-le-champ la guerre. Il marcha sur Munkacz, si vaillamment défendue autrefois par sa mère, occupa la ville et investit la citadelle. Un régiment de cuirassiers vint la secourir. Ragoczi, ne pouvant tenir tête à cette

---

[1] *Mémoires de Ragoczi*, t. V, p. 30.
[2] *Ibid.*, p. 34.

troupe d'élite, se retrancha avec ses paysans au milieu de la ville, dont la plupart des maisons étaient bâties en bois et couvertes de chaume. Les Autrichiens y mirent le feu pour le débusquer et le forcer à combattre ; mais à la faveur de la fumée, le prince quitta la ville, et se retira dans les montagnes, au milieu des hautes et épaisses forêts qui environnaient Munkacz. La nouvelle de sa mort se répandit aussitôt. Les paysans, croyant déjà avoir perdu leur libérateur, poussaient des cris déchirants qui d'échos en échos parvenaient jusqu'au prince, et lui annonçaient que sa cause n'était pas désespérée[1]. Il rallia ses compagnons, abandonna Munkacz et les montagnes, et descendit sur les bords de la Theiss, pour entrer par les steppes au cœur de la Hongrie. Un détachement impérial placé sur la Theiss, au village de Tisabecs, gardait la rivière ; Ragoczi fit un long détour pour l'attaquer à l'improviste. Par malheur, les routes étaient impraticables : les bois et les champs qui bordaient la rivière étaient sous les eaux, et pendant plusieurs jours ses soldats furent obligés de se frayer un chemin au milieu des marais, ayant de l'eau jusqu'aux genoux, et n'avançant qu'avec les plus grandes difficultés[2]. Cependant l'espérance de surprendre l'ennemi soutint leurs forces : les

---

[1] « La représentation de ce deuil populaire sera incroyable pour ceux qui liront ceci. Leurs cris frappaient mes oreilles, tandis que nous marchions dans les chemins détournés, sur le sommet des montagnes et dans les forêts. » *Mémoires de Ragoczi*, t. V., p. 46.

[2] « Les chemins étaient tellement couverts de boue, que l'infanterie avait de l'eau jusqu'aux cuisses. » *Mémoires de Ragoczi*, t. V, p. 55.

hussards arrivés les premiers refusant d'attendre l'infanterie, coururent le sabre à la main sur les Autrichiens, et les précipitèrent dans les bois de la Theiss, où ces malheureux périrent tous engloutis ou noyés [1].

La Theiss était ouverte. Quelques officiers proposaient de revenir dans les Carpathes, mais les cavaliers étaient impatients de se déployer dans les steppes, où les nombreuses populations magyares les appelaient. Rentrer dans les montagnes, c'était se condamner à une véritable guerre de partisans, et à une lutte stérile d'escarmouches : Ragoczi marcha en avant. Comme les bateaux manquaient, il embarqua des hommes et des chevaux sur des radeaux, et traversa la Theiss.

Dès son apparition sur l'autre rive, tous les Magyares des steppes, laboureurs, bûcherons, mineurs, gens à demi nus, mais robustes, rompus à la fatigue et à la marche, au maniement du cheval et du sabre, de la hache et du mousquet, accourent sous ses drapeaux, et en quelques jours Ragoczi compte huit mille soldats. Partagés jusqu'alors entre la terreur de l'Autriche et l'effroi d'une jacquerie, les gentilshommes imitent enfin les paysans. Le vainqueur de Dolha, Karoly lui-même, vient trouver le prince, qui le nomme général. Les officiers hongrois au service de l'Empereur désertent en foule, et donnent à Ragoczi les capitaines qui lui manquent. Avec

[1] Juillet 1703.

eux il enlève tous les forts qui bordent la Theiss ; au centre de la Hongrie plusieurs villes se soulèvent sans l'attendre et chassent leur garnison ; au sud les insurgés pénètrent jusqu'aux frontières de la Turquie ; au nord un de leurs plus vaillants capitaines, Ladislas Oskay, traverse tout le royaume, et vient camper à trente lieues de Presbourg. On porte à Vienne la couronne de saint Étienne, déposée à Presbourg, et regardée comme le palladium de la Hongrie. A Vienne, trente mille hommes travaillent nuit et jour à creuser des fossés pour couvrir la capitale[1] : l'insurrection devenait une guerre.

L'Empereur était menacé de toutes parts. Villars arrivait par la Bavière, Ragoczi par la Hongrie, et Léopold n'avait que quelques régiments magyares, troupes douteuses devant l'insurrection. Après de grands efforts, l'Empereur rassembla cependant deux corps d'armée, et les confia aux comtes Schlick et Forgatz, avec ordre de repousser Oskay et de délivrer la haute Hongrie. Tous deux passent le Danube, dispersent à Leva la cavalerie d'Oskay, pénètrent dans les montagnes où ils reprennent le pays des mines ; mais là finissent leurs succès. Ragoczi, occupé au siége de Zatmar, envoie contre eux ses meilleurs lieutenants, Karoly et Berseny, qui refusent la bataille et harcèlent les Autrichiens dans les Carpathes. Les désertions continuent : l'un des deux généraux de l'Empereur, Simon Forgatz, passe aux insurgés. Son

---

[1] Ces lignes existent encore. *Engel*. T. V, p. 183. — *Vie du prince Ragoczi*, p. 121.

collègue, Schlick, publie une inutile amnistie pour ramener les déserteurs. Dans l'impuissance de tenir la campagne, il se retire sous le canon de Presbourg. Karoly et Berseny reprennent les mines et tout le terrain perdu jusqu'aux confins de la Bohême. Ils descendent ensuite le Danube, et ravagent les campagnes de l'Autriche, où l'hiver seul les arrête [1].

L'Empereur profite de ce précieux répit. Il forme des régiments slaves et allemands, place à leur tête le feld-maréchal Heister, ancien adversaire de Tékély, vieilli dans les guerres de Hongrie, et lui adjoint le ban de Croatie Palfy, général habile et rusé, qui lui mène les Croates et les Serbes, éternels ennemis des Magyares. Heister ouvre la campagne dès les premiers jours du printemps. Établi sur la frontière de l'Autriche, au château d'Eisenstadt, Karoly passait ses nuits à jouer et à boire; Heister surprend son armée et la taille en pièces [2]. Il marche ensuite sur Forgatz, qui ravageait l'archiduché, l'attaque à Coroneso, près de Raab, le met en fuite, et reprend tout le pays jusqu'au Danube [3]. Pour effrayer les populations et les détourner de prendre les armes, Heister lâche la bride au soldat victorieux. Les Croates brûlent et tuent comme sur une terre étrangère [4]. La haine de race éclate dans

---

[1] Décembre 1703.
[2] Mars 1704.
[3] Juin 1704. *Engel.*, V, p. 293.
[4] « Heister croyait en faisant massacrer les enfants, et lâchant la bride à la cruauté du soldat, pouvoir imprimer la terreur dans l'esprit du peuple et le détourner de prendre les armes. » *Mémoires de Ragocsi*, t. V, p. 244.

toute son horreur : en l'absence des hommes partis pour la guerre, les Serbes[1] se ruent sur les villages magyares, égorgent les femmes et les enfants, puis se retirent dans leur pays chargés de dépouilles. Ragoczi accourt pour venger ses généraux et reprendre les comtés soumis par Heister, mais au moment de passer le Danube, comme il faisait construire des ponts, ses soldats refusent d'avancer, déclarant qu'ils n'abandonneront pas leurs familles à la vengeance des Serbes. Ragoczi est contraint de renoncer à son entreprise et de les mener contre ces barbares. Il longe le Danube, traverse au milieu de l'été les sables brûlants des steppes, où ses troupes manquaient d'eau et faisaient chaque jour des marches de huit à dix heures, et après d'horribles souffrances, arrive dans le pays des Serbes, qui s'étend sur les frontières ottomanes, de la Croatie à la Transylvanie. A son approche, les uns avaient fui chez les Turcs, les autres dans les marais de la Theiss, où ils se cachaient dans les roseaux élevés qui bordent cette rivière ; un grand nombre s'étaient jetés dans la forteresse impériale de Seghedin. Ragoczi saisit leurs troupeaux, saccagea leurs villages, et, fouillant les marais, brûla les fugitifs jusque dans leurs roseaux. Il remonta ensuite la Theiss, et investit Seghedin ;

---

[1] « Cette nation (les Serbes), ennemie naturelle des Hongrois (lisez Magyares), se contenait dans ses habitations, lorsqu'ils savaient quelque corps de nos troupes en campagne; mais sitôt qu'elles s'éloignaient, ils se rassemblaient pour faire des courses sur les bourgs et les villages, contre lesquels ils exerçaient de véritables barbaries, par le massacre des femmes et des enfants et par des incendies. » *Mém. de Ragoczi*, t. V, p. 148.

mais là, accablé par la fatigue et les chaleurs, il tomba dangereusement malade de la fièvre. Le médecin français qui le soignait d'habitude était absent; pour le remplacer, le prince fit venir un homme du pays, malgré la supplication des siens qui le conjuraient de se méfier de ses remèdes. Ces soupçons étaient mal fondés ; ce médecin était un protestant allemand qui avait autrefois connu le prince, et qui lui sauva la vie. A peine rétabli, tout tremblant encore de fièvre, Ragoczi ordonna l'assaut de Seghedin, emporta la place, y mit le feu, et fit passer la garnison au fil de l'épée[1]. Après ce terrible châtiment infligé aux Serbes, il revint sur Heister, qui s'avançait sur Presbourg avec son armée victorieuse grossie de milices autrichiennes et de bandes slaves.

Ragoczi enleva sous ses yeux Neuhausel, ville forte entre Presbourg et Comorn, dont il fit sa place d'armes. Trois cents dragons magyares, qui faisaient partie de la garnison, se soulevèrent aux cris de : Vive Ragoczi! vive la liberté ! et lui ouvrirent les portes de la ville[2]. Le prince attaqua ensuite Léopoldstadt, que le maréchal Heister vint secourir en toute hâte. Ragoczi, dont les troupes n'étaient pas assez aguerries, voulait éviter un engagement, mais ses généraux lui ayant représenté que l'armée entière se débanderait s'il se retirait sans combattre, l'entraînèrent au-devant des Autri-

---

[1] Août 1704. *Mémoires de Ragoczi*, t. V, p. 164. — *Vie du prince Ragoczi*, p. 139.

[2] *Vie du prince Ragoczi*, p. 179.

chiens. Il les rencontra près de Tirnau et leur livra bataille.

Ce fut une journée désastreuse. C'était le lendemain de Noël [1] : la neige tombait en abondance, et, chassée par le vent, fouettait les Hongrois en plein visage ; leurs escadrons aveuglés font une fausse manœuvre qui ouvre une large brèche dans leurs rangs ; les Autrichiens s'y jettent en foule et chargent avec confiance. Au milieu de la mêlée, un bataillon de déserteurs allemands fait volte-face, décharge à bout portant ses fusils sur les Magyares et passe sous les drapeaux de l'Empereur. Cette soudaine trahison augmente le désordre : les bataillons et les escadrons se débandent à la fois ; Ragoczi est entraîné avec eux et toute l'armée prend la fuite. Mais la bataille de Tirnau fut plutôt une déroute qu'un désastre. Dès le commencement de l'action, les paysans, dont la plupart voyaient le feu pour la première fois, avaient jeté leurs mousquets pour s'enfuir. La cavalerie, qui était la principale force du prince, revenait sans grandes pertes, et quelques jours après, Ragoczi ralliait son armée presque tout entière. Il rentra dans les Carpathes, où les Autrichiens n'osèrent le suivre, et dès les premiers froids de l'hiver [2], ses lieutenants Karoly, Berseny et Forgatz recommençaient leurs courses. Les Magyares passèrent le Danube sur la glace, descendirent en Autriche et ravagèrent les faubourgs de Vienne. Heister les avait dispersés, mais non vaincus.

[1] 26 décembre 1704. *Mémoires de Ragoczi*, t. V, p. 192.
[2] De 1704 à 1705.

Ragoczi, plutôt administrateur que général, laissa ses lieutenants guerroyer dans les plaines de l'Autriche, et travailla à assurer l'équipement et la solde de ses soldats. L'argent manquait; les mines d'or et d'argent, mal exploitées par les Hongrois, donnaient un faible revenu; il profita de la richesse des mines de cuivre, pour se procurer des ressources inattendues. Avec l'autorisation de la diète, il fit frapper une quantité considérable de monnaie de cuivre, en lui donnant une valeur supérieure à sa valeur véritable, ce qui égalait pour ainsi dire ce métal à l'argent [1]. Ce moyen lui permit de subvenir à la solde régulière de ses troupes. Trop scrupuleux et trop éclairé pour dédaigner les apparences de la liberté chez un peuple qui combattait pour s'affranchir, il eut soin de frapper ces pièces nouvelles, non à son coin, mais à celui de la Hongrie. Un plus remarquable désintéressement lui fit refuser la couronne de Pologne; les principaux seigneurs de ce pays l'ayant jugé digne d'occuper un trône que venait de quitter Sobiesky, Ragoczi ne crut convenable ni à son honneur ni à sa réputation, d'abandonner sa patrie pour aller recevoir une couronne étrangère [2]. Un autre motif, qui concernait les

---

[1] C'était, si l'on pouvait ainsi parler, un assignat de cuivre, une sorte de monnaie pareille à la monnaie obsidionale. *Mémoires de Ragoczi*, t. V, p. 127.

[2] « Ayant entrepris la guerre pour la liberté de ma patrie et voyant tous les ordres du royaume dans un si grand mouvement et une si grande fermentation, je ne crus convenable ni à mon honneur ni à ma réputation d'accepter une couronne étrangère, ne voulant pas exposer au joug allemand cette ombre de liberté qui restait encore. » *Mémoires de Ragoczi*, t. V, p. 87.

intérêts de l'insurrection, l'engageait à refuser. Pierre le Grand, qui soutenait en Pologne l'électeur Auguste de Saxe, avait noué avec Ragoczi de secrètes relations, où il l'avait fait assurer de son amitié, et ce dernier ne voulait point priver ses compagnons de ce puissant allié, en se portant compétiteur du roi Auguste. Un second allié, plus puissant mais plus éloigné, Louis XIV, lui envoyait un ambassadeur public, M. de Fierville [1], pour résider près de sa personne, avec de l'argent, des officiers et des ingénieurs. Aux portes de la Turquie enfin, les Transylvains [2] se soulevaient en armes contre l'Autriche ; ils abolissaient le gouvernement impérial, relevaient le trône de leurs souverains électifs, et, en souvenir de ses aïeux et par considération pour sa personne, proclamaient Ragoczi prince de Transylvanie [3].

Ainsi, pour résumer cette lutte formidable, malgré les avantages des Autrichiens, l'insurrection couvrait la moitié des provinces impériales, et elle s'étendait comme un vaste incendie, des frontières de la Turquie aux montagnes de la Bohême. A l'exception de quelques villes perdues au milieu des populations insurgées, les Magyares tenaient le Danube et la Theiss, les steppes et les mines, les forts et les montagnes, et la chaîne entière des Carpathes. Ils débor-

---

[1] Louis XIV lui envoya un deuxième ambassadeur, le marquis des Alleures, en l'assurant de sa protection avec deux ingénieurs brigadiers dont l'un était La Maire, et lui promit 50,000 livres par mois. *Mémoires de Ragoczi*, t. VI, p. 72.

[2] On sait que les Hongrois l'appellent la *mère patrie*.

[3] Août 1701.

daient ensuite au delà du terrain occupé par l'insurrection en Moravie, en Autriche et en Styrie et insultaient les faubourgs de Vienne, où l'on voyait, des remparts, brûler les villages voisins [1]. Secrètement appuyé par la Russie, publiquement secouru par la France, porté par acclamation au trône de Transylvanie, Ragoczi comptait sous ses ordres cinquante mille soldats, avec lesquels il avait pu rejoindre dans l'Empire les Bavarois et les Français. Villars avait déjà tenté et failli même d'accomplir cette jonction, dont l'espoir avait principalement décidé le prince à commencer la guerre [2]. Malheureusement Villars était au fond des Cévennes, et son successeur, le maréchal de Marsin, loin de continuer ses projets, perdait à la fois en Allemagne, comme nous l'allons dire, la cause de la Hongrie, de la Bavière et de la France.

[1] *Vie du prince Ragoczi*, p. 128.
[2] Il le dit lui-même dans ses Mémoires.

CHAPITRE III.

(1704.)

Détresse de l'armée de Marsin au printemps de 1704.—Tallard lui mène un convoi. — Insuffisance de ce convoi. — Inquiétudes et plaintes des princes allemands, qui demandent la délivrance de l'Empire.—Marlborough conçoit le plan de cette délivrance.—Sa vie, son caractère et son influence en Europe. — Sa marche sur le Danube. — Sa jonction avec les Allemands et les Autrichiens.—Bataille de Blenheim. — Fautes des généraux français.—Charges décisives de la cavalerie anglaise. —Capitulation de Blenheim. — Drapeaux de Navarre.—Funestes conséquences de la bataille.—Perte de l'Allemagne.—Retraite des Français au delà du Rhin.—Invasion de l'Alsace.—Succès de l'armée d'Italie.— La Feuillade en Savoie.— Vendôme en Piémont. — Le Grand-Prieur, frère de Vendôme, en Lombardie. — La guerre s'étend au delà des Pyrénées.—Invasion de l'Espagne par les alliés.

L'armée de Marsin que nous avons laissée, à l'automne de 1703, au milieu de l'Empire, se retrouvait dans les premiers jours de 1704 en face des obstacles qui avaient arrêté Villars l'année précédente, et qui arrêtent toutes les armées combattant loin de leur pays. Depuis dix mois qu'elle avait passé le Rhin, la guerre, les désertions et les maladies avaient diminué son effectif. Les escadrons ne comptaient plus que cent chevaux, et ses bataillons au plus trois cents hommes. Les vêtements des soldats tombaient en lambeaux, leurs armes étaient hors de service, et le trésor militaire était épuisé [1]. Les ennemis occupant la forêt Noire et fermant le Rhin, Chamillart était obligé d'envoyer ses dépêches par la Suisse, où elles subissaient de longs retards [2]. Pendant les tristes et sombres mois de janvier et de février, l'armée ne reçut ni lettres ni nouvelles ; la France semblait l'oublier sur cette terre étrangère, au milieu de ces forêts de sapins et de ces montagnes blanches de neige. Le découragement se glissait dans les âmes : si les vétérans résistaient encore, la nostalgie décimait les jeunes soldats. Il fallait à tout prix rompre ce réseau qui enveloppait l'armée, recevoir les renforts, entendre les paroles de la mère-patrie, serrer enfin des mains françaises.

Les ennemis, de leur côté, comprenaient qu'en isolant ainsi notre armée, ils l'useraient par les privations et par le feu, et ils appliquaient leurs efforts à l'environner de toutes parts. Deux de leurs généraux, Thungen et Louis de Bade, campaient avec des forces considérables sur la rive allemande du Rhin ; des garnisons impériales occupaient les villes qui bordent le fleuve depuis Kehl jusqu'à Fribourg ; dans la forêt Noire, dix mille ouvriers coupaient les ponts et rompaient les chemins ; de nombreux détachements parcouraient le pays, gardaient les gués, les passages et les gorges, arrêtant et fouillant les voya-

---

[1] *Archives de la Guerre*, vol. 1748, n° 38. Mémoire du maréchal de Marsin, 9 février 1704. Pelet, IV.

[2] Ainsi un mémoire parti de Versailles le 11 janvier arriva à Marsin sur la fin de mars 1704.

geurs qui venaient de la Suisse ou de la France.

En dépit de ces difficultés, Louis XIV enjoignit à Tallard, qui commandait en Alsace, de conduire à Marsin un convoi d'armes, d'argent et de munitions avec quatre mille vieux soldats et huit mille recrues. Pour accomplir un passage si difficile, Tallard trompe les Impériaux par un faux mouvement : il ramasse un matériel considérable, le traîne avec grand bruit sur le Rhin, et menace la ligne entière du fleuve pour agir sur un seul point. Les généraux allemands hésitent et se troublent ; le prince de Bade s'ébranle trop tard ; Thungen occupe une position inutile, et Tallard passe le Rhin, traverse la forêt Noire, mène le convoi, et rentre sans coup férir en Alsace. Mais cette marche heureuse demeure sans résultat. A la nouvelle du passage, Louis de Bade accourait avec son armée, ralliait en route Thungen, entourait l'Électeur et Marsin accourus avec un faible corps de troupes au-devant des renforts, et les forçait à se retirer à la hâte, entraînant au milieu des montagnes les quatre mille chariots du convoi. La plupart des recrues, qui marchaient depuis leurs villages[1], périrent dans cette retraite. Après trois semaines de cruelles privations et de continuels périls, l'Électeur arriva enfin sous les murs d'Ulm, où Louis de Bade n'osa le suivre ; mais le fruit des efforts de Tallard était perdu. Que restait-il en effet de ce convoi si impatiemment attendu et si difficilement conduit en

---

[1] Ces jeunes soldats ne s'étaient pas arrêtés un seul instant depuis leur départ ; ils marchaient depuis trois semaines.

Allemagne ? quelques voitures d'armes, quelques caisses d'argent, quelques compagnies de grenadiers. Ce qui vraiment importait, l'établissement d'une ligne de communications avec la France, était manqué. Les Autrichiens fermaient de nouveau la forêt Noire, et Marsin se trouvait dans la détresse où nous l'avons vu au début de la campagne. Il redemandait encore de l'argent, encore des armes, encore des soldats. L'Électeur abattu parlait d'embarquer sur le Danube sa famille et ses trésors, et d'aller rejoindre Ragoczi[1].

Malgré la misère de notre armée, il y avait toutefois dans sa seule présence en Allemagne un grave péril pour l'Empire. Villars, il est vrai, n'était plus là pour la commander, mais ne pouvait-il pas revenir, ou du moins Vendôme ne serait-il pas appelé à remplacer Marsin ? Sans doute, le temps et la guerre avaient fait éprouver de cruelles pertes, mais les soldats de Louis XIV n'avaient-ils pas souvent passé le Rhin ? Villars avait frayé la route, Tallard venait de la suivre, et la trace de ses pas était à peine effacée. Maximilien était découragé, mais si l'on jugeait de l'avenir par le passé, n'y avait-il pas lieu de présu-

---

[1] « Me parlant hier, écrit Marsin, de l'Électeur, il me proposa pour remède, en cas que le roi ne fît pas passer une armée à son secours et qu'il en vînt une aux ennemis, de faire embarquer sur le Danube sa femme, ses enfants et ses plus précieux effets, pour les envoyer chercher leur sûreté en joignant les rebelles de Hongrie. Jugez, Monsieur, de l'état d'un prince qui ne propose pas d'autre ressource pour sauver sa famille. » *Archives de la Guerre*, vol. 1748, n° 142. Lettre de Marsin à Chamillart. Pelet, IV, 856.

mer que la seule vue d'un autre général et d'une nouvelle armée ranimerait dans son cœur l'espérance et la haine? Un dernier secours éloigné, mais possible, restait à l'Électeur : Ragoczi touchait alors au Danube, et si les Magyares, les Bavarois et les Français envahissaient ensemble l'Autriche ouverte, l'Empereur se verrait contraint de mettre bas les armes et de traiter.

Dans cette crainte commune, l'Allemagne, la Hollande et l'Angleterre avaient les yeux fixés sur le Rhin. Les généraux de la Grande-Alliance, et plus encore, les princes allemands qui souffraient de la guerre, répétaient à l'envi qu'il fallait avant tout délivrer l'Empire. Le plus illustre et le plus redoutable des généraux ennemis, Marlborough, conçut le plan de cette délivrance. On l'a déjà rencontré sur les champs de bataille ; le moment est venu de le faire connaître au début de la campagne qui doit immortaliser son nom.

Jean Churchill, duc de Marlborough, fils d'un pauvre baronnet, était venu à Londres après la restauration des Stuarts. L'amour y commença sa fortune. Le duc d'York, héritier de la couronne, aima sa sœur, Arabella Churchill, qui lui fit avoir un grade dans l'armée. Marlborough fit ses premières armes en Belgique, où les Anglais combattaient avec Louis XIV les Provinces-Unies. Sa figure et son courage le firent remarquer ; on le surnomma *le Bel Anglais*, et Turenne lui adressa des félicitations devant l'armée. Marlborough avait vingt-trois ans. Enhardi

par les suffrages d'un tel maître, il sollicita de
Louis XIV un régiment qu'il ne put obtenir; le roi
refusa ses services comme il refusera ceux du prince
Eugène quelques années après [1].

Revenu à Londres, au milieu de cette cour spirituelle, mais galante et corrompue, où régnaient les Grammont, les Rochester et les Hamilton, Marlborough rechercha la société des femmes qui partageaient avec Charles le gouvernement de l'Angleterre, et sut plaire à la duchesse de Cleveland, reine de ces maîtresses royales. Elle l'aima d'une passion qui fut aussi courte que violente. Une fois, le roi faillit les surprendre; Marlborough sauta par une fenêtre, au risque de perdre la vie, et échappa de la sorte aux yeux jaloux de Charles II. La duchesse reconnaissante offrit une somme considérable au jeune officier [2] : Marlborough la reçut sans scrupule et l'hypothéqua solidement sur les biens du grand'père de Chesterfield.

Aidé par sa sœur, par la maîtresse du roi, par son incontestable mérite, Marlborough s'élève rapidement. Il devient successivement colonel, pair d'Angleterre, ambassadeur extraordinaire à la cour de France. A la révolution de 1688, il abandonne froi-

---

[1] Ce fait curieux, qui peint Marlborough, résulte d'un document inédit, mais authentique. Nous avons trouvé aux *Archives de la Guerre* une lettre de lord Lockart, ambassadeur d'Angleterre à Paris, qui demande un régiment d'infanterie pour M. Churchill. Le nom et la date, 29 mai 1674, désignent clairement Marlborough. V. *Archives de la Guerre*, vol. 411, n° 193.

[2] 125,000 francs. V. M. Macaulay. *History of England*, t. Ier, p. 461.

dement Jacques II, son bienfaiteur, et porte à la maison d'Orange sa redoutable épée.

La révolution augmente sa fortune : créé comte et général par Guillaume III, duc, chevalier de la Jarretière et général des armées britanniques par la reine Anne, Marlborough était un de ces hommes que la conviction étonne, que le dévouement confond, qui ne reconnaissent d'autre loi que leur intérêt, d'autre Dieu que le succès, et que présente trop souvent le spectacle des affaires humaines. Bercé au bruit des révolutions, il avait vu passer la république, tomber les Stuarts, proclamer la maison d'Orange ; il avait pris part aux intrigues, aux conjurations, aux apostasies, aux défections : le doute seul survivait dans son cœur. Fidèle jusqu'à l'infortune, il servait jusqu'aux mauvais jours ; sachant combien les dynasties meurent vite dans un pays agité par les révolutions, il avait appris à calculer les catastrophes prochaines et à s'assurer d'avance un appui chez les vainqueurs. Tandis qu'il défendait en Europe la cause de la maison d'Orange, il correspondait secrètement avec les Stuarts, entretenait avec la petite cour de Saint-Germain des relations assidues, et préparait sous main le mariage d'une de ses filles avec le prétendant Jacques III, alors roi de Saint-Germain et demain peut-être roi d'Angleterre [1]. Mais si son âme était basse et mesquine, son génie était vaste et puis-

---

[1] *Macpherson's Papers.* Des agents jacobites le proposèrent à Jacques II.

sant. Au Parlement, à Saint-James, dans les conseils étrangers, dans les cours de l'Europe, sur les champs de bataille, partout il dominait les hommes. Son éducation avait été fort négligée, à peine savait-il l'orthographe, et cependant quand il se levait pour prendre la parole à la Chambre des lords, l'assemblée entière était suspendue à ses lèvres et les orateurs les plus consommés, les princes de la tribune anglaise enviaient cette éloquence naturelle qui touchait sans efforts ; et il exerçait ce prestige jusque sur ses ennemis, à tel point que Bolingbroke disait un jour à Voltaire, en parlant de lui : « C'était un si grand homme que j'ai oublié ses vices [1]. »

A l'époque où nous sommes arrivés, Marlborough est le plus puissant personnage de l'Angleterre : par sa femme, confidente de la reine, il gouverne le palais ; par les whigs, devenus ses amis, le Parlement et les ministres ; par son grade et sa popularité militaire, l'armée ; par le prince Eugène, son compagnon d'armes, le conseil de l'Autriche ; par son vieil ami Heinsius, les États-Généraux ; par l'autorité de son nom, l'adresse de sa conduite, la souplesse de son caractère, la Prusse [2] et les princes de l'Empire. C'est lui qui achète leurs régiments, qui règle leurs subventions, qui apaise leurs querelles. Il est la tête et le bras de la coalition. Aussi puissant que Cromwell, plus roi que Guillaume III, sans affection et sans

---

[1] *Voltaire*, édition Beuchot, t. XXXVII, lettre XII, page 172.

[2] Voltaire raconte qu'il présenta un jour la serviette au roi de Prusse à son dîner, afin d'en tirer huit mille soldats.

haine, il justifie ce mot de Machiavel : « L'univers appartient aux flegmatiques [1]. »

Maître absolu de son armée des Pays-Bas, Marlborough conçoit l'audacieux projet de la porter sur le Danube et d'écraser Marsin et l'Electeur, sous l'effort réuni des Anglais et des Hollandais, des Autrichiens et des Allemands. Il rassemble à Maëstricht trente mille vieux soldats, remonte le Rhin et arrive à Coblentz, où ce grand fleuve reçoit la Moselle. Villeroy, qui commande en Belgique, croit que Malborough veut pénétrer en France et s'empresse d'avertir Louis XIV de cette invasion présumée [2]; mais loin de remonter la Moselle, Marlborough traverse le Rhin, rejoint à Mayence les Prussiens et les Hessois et les entraîne à sa suite; il passe le Mein, le Necker, s'avance à pas précipités sur le Danube, et rejoint près d'Ulm les troupes de l'Empire et de l'Autriche, commandées par Eugène et Louis de Bade [3]. Sans tirer un coup de canon, sans perdre un homme, Marlborough accomplit ainsi cette marche longue et périlleuse, de laquelle dépendait le sort de l'Allemagne.

Trop tard désabusé, Louis XIV enjoint à Tallard, qui commande trente mille hommes en Alsace, d'aller

[1] Sur Marlborough, V. Macpherson's Papers'.—Mémoires de Bolingbroke.— Correspondance of Sarah Jennings, duchess of Marlborough.— Marlborough Dispatches.— Miss Agnès Strickland. — M. Macaulay et les diverses vies de Marlborough.
[2] *Archives de la Guerre*, vol. 1736, n° 105. Lettres de Villeroy au roi. 18 mai 1704. Pelet, IV, 32.
[3] 22 juin 1704.

au secours de Marsin, et il ordonne à Villeroy, dont la fatale méprise a causé tout le mal, de se rapprocher du Rhin et de couvrir la marche de Tallard. Celui-ci passe le fleuve, mais au lieu de secourir Maximilien, il assiége la petite ville de Villingen, à l'extrémité de la forêt Noire, en alléguant la nécessité de tenir cette place pour s'assurer une retraite vers la France.

Menacée par Marlborough, délaissée par Tallard, l'armée française semblait perdue. Elle comptait au plus trente mille soldats, épuisés par deux campagnes, et les alliés approchaient avec soixante mille hommes ; ils emportaient le camp retranché du Schellenberg qui protégeait l'Electorat, et entraient en Bavière. On était en juillet ; les récoltes couvraient la terre : leur cavalerie saccagea les moissons, pilla deux cents villages, brûla la ville de Pruck, et s'avança jusqu'aux portes de Munich [1]. Un ambassadeur impérial arrivait en même temps au camp de Maximilien et sollicitait sa défection par des offres considérables.

Mais ni les ravages, ni les séductions de l'ennemi

---

[1] « Nous campâmes en vue de l'ennemi, dit une relation contemporaine....., il nous fut impossible de l'attaquer et nous ne pûmes faire autre chose que *de brûler et saccager son pays*, à l'effet de quoi nous employâmes un détachement de quatre mille chevaux qui mirent le feu jusqu'à une heure de Munich. Toute la ville de Pruck fut ainsi réduite en cendres, aussi bien que tous les villages d'alentour. Voyant que l'électeur ne voulait point changer de parti et qu'il se faisait fort de l'arrivée du maréchal Tallard...... » *Relation de la bataille de Blenheim publiée à la Haye.*

ne décidèrent l'Électeur à trahir. Louis XIV lui avait annoncé l'approche de Tallard ; il l'attendit. Après trois semaines pourtant, sollicité par sa famille et par sa cour, désespéré des souffrances de son peuple, il écrivit à Louis XIV que si, le 15 juillet, Tallard n'avait point passé la forêt Noire, il se verrait contraint de poser les armes. Le délai allait expirer : déjà l'Électeur se croyant dégagé de sa parole, prêtait l'oreille aux propositions de l'Autriche, lorsque Marsin arracha Tallard au siége de Villingen, si maladroitement prolongé, en lui révélant les dispositions de Maximilien[1]. Tallard quitte aussitôt Villingen, et par une marche rapide rejoint l'Électeur sous les murs d'Augsbourg. Il amenait trente mille soldats, qui rendaient au moins égales les chances de la bataille. Elle se donna quelques jours après, à côté du village de Blenheim, et, par une dérision de la fortune, dans ces mêmes plaines d'Hœchstedt, où Villars, l'année précédente, avait battu les Impériaux.

Dans la nuit du 12 au 13 août 1704, les ennemis se préparent au combat, et, aux premiers rayons du soleil, la vaste plaine d'Hœchstedt apparaît couverte d'hommes et de chevaux, et comme noire de soldats[2]. A l'aspect de ces mouvements, qui annoncent la bataille, les Français font aussitôt leurs disposi-

---

[1] « Venez en toute diligence, car, autant que je puis le voir, il n'y a encore rien de fait ; il n'y a point d'autre moyen que votre arrivée à l'armée, pour empêcher que les choses ne passent plus loin...... » *Archives de la Guerre*, vol. 1750, n° 76. 13 juillet 1704. Pelet, IV, p. 524.

[2] Récit d'un témoin oculaire.

tions. Tallard s'établit près de Blenheim avec la droite ; Marsin et l'Électeur, formant le centre et la gauche, se rangent à ses côtés, sur un terrain difficile entouré de marais et de ravins, derrière lequel coulait le Danube. Dans cet ordre de bataille si défectueux, les deux armées de Tallard et de Marsin n'étaient pas confondues, et elles allaient combattre côte à côte, comme des armées étrangères. Tallard avait devant lui Marlborough, les Anglais et les Hollandais ; Marsin, le prince Eugène avec les Autrichiens et les Allemands.

A neuf heures du matin l'artillerie ouvre le feu des deux côtés ; mais non avec un égal avantage ; celle de Tallard, placée sur les hauteurs de Blenheim, et forte de quatre-vingts pièces de campagne, dominait les colonnes de Marlborough, et emportait des files entières. Excités par le succès, nos canonniers tiraient sans relâche, et leurs feux étaient si rapides, qu'ils semblaient des feux de mousqueterie [1]. Marlborough les essuya de pied ferme : il attendait, pour en venir aux mains, qu'Eugène attaquât Marsin, et tandis que son collègue, gêné par des marais, avançait lentement sur les nôtres, Marlborough resta trois heures immobile, voyant tomber ses soldats sous le feu de notre artillerie. A midi enfin, le canon du

---

[1] « Le feu fut si vif jusqu'à midi que la mousqueterie ne l'eût pas été davantage. On y était excité par l'effet extraordinaire qu'il faisait ; chaque coup perçait leurs bataillons et quelques-uns en écharpe, et de la manière dont les ennemis étaient postés, il n'y eut pas un coup de perdu. » *Archives de la Guerre*, vol. 1751, n° 29. 18 septembre 1704. Lettres du baron de Quincy à Chamillart. Pelet, IV, p. 753.

prince Eugène retentit sur la gauche : Marlborough ébranle alors toutes ses troupes, et les mène sur nos batteries. Dix bataillons anglais s'élancent sur Blenheim la baïonnette au bout du fusil; mais une pluie de mitraille les arrête; ils se retirent en désordre, et leur général, sans s'obstiner à enlever Blenheim, revient sur ses pas et se porte sur la cavalerie de Tallard, échelonnée entre le village et le centre où commandait l'Électeur. Par une faute inexplicable, Tallard avait laissé presque toute son infanterie dans le village de Blenheim, et n'avait que neuf bataillons pour soutenir sa cavalerie; Marlborough s'en aperçoit, change son attaque, et réunit toutes ses forces contre Tallard.

Entre les deux armées coulait une petite rivière dont les bords escarpés et les eaux boueuses opposaient quelques obstacles au passage de la cavalerie [1]. Afin de grossir ses eaux, en partie desséchées par la chaleur, Tallard les avait arrêtées dans la matinée; mais ce barrage, exécuté trop tard, n'avait produit qu'un résultat insignifiant, et les cavaliers anglais purent facilement traverser la rivière.

Privé de presque toute son infanterie, et dès lors inférieur à Marlborough, Tallard devait rappeler à la hâte ses bataillons de Blenheim, et maintenir à tout prix les Anglais derrière le ruisseau. Mais en ce moment, il était près de l'Electeur, examinant l'attaque du prince Eugène. Les généraux, en son

[1] V. le plan de bataille, par Kaussler.

absence, n'osent donner les ordres nécessaires, et cinq escadrons des gardes de la reine, qui marchaient à la tête du corps de Marlborough, après avoir traversé le ruisseau, viennent se ranger hardiment devant les Français.

En profitant du désordre causé par le passage, il était facile d'arrêter et de détruire cette faible troupe de cavalerie ; mais contre ces cinq escadrons anglais, troupe fraîche et choisie, à laquelle il ne manquait pas un homme, les lieutenants de Tallard avaient huit escadrons, égaux peut-être en nombre, mais assurément inférieurs en force. Les Anglais soutiennent et repoussent leur attaque[1]. Des deux côtés arrivent des renforts ; cependant les ennemis parviennent à garder leur position au delà de la rivière. Pendant que les escadrons français s'épuisent en efforts infructueux, les soldats de Marlborough passent toujours ; les fantassins suivent les cavaliers, et l'artillerie arrive à son tour avec ses pièces et ses caissons.

La situation de Tallard devient critique : ses bataillons, déjà trop faibles dès le commencement de l'action, diminuent à chaque instant ; sa cavalerie est harassée par les charges qu'elle vient de faire, les chevaux sont haletants, les hommes s'inquiètent de n'avoir pu entamer l'ennemi, une seule chance de

---

[1] « Ces cinq escadrons ennemis soutinrent le choc des nôtres et les firent plier. » *Archives de la Guerre*, vol. 1751. n° 215. Relation de Tallard publiée après la bataille. Pelet, t. IV.

salut reste au maréchal : le secours des bataillons placés à Blenheim ; il est temps encore de les appeler ; le malheureux n'y songe même pas. En ces rapides instants, où se décident les batailles, le danger l'accable au lieu de le grandir. S'obstinant à lutter seul contre Marlborough, il tente un nouvel effort, rassemble toutes ses troupes, sa gendarmerie [1], sa cavalerie légère, ses neuf bataillons, et pousse, l'épée à la main, cette masse d'hommes et de chevaux sur les Anglais. Leur cavalerie fléchit un instant, mais elle reprend bientôt ses rangs, charge et repousse à son tour le maréchal. Les cavaliers vont se refaire au loin dans la plaine, mais son infanterie, qui ne peut se retirer assez vite, est enveloppée et disparaît en entier. Tallard revient de la mêlée noir de poudre et couvert de sang. Son fils est tombé près de lui, blessé à mort.

L'armée anglaise était alors passée tout entière ; mais au lieu d'attaquer sur-le-champ, Marlborough consacra une demi-heure à concentrer ses troupes. Il les déploie ensuite avec une impassible lenteur, et s'avance au pas ordinaire, comme sur un champ de manœuvre. Il arrive ainsi près de cette hauteur de Blenheim d'où l'artillerie de Tallard avait si cruellement maltraité ses soldats dans la matinée. Les Anglais y traînent leurs pièces et les tournent contre nous. La colline se couronne de feux et les boulets

---

[1] « La gendarmerie était un corps de grosse cavalerie dépendant de la maison du roi et formant seize escadrons. » (*Etat de la France* par le P. Simplicien, 5 vol. in-12, 1727.)

ennemis tombent au milieu des escadrons de Tallard, rangés plus bas dans la plaine.

Battus toute la journée, couverts de poussière, brûlés par le soleil, épuisés par tant de charges successives, les cavaliers de Tallard restent d'abord immobiles. Leur général, pâle et sanglant, les maintient par sa présence : ils se serrent sous le feu et attendent le choc de l'ennemi. Mais bientôt ils s'étonnent de ne pas voir arriver les bataillons de Blenheim : pourquoi l'Electeur, pourquoi Marsin ne songent-ils pas à leur envoyer des renforts au lieu de les sacrifier inutilement? Tout à coup, sous le feu de l'ennemi, un escadron de gendarmes tourne bride et prend la fuite ; un second, un troisième l'imitent, et toute la gendarmerie se précipite vers le Danube. L'Électeur, qui combattait à peu de distance, aperçoit avec consternation cette déroute : « Allez, Messieurs, crie-t-il à ses aides de camp, courez aux gendarmes, dites-leur que je suis là, ralliez-les et qu'ils retournent à la charge. » Les officiers partent au galop; mais quand le chef est impuissant, les lieutenants ne peuvent suffire : les gendarmes ne peuvent être ramenés[1].

En ce moment, l'armée anglaise arrive tout entière, serrée et en bon ordre. Marlborough fait un signe, et quatre-vingts escadrons [2] s'élancent à fond

---

[1] « Les officiers de gendarmes sont de très-braves gens, mais les gendarmes n'ont rien fait qui vaille. Le gros de la cavalerie a mal fait, je dis très-mal, car on n'a jamais rompu un seul des escadrons ennemis. » *Relation de Tallard*, précitée.

[2] « Je fus attaqué, dit Tallard, par 48 bataillons et 89 escadrons anglais, ou à la solde de l'Angleterre et de la Hollande. » *Même relation*.

de train. Ils achèvent l'œuvre de destruction, descendent dans la plaine, culbutent à coups de sabre les cavaliers ébranlés et les poursuivent l'épée dans les reins jusqu'au Danube. Des escadrons entiers viennent s'y engloutir. Le fleuve roule des chevaux, des morts et des fuyards; quelques-uns traversent à la nage, d'autres se réfugient dans Blenheim; la plupart restent au pouvoir de l'ennemi. Tallard est du nombre des prisonniers : trompé par la faiblesse de sa vue, il lance son cheval sur un escadron anglais, le prenant pour un des siens; à son cordon bleu, les ennemis reconnaissent un personnage considérable et l'arrêtent. Notre aile droite est anéantie.

Vaincus à la droite, les Français étaient victorieux au centre et à la gauche. Marsin et l'Electeur combattaient dans des ravins, et, malgré tous ses efforts, Eugène ne put y pénétrer. Cinq fois il essaya de les forcer, cinq fois ils soutinrent les assauts de l'armée allemande [1]. Le soir seulement, après la déroute de Tallard, ils craignirent d'être entamés par les forces réunies d'Eugène et de Marlborough, et se replièrent au delà du Danube. Marsin et Maximilien emportaient tous les trophées d'une victoire, huit canons et trente drapeaux; mais la fatale séparation des armées portait ses fruits : Marsin avait laissé écraser la cavalerie de Tallard, et maintenant il abandonnait son infanterie dans Blenheim.

[1] La relation des alliés, publiée à la Haye, avoue seulement trois fois. Elle assure qu'à la quatrième charge les Français se retirèrent, mais cela est inexact.

Il y avait dans ce village douze mille hommes, inutiles pendant la bataille et sacrifiés par la retraite. C'étaient les plus vieilles et les meilleures troupes de l'armée. Leur chef, le marquis de Clérambault, se voyant oublié depuis l'attaque du matin, était allé près de Tallard pour prendre ses ordres. Il arriva au moment de la charge décisive de Marlborough, et fut entraîné par les fuyards jusqu'au Danube. Mais là, au lieu de rejoindre son corps d'armée, Clérambault, troublé par la déroute, ne songea plus qu'à sauver sa vie : il était accompagné d'un domestique ; il lui fit sonder le fleuve, s'y jeta après lui et disparut bientôt dans les eaux avec son cheval ; son compagnon arriva seul à l'autre rive [1]. Pendant l'absence de Clérambault, un de ses brigadiers, nommé Sivières, prit la responsabilité des événements. Il cria aux officiers d'Artois et de Provence de le suivre et de se faire jour à travers l'ennemi. La plupart des officiers enfermés dans Blenheim accourent à sa voix, et, suivi de cette faible troupe d'élite, Sivières exécute une brillante sortie sur l'ennemi. Mais il est accablé par le nombre et ramené dans le village, où les Français demeurent enfermés jusqu'au soir [2]. En ce moment, comme les derniers escadrons de Tallard se précipitaient dans le Danube, un des jeunes officiers de Clérambault, Denonville, colonel du Royal-Infanterie, se présenta

---

[1] *Histoire du prince Eugène.*—Saint-Simon, t. IV, p. 213. Suivant une autre version, le cheval de Clérambault, effrayé par un boulet, emporta son cavalier dans le Danube.
[2] Voltaire, *Siècle de Louis XIV.*

à l'entrée de Blenheim, avec un mouchoir à la main. Il était suivi d'un général anglais, nommé lord Orkney. « Est-ce un prisonnier que vous nous amenez? lui crient ses compagnons.—Non, Messieurs, répond Denonville, je suis prisonnier moi-même et je viens vous dire qu'il n'y a pas d'autre parti pour vous que de vous rendre prisonniers de guerre. Voilà le comte d'Orkney qui vous offre la capitulation. » En même temps, au lieu de conférer avec les généraux qui se récrient, Denonville s'adresse aux soldats et les exhorte à rendre les armes. Le maréchal de camp de Blansac, qui avait pris le commandement depuis la disparition de Clérambault, impose silence au prisonnier et lui enjoint de se retirer; mais l'impression était produite; elle fut profonde.

A la nuit tombante, comme les derniers coups de canon de l'Électeur retentissaient sur le Danube, lord Orkney revient et demande à parler au général. Conduit près de Blansac, il lui annonce que Marlborough est devant lui avec quarante bataillons et soixante pièces de canon, que l'armée ennemie tout entière va l'entourer; que le corps de Tallard est détruit et son chef prisonnier; que Marsin et l'Électeur quittent le champ de bataille, que toute résistance devient impossible, et qu'il vaut mieux accepter une capitulation que de faire périr tant de braves gens. Blansac refuse de se rendre à ces propositions et somme de nouveau l'Anglais de s'éloigner, mais celui-ci insiste et le prie seulement de venir sur parole s'assurer par ses yeux de la vérité de son récit. Blansac accepte, et suivi de M. de Hautefeuille, mestre de camp général des dragons, il s'avance jusqu'à deux cents pas du village, d'où il voit les Français en déroute et les colonnes ennemies qui les enveloppent. Accablés par ce spectacle, Blansac et Hautefeuille rentrent dans Blenheim. Ils convoquent les officiers généraux et racontent ce qu'ils ont vu. La situation était désespérée : il était impossible de tenir dans un village contre une armée entière et victorieuse, sans vivres et sans munitions (l'engagement du matin avait presque entièrement épuisé leurs cartouches). Après de longs pourparlers, les généraux acceptent la capitulation ; mais les soldats poussent des cris de fureur et refusent de livrer leurs armes. Quelques-uns brisent leurs mousquets ; ceux du régiment de Navarre, l'un des plus anciens et des plus illustres de l'armée [1], déchirent leurs drapeaux et les enterrent au bruit lugubre des tambours. Tel fut du moins le récit des officiers généraux, car la voix « de ces vieux piliers de bataillons, qui perça, ne fut pas une relation suivie [2]. »

La capitulation de Blenheim termina cette malheureuse journée. Les Français perdaient seize mille prisonniers, douze mille morts, l'armée de Tallard presque tout entière. L'Allemagne cependant nous restait encore ; l'Electeur et Marsin conservaient vingt mille soldats ; ils pouvaient réunir vingt-cinq mille

[1] La réputation de ce régiment était incroyable. « Un poltron devient brave, écrivait longtemps après Jean-Jacques, en entrant dans le régiment de Navarre. » *Emile*, livre IV, p. 316.
[2] *Saint-Simon*, t. IV, p. 213.

hommes dispersés dans la Bavière, rejoindre Villeroy sur la rive allemande du Rhin et livrer une seconde bataille ; ils ne l'essayèrent même pas. Anéantis par ce désastre, ils se replièrent le lendemain vers la France.

Cette retraite fut triste : les soldats marchaient humiliés et silencieux ; il fallait brûler les bagages ; une épidémie tuait les chevaux ; les hussards autrichiens harcelaient l'arrière garde ; les paysans de l'Empire massacraient les traînards et les blessés. Marsin rejoignit enfin Villeroy, qui arrivait à sa rencontre, et ils repassèrent ensemble le Rhin. Mais les ennemis les suivirent. Ils traversèrent le fleuve après eux, enlevèrent Trèves, Trarbach et Landau, malgré l'héroïque résistance du gouverneur, M. de Laubanie, aveuglé pendant le siège par un éclat de bombe ; puis ils envahirent l'Alsace, où ils prirent leurs quartiers d'hiver [1].

A qui maintenant imputer la responsabilité du terrain et du sang perdus ? On a vu la belle conduite de l'armée durant cette campagne, la courageuse résignation des soldats au milieu des fatigues et des souffrances, le désespoir de ces vétérans, enfouissant leurs drapeaux ; nul ne peut accuser de tels hommes. Il faut remonter plus haut et mettre en cause leurs capitaines généraux. Marsin et Tallard étendirent trop leur ligne de bataille et combattirent sans se prêter le mutuel appui de leurs forces ; ils entassèrent

[1] Octobre 1704.

dans un village le tiers de leurs bataillons..... Il serait trop long d'énumérer toutes leurs fautes ; le contemporain Feuquières en a relevé douze principales [1]. L'histoire pourrait flétrir cette bataille du nom de *Journée des Fautes.*

Le gouvernement, lui aussi, faillit à sa tâche. Dans les guerres modernes où la stratégie décide de la victoire, sans le mérite des généraux la valeur des soldats est impuissante. « Ton maître serait invincible, disait Marlborough à un grenadier le soir de la bataille, s'il avait beaucoup de soldats comme toi. — Ce ne sont pas, lui repartit le captif, les soldats comme moi qui manquent, mais les généraux comme vous. » Les généraux cependant ne manquaient pas. Louis XIV avait sous la main une éclatante pléiade d'hommes de guerre : Villars et Berwick, Vendôme et Boufflers, Vauban, Conti, le jeune duc d'Orléans, toute une armée de bons lieutenants généraux, Noailles, Magnac, Médavy, d'Albergotti, Puységur, d'Hasfeld; les ministres seuls manquaient. Louvois et Barbesieux son fils étaient morts, et Chamillart, leur incapable successeur, confiait les armées d'Allemagne aux trois plus faibles maréchaux du règne : Marsin, Tallard et Villeroy. Louis XIV subissait à son insu ces choix, appuyés par madame de Maintenon ou par des intrigues de cour; nous en avons vu les suites.

Quelques succès de l'armée d'Italie vinrent adoucir

---

[1] *Mémoires de Feuquières,* p. 343.

l'amertume de ces revers. Les généraux de Louis XIV y étaient partout victorieux : la Feuillade occupait la Savoie; Vendôme prenait Verceil Yvrée et entourait la forte ville de Verrue, indispensable pour le siége de Turin ; son frère, le Grand-Prieur, chassait les Autrichiens du Milanais et les repoussait dans le Tyrol. Ces avantages, malheureusement, ne compensaient pas les désastreuses conséquences de Blenheim. Cette même année enfin, tandis que les alliés s'établissaient sur notre territoire, leurs flottes portaient les drapeaux de la Grande-Alliance au delà des Pyrénées; ils attaquaient Philippe V au cœur de ses États, et par le Portugal, l'Andalousie et la Catalogne, ils envahissaient l'Espagne.

CHAPITRE IV

(1704).

Décadence de l'Espagne.—Faiblesse de la royauté. — Indépendance des provinces. — Nombreux partisans de l'Autriche en Aragon et en Catalogne.—Destitution de Georges de Darmstadt, vice-roi de Catalogne.— Son exil et son serment.—Mystérieux amour qui le rappelle à Barcelone.—Correspondance secrète entre l'Empereur et les Catalans qui lui demandent un roi.—L'archiduc Charles proclamé roi d'Espagne à Vienne sous le nom de Charles III.—L'amiral Rook l'emmène à Lisbonne sur une flotte anglaise.—Guerre entre l'Espagne et le Portugal. — Berwick, généralissime des Espagnols. — Son histoire et son caractère.—Sa brillante campagne en Portugal.—L'amiral Rook veut soulever l'Andalousie. — Georges de Darmstadt l'entraîne en Catalogne. — Echec des Anglais à Barcelone. — Leur embarquement. — Prise de Gibraltar par les Anglais.—Bataille navale de Malaga.—Inutile conseil du capitaine de Relingue blessé à mort.—Lendemain de la bataille.—Résultats généraux de la campagne de 1704.

Malgré la fécondité de son territoire, l'étendue de ses possessions et la richesse de ses colonies, l'Espagne était, au commencement du xviii° siècle, le plus faible royaume de l'Europe. L'expulsion des Maures, la diminution toujours croissante de la population depuis Philippe II [1], les continuelles émigrations en Amérique, les incroyables préjugés de la nation contre le travail [2], les priviléges de la Mesta, si funestes à

[1] Voir, pour les causes de cette dépopulation, l'*Espagne depuis le règne de Philippe II jusqu'à l'avénement des Bourbons*, par M. Weiss, t. II, p. 57.

[2] *Ibid*, t. II, p. 257. « Le gentilhomme qui trafiquait encourait la dé-

l'agriculture [1], l'immense étendue des propriétés de mainmorte appartenant à la noblesse et au clergé[2], le monachisme, l'inquisition [3], l'or du Pérou [4], avaient précipité en un siècle cette décadence. Les descendants de Charles-Quint et de Philippe II s'étaient endormis dans l'Escurial, au milieu d'intrigues sanglantes ou voluptueuses, et Charles II avait laissé à Philippe V une royauté sans force et sans prestige.

chéance : un grand d'Espagne qui avait vendu les laines de ses troupeaux fut méprisé par ses égaux et flétri du surnom de *Mercador*. Aussi les gentilshommes ruinés aimaient-ils mieux entrer au service comme domestiques, car ils pensaient que *dans la domesticité la noblesse sommeille, mais que dans le commerce elle périt.* »

[1] Depuis le xiiie siècle, il était défendu aux cultivateurs d'enclore leurs propriétés de haies et de fossés ; cette défense, qui ne présentait aucun inconvénient à une époque de guerres perpétuelles, où les champs étaient sans cesse exposés aux dévastations de l'ennemi, contribua puissamment dans les siècles suivants au dépérissement de l'agriculture. Deux fois par an, au printemps et à l'automne, les troupeaux mérinos traversaient les plaines fertiles de la Castille et détruisaient tout sur leur passage : « Le nombre de ces troupeaux était immense au xviie siècle, et il l'est encore aujourd'hui. On a calculé que quatre millions de moutons passent l'hiver en Estramadure. » M. Weiss, t. II, p. 97.

[2] A la fin du xviie siècle, la cinquième partie des terres appartenait au clergé et se trouvait immobilisée par la mainmorte ; la population ne s'élevait qu'à environ cinq millions d'habitants, et le clergé en formait la trentième partie.

[3] Suivant Llorente, *Histoire de l'Inquisition d'Espagne*, t. IV, p. 271, cité par M. Weiss, t. II, p. 60, l'inquisition depuis son origine jusqu'à son abolition en 1808, a fait brûler 31,912 Espagnols, 17,659 en effigie, et elle a condamné à des peines rigoureuses 291,450 personnes, ce qui donne un total de 341,021 Espagnols condamnés, les uns à mort, les autres à des peines entraînant toutes une flétrissure morale et la confiscation des biens. On peut ajouter à ce chiffre environ 100,000 familles qui s'expatrièrent pour se soustraire aux poursuites du tribunal de l'inquisition.

[4] « L'or du nouveau monde devint la cause la plus active de la ruine des fabriques nationales, par le renchérissement subit qu'il occasionna dans le prix de la main-d'œuvre. » M. Weiss, t. II p. 110.

La vicieuse organisation du gouvernement avait favorisé cette décadence. Les conseils ministériels n'admettaient entre eux aucune hiérarchie et opposaient au roi lui-même une telle puissance d'inertie, qu'ils paralysaient son pouvoir [1]. Par les traitements de leur nombreux personnel, ces conseils absorbaient en outre des sommes considérables, et ne mettaient aucun frein à leurs dépenses, qui, d'ailleurs, n'étaient soumises à aucun contrôle. Un absurde système de perception favorisait les retards et les brigandages des comptables. Les trésors de l'Amérique étaient accaparés par les vice-rois, qui achetaient d'avance leur impunité à Madrid. Le maître du Mexique et du Pérou n'avait pas quinze millions de rente [2].

Sans finances, l'Espagne n'avait ni vaisseaux, ni soldats; elle ne possédait, en 1700, que quelques navires pour escorter les galions du nouveau monde, et treize galères qui pourrissaient dans ses ports [3]. Sur toutes ses côtes, de Gibraltar aux Pyrénées, elle n'avait pas une seule place en état de défense. Les larges brèches faites par Vendôme à Barcelone, lors du siége de cette ville [4] n'étaient pas encore réparées. Pour défendre ce royaume, ouvert de tous côtés, ses possessions en Europe et en Amérique, elle comptait

---

[1] Ils disaient au roi : « On reçoit vos ordres, mais on surseoit à l'exécution. » *Mémoires de Louville*, t. Ier, p. 69.

[2] Le revenu du roi d'Espagne, dit Noailles en 1708, ne se montait qu'à dix millions. (*Mémoires de Noailles*, p. 202.) Don Andres Muriel, dans ses annotations de W. Coxe, porte ce revenu à quinze millions. T. Ier, p. 518.

[3] *Mémoires de Saint-Philippe.*

[4] Août, 1697.

à peine vingt mille soldats, perdus dans les lointaines provinces de la monarchie [1], trois cents hommes en Sardaigne, cinq cents en Sicile, six cents dans le royaume de Naples, où ces malheureux n'avaient ni solde ni vêtements. A Madrid, les gardes du Roi, divisés en trois bandes, dont les noms pompeux, la Flamande, l'Espagnole et la Tudesque rappelaient les grandeurs évanouies du règne de Charles-Quint, se composaient d'ouvriers, qui quittaient ou reprenaient à volonté leur service, mendiaient aux portes des monastères et ne craignaient pas de se joindre aux bandits dont la ville était infestée, pour arrêter et voler les passants dans les rues [2].

Les habitants se gardaient eux-mêmes; tous portaient le couteau ou l'épée. Les seigneurs entretenaient des bandes de spadassins qui tuaient pour quelques pièces d'or. Plusieurs milliers d'individus dans Madrid vivaient de cet odieux commerce [3]. Les rues et les places étaient couvertes de ces assassins à gages, que les églises, par leur droit d'asile, proté-

---

[1] *Mémoires de Saint-Philippe.*

[2] « Pendant la minorité de Charles II, le corrégidor de Madrid adressa plusieurs fois des requêtes à la régente, pour la prier d'éloigner le régiment d'Aytona, dont les soldats aidaient les bandits à détrousser les passants. En 1686, le courrier dépêché par le marquis de Feuquières fut dévalisé par des voleurs à cinq lieues de la capitale ; cet événement ne causa aucune surprise. L'ambassadeur écrivit à Louis XIV que les coupables appartenaient sans doute à l'un des trois quadrilles de voleurs qui rôdaient depuis quelques semaines autour de Madrid. » M. Weiss déjà cité. T. II, p. 278.

[3] « Il n'y avait pas d'homme un peu riche qui n'eût au moins cent coupe-jarrets à sa solde, et sur les 150,000 habitants de Madrid, 60,000 vivaient de ce honteux métier. » (*Mémoires de Louville*, t. Ier, p. 71.) Ce chiffre est évidemment exagéré.

geaient contre la loi. Les moindres rixes dégénéraient en terribles mêlées : à toutes les fêtes, à toutes les courses, le sang coulait. Au milieu de ce chaos d'hommes armés, le roi seul était sans armes, et, comme la faiblesse appelle l'insulte, quand le pâle Charles II sortait dans son carrosse avec ses gardes de hasard, à demi nus, le peuple le saluait par des huées, les enfants couraient après lui et le traitaient de *Mariccon* [1] faisant ainsi allusion à la faiblesse de son esprit et de son corps. Les lavandières du Mançanarez accablaient la reine des injures les plus grossières. Les choses allèrent si loin, que le roi n'osa plus sortir de son palais, où de fréquentes séditions vinrent encore troubler son repos : c'est ainsi qu'en 1685, sur le bruit insensé qui se répandit, que le roi venait d'être empoisonné par la reine [2], à l'instigation de l'ambassadeur de Louis XIV la populace se précipita dans la rue d'Atocha et égorgea tous ceux dont les vêtements ou la prononciation trahissaient une origine française [3] ; un autre jour, quelques mois avant sa mort, le 28 avril 1699, un alguazil ayant maltraité une vendeuse d'herbes, le peuple se rassembla sur la grande place en poussant des cris de mort et réclamant du pain : la foule arriva en hur-

---

[1] C'est-à-dire homme efféminé, homme-femme ; Louville traduit *Niquedouille*. (*Mémoires de Louville*, t. 1er, p. 72.)

[2] Marie-Louise d'Orléans, née du premier mariage de M. le duc d'Orléans avec Henriette d'Angleterre, première femme de Charles II, morte empoisonnée en 1689.

[3] On leur faisait répéter le mot *Ajo*. V. M. Weiss déjà cité. T. II, p. 259-260.

lant devant le palais et demanda le roi ; Charles II s'était caché avec la reine au fond de ses appartements ; on répondit qu'il dormait : « Il y a trop longtemps qu'il dort, s'écrièrent les mutins, il est temps qu'il se réveille ; » et le pauvre malade fut contraint de se montrer à un balcon ; mais sa présence n'apaisa point la foule, qui ne s'éloigna qu'à la nuit, sur la nouvelle que deux cents hommes de cavalerie arrivaient pour la disperser [1].

La royauté, avilie dans la capitale, était impuissante dans les provinces. L'Espagne se ressentait encore des grandes luttes qui avaient eu lieu autrefois entre les différentes provinces maintenant réunies sous la même couronne. Si les Castilles, l'Andalousie et l'Estramadure étaient sous la dépendance immédiate du monarque, la Navarre, les provinces Basques, Murcie, Valence, l'Aragon et la Catalogne avaient au contraire conservé une indépendance relative. Ces dernières ne devaient ni troupes ni subsides ; elles votaient des dons gratuits, toujours médiocres et le plus souvent contestés ; elles avaient leurs justices, leurs parlements, leurs budgets et leurs priviléges respectifs [2]. La forte organisation des municipalités [3], si puissantes encore en Espagne, servait ce fédéralisme provincial. Chaque ville était indépendante de la province, comme la province de l'État.

---

[1] *V. Saint-Philippe*, t. 1er, p. 27.
[2] Leurs *fueros*, leurs droits.
[3] *Ayuntamientos*.

A tant de causes d'affaiblissement, il faut joindre l'imminence d'une guerre civile. La substitution des Bourbons à la maison de Habsbourg, qui avait régné deux cents ans, avait froissé de nombreux intérêts, et de plus nombreuses sympathies. Dans les villes, et surtout dans la capitale, la maison d'Autriche conservait de zélés partisans, qui haïssaient Philippe V et regrettaient les anciens rois. La Catalogne, la plus éloignée et la plus remuante des provinces, renfermait le plus grand nombre de ces ennemis secrets. Son vice-roi, Georges de Darmstadt, général brave et hardi, attaché par sa naissance à l'ancienne cour [1], témoignait publiquement de son dévouement à l'Autriche. Les choses allèrent si loin que Philippe V dut le destituer et le renvoyer de son gouvernement. Le vice-roi s'éloigna, la colère et le désespoir dans le cœur; il laissait à Barcelone une femme tendrement aimée : au moment de monter sur la chaloupe qui devait le conduire à son vaisseau, il se retourna vers les gentilshommes catalans qui l'accompagnaient, et, montrant le ciel, jura de revenir à Barcelone et d'y revenir avec un autre roi [2].

L'exil de Darmstadt accrut l'impopularité de Philippe V et l'irritation des Catalans. Les principaux d'entre eux entamèrent avec la cour de Vienne de secrètes négociations, tendant à décider l'empereur à

---

[1] Il était cousin-germain de la dernière reine d'Espagne, Marie-Anne de Neubourg, veuve de Charles II, fille de Philippe-Guillaume électeur palatin, et sœur de l'une des femmes de l'empereur Léopold 1er.

[2] *Mémoires de Saint-Philippe.*

leur donner pour roi un de ses enfants : Léopold Ier s'empressa d'accéder à des vœux si conformes à ses intérêts ; il abdiqua ses droits à la couronne d'Espagne en faveur de son second fils, l'archiduc Charles [1], jeune prince de vingt ans, le fit proclamer à Vienne sous le nom de Charles III et l'envoya conquérir son royaume sur Philippe V.

L'archiduc se rendit à la Haye et de là à Londres ; l'Angleterre et la Hollande l'y reconnurent pour roi d'Espagne, lui fournirent de l'argent et des vaisseaux, et au mois de janvier 1704, le rival de Philippe V monta sur une flotte anglaise portant douze mille hommes et commandée par un habile marin, l'amiral Rook, qui les conduisit à Lisbonne. Le roi de Portugal Pierre II, qui venait d'accéder à la Grande-Alliance, le reçut à bras ouverts. L'archiduc, démembrant d'avance un royaume qu'il n'a pas encore, lui cède une partie de la Galice et de l'Estramadure. Pierre II lui promet en échange vingt-huit mille soldats, et quarante mille Anglais et Portugais se rassemblent à Lisbonne pour envahir l'Espagne au printemps.

A cette armée, prête à entrer en campagne, Philippe V n'avait à opposer que quelques bataillons dispersés dans l'Estramadure. Louis XIV lui envoya douze mille hommes avec un excellent officier, le

---

[1] L'archiduc Charles, né en 1685, proclamé roi d'Espagne à Vienne en 1703, monta sur le trône impérial en 1711, à la mort de son fils aîné, Joseph Ier, et régna jusqu'en 1740 sous le nom de Charles VI. C'est le père de Marie-Thérèse.

marquis de Puységur [1], chargé d'examiner les places de la frontière. Il trouva des villes entourées de murailles en pierres sèches, sans fossés, sans ouvrages extérieurs, exposées aux surprises de l'ennemi, et dont le délabrement l'épouvanta [2]. L'Estramadure, qui devait nourrir l'armée, était un pays de montagnes et de pâturages, sans grandes villes, sans chemins, qui présentait par lui-même peu de ressources. Les Espagnols, cependant, n'avaient aucun approvisionnement, aucun magasin, pas même de canons ; la concussion et le brigandage le plus effrénés régnaient dans les bureaux de la guerre ; les fournisseurs livraient aux soldats du linge et des habillements inacceptables [3], tandis que les ministres avaient assuré à Puységur qu'il trouverait en Estramadure toutes les choses nécessaires à son armée.

[1] Alors maréchal de camp, plus tard maréchal de France. C'est l'auteur de l'*Art de la guerre*.
[2] « Les places de la Flandre (espagnole), que l'on regarde comme si mauvaises, sont des forteresses inexpugnables en comparaison de celles-ci. Pour en faire en un mot la juste description à Votre Majesté, ce sont des villages environnés d'une simple muraille de chaux, où il n'y a ni fossés, ni flancs, pas même la moindre chose pour couvrir les postes, de manière que l'on court risque, si l'on a affaire à un ennemi un peu éveillé, d'être enlevé dans la meilleure de ces places. » (*Archives de la Guerre*, vol. 1787, n° 181. Lettre de Puységur au roi. 18 mars 1704.)
[3] Si l'on en croit Louville, madame des Ursins et Orry (administrateur général des finances envoyé par Louis XIV à Philippe V), n'étaient pas étrangers à ces désordres : « Elle (madame des Ursins) a vendu le gouvernement de Campêche 6,000 pistoles. Orry en a fait autant ; cela est si fort que le marquis de Ribas (un des ministres) a fait apporter en plein conseil des fournitures d'habillements pour les soldats, acceptées par Ory : il s'est trouvé des chemises de toile à torchon, des bottes de carton, etc., etc. Cela a fait un bruit effroyable. » (*Mémoires de Louville*, t. II, p. 88.)

Puységur, irrité, s'empressa d'avertir Philippe V, qui se rendit sur la frontière pour hâter les préparatifs de la campagne ; il demanda en même temps à Versailles un général en chef qui pût éclairer son inexpérience et guider ses soldats. Louis XIV lui envoya Berwick.

Berwick était neveu de Marlborough, fils de Jacques II et d'Arabella Churchill, cette sœur de Marlborough que le dernier des Stuarts avait tant aimée, malgré sa médiocre beauté. A la révolution de 1688, tandis que son oncle s'empressait de reconnaître Guillaume III, Berwick accompagnait à Saint-Germain Jacques II, qui était à la fois son père et son roi ; il avait pris part ensuite à toutes les tentatives de restauration qui marquèrent la fin du xvii® siècle. Dans l'une d'elles, sa ressemblance avec les Stuarts faillit le perdre : un jacobite qui l'avait reconnu à la seule vue de ses mains, longues et effilées comme celles de Charles I®, lui sauva la vie [1]. Désespérant de rentrer en Angleterre, Berwick s'était fait naturaliser en France où il était devenu lieutenant général ; de tous nos capitaines, il était le plus propre à cette difficile guerre de la Péninsule ; sa royale naissance et sa foi catholique commandaient le respect aux Espagnols ; il avait, en outre, non-seulement la religion, mais les vertus de leur pays : il était patient, sobre, tenace, et

---

[1] Je me souviens de lui avoir ouï-dire qu'un homme l'avait reconnu sur un certain air de famille, et surtout à la longueur de ses doigts ; que par bonheur cet homme était jacobite et lui avait dit : Dieu vous bénisse dans toutes vos entreprises ! ce qui l'avait remis de son embarras. » (*Ébauche de l'Éloge historique de Berwick*, par Montesquieu, collection Michaud, t. VIII, p. 310.)

ne laissait jamais échapper sans raison une parole ou une critique ; une telle réserve au milieu d'un pays ruiné, d'une administration désorganisée et d'une nation ombrageuse, fière encore de son passé, lui valut l'estime, puis l'attachement des Espagnols ; le génie même de Berwick enfin, plus propre à la résistance qu'à l'attaque, l'appelait en Espagne, où la guerre allait être principalement défensive [1].

Dès son arrivée en Estramadure, Berwick se mit à l'œuvre. Il rassembla l'artillerie et les vivres, les munitions et les équipages nécessaires, ouvrit des chemins au milieu des montagnes et réorganisa l'armée. L'approche de l'ennemi, la présence de Philippe V, la confiance en leur général donnèrent aux Espagnols une activité extraordinaire : en quelques semaines, Berwick réunit vingt-six mille soldats, tandis que l'archiduc, à Lisbonne, rassemblait lentement son armée.

Au lieu de l'attendre, Berwick prend hardiment l'offensive : il place son artillerie sur des chariots à bœufs, ses bagages sur des mulets, traverse les montagnes brûlantes de l'Estramadure, enlève toutes les villes portugaises de la rive droite du Tage, passe le fleuve et marche sur Lisbonne pour désarmer Pierre II et jeter à la mer l'archiduc et les Anglais [2]. Mais, arrivé dans l'Alentejo, contrée pauvre et montueuse

---

[1] Sur Berwick : V. Saint-Simon, Noailles, Tessé, Louville, W. Coxe, Saint-Philippe, Voltaire, et *l'ébauche* de Montesquieu précitée.

[2] *Archives de la Guerre*, vol. 1788, n° 76. Lettre de Berwick à Chamillart, 4 juin, 1704.

comme l'Estramadure, il se trouva arrêté par l'aridité du pays et l'ardeur du climat. Les rivières et les fontaines étaient desséchées, les munitions s'épuisaient, les convois se brisaient en route ou n'apportaient qu'un pain aigri par les chaleurs, les deux tiers des chevaux français étaient morts [1]; les guides manquaient, les soldats tombaient frappés par le soleil et l'armée pouvait périr dans les montagnes [2]; le sage capitaine abandonna l'entreprise. Il ramena ses troupes à petites journées, le plus souvent par des marches de nuit, et les établit dans les villages de la frontière, où il leur fit prendre leurs quartiers d'été. Dans cette brillante campagne, Berwick avait enlevé dix bataillons et rasé trente villes aux Portugais. Philippe V, qui avait bravement partagé les souffrances de ses soldats, retourna vainqueur à Madrid [3].

A l'autre extrémité de l'Espagne, au pied des Pyrénées, le petit-fils de Louis XIV triomphait en même temps d'une attaque mieux combinée et d'un ennemi plus hardi. L'amiral Rook, après avoir débar-

---

[1] *Mémoires de Berwick.*

[2] « La vérité est que les chaleurs deviennent excessives, de manière que je doute fort que nous puissions rester en campagne plus longtemps; l'eau commence à manquer, les fourrages que les paysans n'ont point coupés sont si secs, que le blé tombe de lui même à terre et que la paille se brise. » (*Archives de la Guerre*, vol. 1788, n° 131. Lettre de Berwick au roi, 28 juin 1704.) — « Les chaleurs ont augmenté à tel point qu'il n'est plus possible de faire rester les troupes en campagne. Les hommes et les chevaux meurent dans le chemin par l'ardeur du soleil, et les fontaines et les rivières sont la plupart taries...... Nous ne pouvons plus faire le moindre pas que de nuit pour gagner les quartiers d'été. » (*Archives de la Guerre*, vol. 1788, n° 148. Lettre de Berwick au roi, 8 juillet 1704.)

[3] *Mémoires* de Noailles, de Louville et de Saint-Philippe.

qué l'archiduc à Lisbonne, avait passé le détroit de Gibraltar, gardant à son bord quatre mille soldats, dans l'espoir de soulever le midi de l'Espagne, tandis que Berwick et Philippe V combattaient à l'occident. L'amiral se demandait seulement sur quelle plage il jetterait ses bataillons, et il hésitait entre l'Andalousie et Valence. Georges de Darmstadt, qui se trouvait sur son vaisseau, le décida pour la Catalogne, où le rappelaient la vengeance et l'amour. Il lui représenta que, par sa constitution et le caractère de ses habitants, c'était la province la plus disposée à la révolte ; qu'une vieille haine l'éloignait de la Castille et de Philippe V, l'élu de Madrid et le fils du roi de France ; qu'elle appelait de tous ses vœux un roi autrichien ; qu'à Barcelone, les partisans de l'archiduc se paraient publiquement de cocardes rouges ; que la plupart des confesseurs y refusaient l'absolution à ceux de leurs pénitents qui ne détestaient point le gouvernement des Bourbons [1] ; que la seule vue des drapeaux autrichiens soulèverait les campagnes. Darmstadt était sincère ; comme tous les hommes ardents, il ne voyait dans les choses que ce qui pouvait flatter ses passions [2].

Entraîné par ce langage, Rook quitte les côtes de l'Andalousie et fait voile pour Barcelone, où il arrive le 14 mai 1704. Confiant dans les paroles du prince, il débarque quatre mille hommes sur le rivage. Une

[1] *Mémoires de Saint-Philippe*, t. 1er, p. 318.
[2] « Son cœur, dit Saint-Philippe, était en proie à trois furies : l'amour, la haine et la vanité. » (*Saint-Philippe*, t. 1er, p. 270.)

conspiration se trame aussitôt pour livrer la place, mais le nouveau vice-roi, don Francisco de Velasco, brave et énergique soldat, fait saisir les conjurés et maintient la ville dans le devoir. Les Catalans regardent les Anglais du haut des murailles ; quelques groupes se forment dans les rues, mais là finit la sédition. Darmstadt envoya vainement dans la ville des agents avec des proclamations et des pamphlets ; le petit nombre des soldats débarqués découragea les Catalans, qui restèrent fidèles, la trahison dans le cœur [1]. Après trois semaines d'attente, Rook comprit l'inutilité de ses efforts, et retourna sur ses vaisseaux en maudissant le conseil de Darmstadt. Il avait appris que le comte de Toulouse, l'un des fils naturels de Louis XIV et grand amiral de France, entrait dans la Méditerranée avec une flotte inférieure à la sienne ; il marcha à sa rencontre ; mais le comte de Toulouse prit les devants et ramena ses vaisseaux à Toulon, afin d'y prendre des renforts.

L'amiral anglais revint dès lors sur les côtes de l'Andalousie, longeant le rivage et brûlant de réparer l'échec de Barcelone. Il arrive ainsi [2] au pied de la forteresse de Gibraltar, où il descend ses canons et dispose ses batteries pour une attaque. Les Anglais avaient déjà tiré quinze mille coups de canon et le siége était commencé depuis trois jours, quand le hasard vint y mettre fin. Des matelots descendus à

---

[1] « *Permaneció traydoramente fièl.* » (Saint-Philippe, t. Ier, p. 269.)
[2] 1er août 1704.

terre, escaladent en jouant la partie la plus escarpée du rocher et arrivent sur les murailles [1]. Surpris de n'y voir personne, ils appellent leurs compagnons ; ceux-ci viennent en foule, la baïonnette au bout du fusil ; ils n'eurent que la peine de monter. Les Espagnols avaient abandonné ce roc, le croyant inabordable. Gibraltar était comme toutes les villes d'Espagne, sans artillerie, et renfermait à peine cent soldats. Ils tirèrent quelques coups de fusil, puis, voyant l'ennemi dans la place, cessèrent une résistance inutile [2]. Darmstadt voulait occuper la ville au nom de Charles III et de la maison d'Autriche ; Rook, qui avait sans doute des instructions, s'y opposa. Il planta sur les remparts le drapeau de la Grande-Bretagne, et prit possession de Gibraltar au nom de l'Angleterre [3] ; il y laissa le prince de Darmstadt avec une garnison, puis remit à la voile et longea de nouveau l'Andalousie. Le comte de Toulouse, sorti de Toulon avec des renforts, naviguait dans ces parages et le recherchait à son tour. Les deux amiraux se rencontrèrent à la hauteur de Malaga [4].

Sur cette côte de l'Andalousie règne un double courant : l'Océan porte les vaisseaux sur l'Afrique, la Méditerranée sur l'Espagne ; l'un entraînait les Anglais, l'autre les Français. Comme le vent soufflait à peine, les flottes, contrariées par les courants,

---

[1] *Mémoires de Noailles*, p. 173.
[2] *Archives de la Guerre*, vol. 1788, n° 245. Dépêche du 4 août 1704.
[3] C'est depuis cette époque que l'Angleterre possède Gibraltar.
[4] A onze lieues environ de Malaga.

restèrent deux jours sans s'aborder. Le troisième jour au matin, le vent s'étant levé du côté des Anglais, Rook s'empressa d'en profiter. A ce premier avantage se joignait la supériorité du nombre [1]; il rallie ses navires et se porte sur la flotte française, toutes voiles déployées. Pendant cette marche, qui dure plusieurs heures, le comte de Toulouse range ses vaisseaux, et les deux flottes s'avancent l'une sur l'autre au bruit des timbales et des trompettes, qui retentissent comme pour une fête [2]. Sur les dix heures elles arrivent enfin à portée de canon ; les amiraux mettent l'épée à la main, les artilleries éclatent en même temps, une ligne de feu et de fumée s'étend sur le front des deux escadres, et la bataille commence.

Ce fut une bataille toute d'artillerie. Pendant onze heures les flottes se mitraillèrent sans s'aborder ; mais la canonnade était surtout favorable aux Anglais : le vent qui les amenait soulevait la proue de nos vaisseaux, rabattait la fumée des pièces sur les pointeurs, ébranlait leurs coups et leur dérobait l'ennemi ; les Anglais, au contraire, apercevant distinctement nos vaisseaux, tiraient avec une meurtrière certitude. Leurs boulets emportaient les voiles, brisaient les mâts, démontaient les pièces et renversaient les artilleurs sur leurs canons. Leurs bombes mirent le

---

[1] Du moins du nombre de vaisseaux : il avait 65 vaisseaux et nous 52 et 40 galères. Mais les équipages du comte de Toulouse étaient plus forts.

[2] *Mémoires de Saint-Philippe*, t. Ier, p. 276.

feu à plusieurs navires, qui durent s'éloigner pour l'éteindre.

Afin d'arrêter ces ravages de l'artillerie ennemie, le comte de Toulouse réunit ses vaisseaux en forme de croissant, comptant enfermer les Anglais dans ce demi-cercle, les saisir corps à corps et les aborder. Mais Rook devina son dessein et prescrivit une manœuvre toute contraire : il déploya ses vaisseaux en arrière, et, comme le vent le poussait sur les Français, il fit serrer ses voiles, afin de laisser libre l'action du courant qui l'emportait en pleine mer et de conserver ses avantages. Le comte de Toulouse essaya vainement de l'atteindre, et le feu cessa des deux parts au coucher du soleil.

Le lendemain, le vent s'étant apaisé, l'amiral Rook rangea ses vaisseaux et offrit de nouveau la bataille. Les Français pouvaient lutter encore avec avantage; ils avaient, à la vérité, perdu quinze cents hommes, et les ennemis huit cents tout au plus, mais ils gardaient tous leurs vaisseaux et les Anglais en avaient perdu trois. Le comte de Toulouse rassembla son conseil de guerre : un de ses plus braves officiers, illustré par un glorieux fait d'armes [1], son premier écuyer et son ami, le lieutenant général de Relingue, mortellement blessé dans l'action, se souleva de son lit pour écrire au prince quelques lignes, dans lesquelles il le conjurait de combattre, et les lui fit

---

[1] Il avait lutté seul, toute une journée, près de l'île d'Elbe, contre plus de trente galères.

remettre au conseil. Le comte de Toulouse avait perdu la veille quatre de ses pages, il avait été blessé lui-même à la tempe, et avait montré constamment le plus intrépide sang-froid : ayant vu tomber à ses pieds le capitaine d'Herbault, intendant des armées navales, et désirant conserver ses papiers qu'on n'avait pas le temps d'examiner pendant le feu, il avait arrêté les soldats qui se disposaient à jeter son corps à la mer [1]. Mais ce prince, si brave dans le combat, était timide dans le conseil. Il n'osa contredire le marquis d'O[2], marin de cour, créature de madame de Maintenon, contre l'avis duquel Louis XIV lui avait défendu de rien entreprendre, et il suivit des conseils que son intelligence et son courage lui prescrivaient de rejeter. Après avoir ainsi vainement défié les Français, l'amiral Rook s'attribua cette victoire meurtrière et incertaine. Peu de temps après, il est vrai, les Anglais quittèrent la Méditerranée; mais ils emportaient la gloire de la bataille et conservaient Gibraltar [3].

Ainsi finit cette campagne de 1704, l'une des plus sombres et des plus remplies de nos annales. En Espagne, comme nous venons de le dire, Philippe V sauvait Barcelone et perdait Gibraltar ; en Italie,

---

[1] Saint-Simon, t. IV, p. 236.

[2] « M. d'O, officier de fortune, qu'un mariage romanesque avait uni à la fille de M. de Guilleragne; son vrai nom était Villiers. » V. Lemontey, *Mémoires de Dangeau*, p. 28.

[3] *Archives de la Guerre*, vol. 1786, n° 143. Lettre du duc de Grammont, ambassadeur de France à Madrid, à Chamillart.—Saint-Philippe, t. Ier, p. 273. — De Quincy, *Histoire militaire du règne de Louis le Grand*, t. IV, p. 438.

Vendôme continuait ville par ville la conquête du Piémont ; en Flandre, les armées se séparaient sans combattre, mais en Allemagne Louis XIV éprouvait une terrible défaite, la première et la plus désastreuse de son règne. Les soldats qui, dans les premiers jours de l'année, campaient sur les frontières de l'Autriche et menaçaient les portes de Vienne, reculaient maintenant sous le canon de Strasbourg. Des deux armées de Marsin et de Tallard, entrées dans l'Empire, quelques milliers d'hommes à peine revenaient. Villars avait inutilement vaincu à Friedlingen et à Hœchstedt ; Marsin perdit toutes ses conquêtes, la Bavière, la forêt Noire, deux cents lieues de terrain, les sources et le cours du Danube, le secours des Magyares, bien plus encore, la renommée de notre infanterie, portée si haut depuis Rocroy. Villars cependant combattait de pauvres paysans au fond des Cévennes, pour maintenir la révocation de l'édit de Nantes. Ainsi s'enchaînent les fautes.

CHAPITRE V

(1705).

Projets d'invasion de Marlborough sur la Moselle. — Louis XIV lui oppose Villars. — Brusque retraite de Marlborough devant Villars. — Il se rejette sur la Belgique, où commande Villeroy. — Combat de nuit dans les lignes de la Ghète. — Mésintelligence entre les Anglais et les Hollandais.—Départ de Marlborough pour la Hollande et l'Angleterre. Revers de Villars sur le Rhin.—Il évacue la basse Alsace devant des forces triples des siennes.—Calomnies des courtisans à Versailles.—Situation de l'armée d'Italie, où Vendôme combat les Autrichiens et les Piémontais.—Siége et prise de Verrue par Vendôme.—Descente d'Eugène en Lombardie, où commande le grand-prieur, frère de Vendôme.—Triste caractère du grand-prieur. — Il laisse arriver Eugène sur l'Adda. — Vendôme se transporte en Lombardie pour arrêter les Autrichiens.—Furieuse bataille de Cassano.—Désobéissance et lâcheté du grand-prieur.—Vendôme ferme le Milanais aux Autrichiens et les repousse dans le Tyrol. — Conquête de la Savoie et du comté de Nice par les Français.—Détresse du duc de Savoie.

Les revers de l'année qui finissait, la prise de Gibraltar, la déroute de Blenheim et l'invasion de l'Alsace exaltèrent les généraux de la Grande-Alliance. Ils crurent la France ouverte et entreprirent d'y pénétrer. Marlborough dressa le plan d'une attaque formidable, choisit à cet effet la partie la plus faible de la plus faible de nos frontières, la vallée de la Moselle, entre la Meuse et le Rhin, entre Luxembourg et Deux-Ponts, et vint camper à Trèves pour préparer l'expédition et réunir l'armée d'invasion [1]. Il comptait déjà soixante mille hommes, Anglais ou Hollandais ; il attendait encore le meilleur général de l'empire, Louis de Bade, qui devait lui mener quarante mille Allemands et Autrichiens. Tous deux devaient ensuite, après avoir fait leur jonction, descendre la Moselle et entrer en France.

En face d'un adversaire aussi dangereux que Marlborough, Louis XIV plaça Villars. Il l'arracha enfin des Cévennes, et l'envoya dans le nord. Villars, qui ne connaissait pas le pays, commença par le visiter, et à travers les glaces et les neiges, il reconnut à cheval toute la frontière [2]. Il s'établit ensuite à Rettel, près de la petite ville de Sierck, à quelques lieues de Thionville, dans une forte position, mais en rase campagne : « les retranchements inquiètent les Français, » disait-il avec raison ; il savait que ses meilleurs retranchements étaient les poitrines de ses soldats. Les alliés, cependant, rassemblaient à Trèves d'énormes approvisionnements de guerre et de bouche, des amas de farine, d'avoine et de poudre, qui indiquaient une entreprise considérable. Le Rhin et la Moselle leur portaient chaque jour des canons et des mortiers, des hommes ou des chevaux [3]. Marlborough commandait déjà quatre-vingt-dix mille hommes, et il attendait encore Louis de Bade

---

[1] Mars 1705.

[2] « Je parcourus le pays autant que les neiges et les frimas me le permirent. Je ne négligeai pas un ravin, un bouquet de bois, un ruisseau, un monticule, une fondrière. » *Mémoires de Villars*, p. 147.

[3] *Mémoires de Villars*, p. 147.

et son armée. Mais ce prince, secrètement jaloux de son collègue, prétexta une maladie et resta dans l'Empire. Après l'avoir vainement attendu, Marlborough se décida à quitter Trèves avec cent mille combattants, et remonta la Moselle. Les généraux exhortaient Villars à se retirer devant des forces si considérables, au risque de découvrir les frontières; le maréchal refusa, et, se fiant à la valeur de ses soldats, tous vieux et éprouvés, il attendit les alliés de pied ferme; Marlborough ne recula point d'une étape [1]. Toute l'Europe avait les yeux fixés sur ce coin de terre où combattaient les deux plus grands généraux du temps. Les circonstances étaient solennelles : si Marlborough battait Villars, il pouvait traverser la Champagne et pénétrer sans obstacle dans l'Ile-de-France. Comptant sur une victoire qui serait d'autant plus glorieuse qu'il avait un adversaire digne de lui, le général anglais fit dire à Villars que, puisqu'il avait l'honneur de le combattre, il espérait faire une belle campagne, et il le combla d'attentions et de prévenances [2], comme pour grandir encore un ennemi dont le mérite devait rehausser son triomphe. Enivré par le souvenir de Blenheim et la supériorité de ses forces, Marlborough oubliait sa réserve ordinaire et

---

[1] *Archives de la Guerre*, vol. 1852, n° 241. Lettre de Villars à Chamillart, 5 mai 1705. Pelet, t. V, p. 409.

[2] « M. de Marlborough m'a envoyé quantité de liqueurs d'Angleterre, du vin de palme et de cèdre; on ne peut recevoir plus d'honnêtetés. J'ai renchéri autant qu'il m'a été possible » *Archives de la Guerre*, vol. 1853, n° 73. Lettre de Villars à Chamillart, 13 juin 1705. Pelet, t. V, p. 450.

annonçait à son état-major qu'il battrait ou ferait reculer Villars [1].

L'événement trompa ses prévisions. Dans leur impatience de livrer bataille, les alliés arrivèrent de Trèves à marches forcées ; ils distribuèrent à leurs troupes la poudre et le plomb, mais à l'inspection du camp français, ils s'arrêtèrent indécis, et après plusieurs conseils, ils reconnurent l'impossibilité de le forcer. Les avis étaient partagés sur ce qu'il restait à faire : Marlborough proposait de tourner Villars et d'entrer en France ; les généraux allemands, d'assiéger Sarrelouis ; les Hollandais, toujours alarmés pour leur pays, de retourner en Belgique ; la discorde éclata, et malgré les efforts de Marlborough, les alliés décampèrent dans le plus profond silence et quittèrent la Moselle [2]. Marlborough, honteux de cette retraite, écrivit au maréchal qu'il se retirait pénétré de douleur de n'avoir pu se mesurer avec lui. Il se plaignit en même temps à la cour de Vienne de la conduite de Louis de Bade, et tel était son désespoir, qu'il offrit sa démission [3]. Villars cependant mandait à Louis XIV que les ennemis n'avaient pas foulé les terres du royaume et lui annonçait l'humiliante retraite de l'ennemi devant son armée de la Moselle. Il y a dans la vie des peuples, comme dans celle des hommes, de bien remarquables analogies ;

---

[1] *Mémoires de Villars*, p. 151. « Les ennemis comptaient m'avaler comme un grain de sel, » dit Villars.

[2] Nuit du 17 juin 1705.

[3] *Marlborough Dispatches*, t. II, p. 126. Lettre au prince Eugène.

c'est ainsi que quatre-vingts ans plus tard, sur cette même frontière, et à quelques lieues de là, Dumouriez sauvait la France.

Abandonnant la Moselle, Marlborough revint en Belgique où commandait Villeroy, qui, dans l'absence des Anglais, avait conquis Liége et Huy. Marlborough reprit ces deux villes en quelques jours. Villeroy, sans oser l'attendre, avait quitté précipitamment le pays de Liége et ramené son armée dans le Brabant. Il était venu camper derrière les grandes lignes creusées en 1703 par les Français, qui s'étendaient de la Meuse à l'Escaut et enveloppaient toute la Belgique.

Marlborough suivit les Français dans le Brabant, comptant venger sur Villeroy son échec de la Moselle.

Villeroy avait échelonné ses troupes le long des lignes, sur un front de cinq lieues, en sorte que plusieurs postes n'étaient gardés que par de faibles détachements ; Marlborough entreprend de les forcer pendant la nuit [1]. Villeroy, averti de ses desseins, se prépare à le recevoir : sitôt la retraite battue, il range l'infanterie au pied des lignes, la cavalerie derrière, avec ses chevaux tout bridés et tout sellés, et dispose dans la campagne des patrouilles, qui marchent à petits pas, prêtant l'oreille, afin de donner l'alarme. Toutes ces précautions sont inutiles ; son front était trop étendu ; Marlborough fait un long détour et se

[1] Nuit du 17 au 18 juillet 1705.

dérobe aux patrouilles françaises. Les Anglais se présentent tout à coup sur la Ghète, au village d'Heylissen gardé par trente soldats, les égorgent sans bruit à la baïonnette, passent les lignes, et se rangent en bataille de l'autre côté. Trente escadrons postés non loin de là accourent, chargent l'ennemi, et, malgré l'infériorité du nombre, tiennent jusqu'au matin ; onze bataillons, venus à la hâte, se forment en carré et soutiennent vaillamment cette cavalerie. Villeroy, voyant ses lignes perdues, dégage ses escadrons et se retire avec l'armée [1].

Marlborough comble nos retranchements et s'établit dans le Brabant. Il voulait poursuivre ses succès, livrer bataille et reprendre entièrement la Belgique ; mais il rencontra de nouveau l'opposition des Hollandais et cette rivalité qui, dans les camps, sépare toujours les commissaires civils des généraux. Les députés des Provinces-Unies alléguèrent les hasards d'une bataille et refusèrent d'engager leurs troupes. Marlborough se plaignit à la Haye[2]; la République garda le silence, et, comme il insistait pour obtenir la permission de combattre, les Hollandais répondirent par le refus le plus formel. Dégoûté alors d'une campagne deux fois entravée, Marlborough quitta le commande-

---

[1] *Archives de la Guerre*, vol. 1836, n° 229. Lettre de Villeroy au roi. 25 juillet 1705. Pelet, t. V, p. 586.

[2] « J'ai le cœur si plein que je ne puis m'empêcher de représenter à cette occasion à Vos Hautes Puissances, que je me trouve ici avec moins d'autorité que quand j'avois l'honneur de commander leurs troupes l'année passée en Allemagne. » *Archives de la Guerre*, vol. 1837, n° 246. Lettre de Marlborough aux Etats-Généraux; 19 août 1705. Pelet, t. V, p. 591.

ment, se rendit à la Haye, où il obtint du moins le rappel des députés, et passa de là à Londres où la reine et le Parlement le reçurent avec les plus grands honneurs. En exaltant leur général, les Anglais raillaient en même temps leurs alliés : des satires et des caricatures ridiculisèrent l'excessive prudence des Hollandais [1].

Telle fut cette campagne du Nord, qui pouvait avoir de si funestes conséquences. Sur le Rhin, où Louis XIV avait envoyé Villars, après sa campagne du printemps, le maréchal était moins heureux que sur la Moselle; il avait trouvé le prince de Bade établi dans la haute Alsace, avec cette armée d'Allemands et d'Autrichiens qu'il avait dû conduire à Marlborough ; il ne put les chasser de leurs positions et fut même contraint de se retirer devant des forces triples des siennes, qui menaçaient de l'envelopper [2]. Le maréchal évacua Drusenheim et Haguenau; au moment où le conseil de guerre décidait l'abandon de cette dernière place, un brave officier, M. de Peri, se proposa pour la défendre et promit sur son honneur de sauver la garnison ; Villars lui ayant donné son consentement, Peri tint parole : après une vigoureuse défense, où il tua aux ennemis mille soldats, il sortit un soir avec les quinze cents hommes de la garnison, culbuta un corps de cavalerie placé devant lui, traversa les assiégeants, marcha toute la nuit et

---

[1] Lamberty, t. III, p. 490.
[2] *Archives de la Guerre*, vol. 1846, n° 170. Lettre de Villars à Chamillart, 29 avril 1705. Pelet, t. V, p. 508.

arriva au point du jour à Saverne, où il rejoignit Villars, n'ayant perdu que huit soldats [1]. Villars se replia sur Strasbourg, évacuant Saverne qu'il ne pouvait défendre, et les ennemis occupèrent cette ville abandonnée ; mais là s'arrêtèrent leurs succès. L'automne était des plus rigoureux : on campait dans la neige et dans la boue ; les jeunes chevaux qui composaient notre cavalerie, depuis la grande épizootie de l'année précédente, succombaient par centaines. Les officiers et les généraux, démontés pour la plupart, étaient obligés de faire à pied leur service, et demandaient à grands cris la séparation des armées. Quelques-uns, fuyant le séjour humide et mortel des tentes, allaient se loger dans les villages voisins ; Villars, qui campait sous la toile comme les soldats, fit mettre en prison plusieurs colonels qui avaient quitté leurs cantonnements, bien résolu à ne point se retirer avant l'ennemi. Le prince de Bade, qui avait moins de sollicitude pour ses soldats, perdait plus d'hommes et de chevaux que les Français [2] ; mais il avait plus de troupes et ses pertes étaient moins sensibles. Il s'obstinait donc à ne pas décamper et comptait profiter de l'affaiblissement des Français pour livrer une dernière bataille. Villars, redoutant une action, à cause de l'effrayante infériorité de sa cavalerie, dont plusieurs régiments servaient à pied, imagina de remonter ses escadrons avec les chevaux

[1] *Mémoires de Villars*, p. 153.
[2] « J'ai toujours remarqué qu'il semble que les Allemands comptent pour rien les hommes et les chevaux. » *Mémoires de Villars*, p. 154.

des équipages et ceux mêmes des officiers ; il livra jusqu'à ses chevaux de main et n'en réserva que deux pour son usage. Il ordonna ensuite une revue générale où figurèrent quatre mille cavaliers. Trompé par cette manœuvre, le prince de Bade se décida enfin à séparer son armée ; une partie repassa le Rhin ; l'autre s'établit en Alsace et garda ses conquêtes. Villars revint à Versailles, où les courtisans lui reprochèrent amèrement l'abandon de Saverne et de Haguenau. Ces mêmes hommes, qui mouraient de peur à l'apparence d'une action[1], se déchaînèrent à l'envi contre celui qui, dans l'espace de six mois, venait de sauver deux frontières.

En Italie, où Louis XIV combattait à la fois le Piémont et l'Autriche, Vendôme effaçait heureusement les revers de l'armée du Rhin. En 1704, il avait pris Verceil et Ivrée au duc de Savoie ; il poursuivait cette année ses avantages. Tandis que son frère, Philippe de Vendôme, fermait la Lombardie aux Autrichiens, que la Feuillade soumettait la Savoie, il ouvrait la campagne à l'entrée de l'hiver[2], et assiégeait Verrue, qui devait lui donner le cours du Pô, indispensable pour prendre Turin.

Ce siége offrait de sérieuses difficultés : Verrue, élevée sur une hauteur au pied de laquelle coule le Pô, était défendue par trois mille soldats et par une

---

[1] *Mémoires de Villars.* Saint-Simon, malgré son aversion pour le maréchal, lui rend cette fois pleine justice : « Villars, dit-il, fit cette année une campagne digne des plus grands généraux. » T. IV, p. 390.
[2] De 1704 à 1705.

triple enceinte de murailles. En face, sur la rive opposée du fleuve, se trouvait la ville de Crescentino, où le duc de Savoie campait avec son armée. Une île, située au milieu du Pô, unissait Crescentino à Verrue, et mettait les assiégés en communication avec Victor-Amédée, qui leur fournissait des vivres, des munitions et des renforts, et retirait leurs malades et leurs blessés. Vendôme triompha de tous les obstacles : il enleva d'abord les deux premières enceintes, rompit le pont de bateaux qui unissait Crescentino à Verrue, coupa la communication entre les deux rives, occupa l'île, et força le duc de Savoie à la retraite. Il enveloppa et resserra étroitement Verrue de toutes parts ; il ouvrit la troisième enceinte à coups de canon, et, malgré les sorties des Piémontais, les pluies, les neiges qui comblaient les tranchées, où les soldats étaient dans la boue jusqu'à la ceinture, après six mois de travaux et de combats, il emporta Verrue et fit les défenseurs prisonniers de guerre [1]. Le petit-fils de Henri IV se préparait dès lors à assiéger Turin, dont la prise assurait la conquête du Piémont et la soumission du duc de Savoie, quand les fautes de son frère vinrent l'arracher à son armée. Philippe de Vendôme, grand prieur de France [2], qui commandait en Lombardie, avait l'ordre de fermer le Milanais et d'empêcher à tout prix les Autrichiens de pénétrer dans le Piémont. S'il exécu-

---

[1] 9 avril 1705.
[2] Il était grand prieur de l'ordre de Malte en France.

tait cet ordre, Vendôme était assuré de prendre Turin ; il manquait au contraire la ville, et il était exposé aux plus graves dangers, si le prince Eugène arrivait en Piémont et rejoignait Victor-Amédée. Le succès de la campagne dépendait donc du grand prieur. Philippe de Vendôme, malheureusement, n'était pas à la hauteur de cette tâche. Avec une belle figure, les grâces d'esprit de Mazarin, son grand oncle, il était livré à la plus dégradante paresse, à la plus infâme débauche, à la plus scandaleuse ivrognerie. On le portait tous les soirs ivre-mort dans son lit, et il en fut ainsi pendant trente ans, jusqu'à sa mort [1]. A de médiocres talents militaires, il joignait, comme il arrive si souvent, une insupportable présomption et le plus opiniâtre entêtement. Faux et menteur, pillard et prodigue, orgueilleux et rampant, il avait tous les vices, sans une des qualités de son frère, et il abusait de la tendre affection que lui témoignait Vendôme, alors son général, non-seulement pour méconnaître ses conseils, mais encore pour enfreindre ses ordres. Pour tout dire en un mot qui caractérise un général d'armée, on contestait même son courage.

Confiant dans la médiocrité d'un tel adversaire, Eugène rassemble les Autrichiens dans le Tyrol, descend en Italie et se prépare à passer l'Oglio, puis l'Adda, qui formait alors la frontière du Milanais. Philippe de Vendôme se place devant lui pour l'ar-

---

[1] Saint-Simon, t. V, p. 46.

rêter, mais Eugène décampe pendant la nuit, passe l'Oglio et marche sur l'Adda, afin d'entrer dans le Piémont [1]. Le grand prieur le suit : il traverse à marches forcées et sous le plus ardent soleil les plaines nues de la Lombardie, où les chaleurs lui font perdre un grand nombre de soldats ; mais il arrive sur l'Adda avant Eugène, comptant cette fois l'arrêter. Les généraux, qui ne partagent pas cet espoir, s'efforcent de lui ouvrir les yeux, et, comme il rejetait leurs conseils, ils préviennent secrètement Chamillart de la triste situation des affaires. Les soldats, harassés et abattus, maudissaient le grand prieur et demandaient à grands cris le *père Vendôme* [2]. Eugène, cependant, continuait sa marche, prenait les villes qui bordait l'Oglio et s'avançait jusqu'à l'Adda.

Alarmé de la situation périlleuse de son frère, Vendôme quitte le Piémont, et, prenant avec lui dix mille hommes, vole dans le Milanais et arrive avant les Autrichiens sur l'Adda. Il établit son frère sur la rive droite, dans le village de Cassano, à quelques lieues de Milan, où se trouvait un pont de

[1] 22 juin 1705.
[2] « Tous les officiers généraux et particuliers de l'armée sont si affligés et si abattus de ces mauvaises mesures, qu'on peut dire que ce n'est plus la même armée...... Les soldats crient tout haut qu'avec leur *père Vendôme* ils n'avaient d'autres retranchements que leurs épées et leurs fusils, et qu'avec cela ils allaient tête levée partout. Au nom de Dieu, Monseigneur, apportez remède à tous ces malheurs, il y va de l'intérêt du roi et de la gloire de la France. J'ai déjà eu l'honneur de vous le mander plusieurs fois. Le mal est pressant, il faut un prompt et violent remède. » *Archives de la Guerre*, vol. 1886, n° 167. 4 juillet 1705. Lettre de Médavy à Chamillart. Pelet, t. V, p. 715.

bateaux, lui enjoint de le garder, et, suivi de quatre régiments de dragons, marche à la découverte des Autrichiens. Il les rencontre près du Paradiso, sur la rive gauche de l'Adda, où le prince Eugène construisait un pont, comme pour franchir la rivière. Mais c'était une feinte manœuvre : Eugène voulait seulement diviser les Français, retenir Vendôme au Paradiso, puis surprendre le grand prieur à Cassano, l'écraser sous le nombre et franchir l'Adda.

Vendôme donne dans le piége : il s'établit sur la rive opposée, pour disputer au prince Eugène le passage du fleuve, et mande à son frère, resté à Cassano, de lui envoyer des renforts, de déployer toutes ses troupes et de se tenir prêt à marcher. Le grand prieur lui envoie dix mille hommes. Eugène cependant continue la ruse qui lui a si bien réussi : dans la journée du 15 août, il termine son pont et l'appuie sur la rive droite par des retranchements, à quelques portées de fusil des Français. Vendôme se prépare à combattre le lendemain ; mais Eugène décampe dans la nuit et se dirige sur Cassano.

Vendôme heureusement ne dormait pas ; à la pointe du jour, il voit le pont enlevé et les colonnes autrichiennes qui remontent l'Adda. Il devine les desseins d'Eugène et court à Cassano prévenir et sauver son frère. Les deux armées marchent ensemble le long de la rivière. Les Français suivent la rive droite, les Autrichiens la rive gauche ; il s'établit entre eux une lutte de vitesse : la victoire sera le prix de la course. Vendôme arrive le premier, à neuf heures du matin il entrait dans le village de Cassano.

Un triste spectacle y frappe ses regards : il voit ses troupes entassées dans le village, entre le pont, l'Adda, et les canaux qui, dans cet endroit, coupent la rivière ; il trouve les bataillons, les chevaux et les bagages mêlés comme dans une déroute, et l'ennemi paraissait déjà sur l'autre rive. Vendôme demande avec désespoir où est son frère : on lui répond qu'on l'a vainement réveillé plusieurs fois, qu'il est couché et qu'il dort. Vendôme se fait conduire à sa demeure et lui demande pourquoi il n'a pas déployé les troupes suivant son ordre, et pourquoi, à l'approche de l'ennemi, il reste couché dans son lit : le grand prieur répond par des injures si violentes que M. de Saint-Frémont, l'un des assistants, se jette entre les deux frères. Vendôme s'arrache à ces misérables récriminations : « C'est un fou, dit-il à ses officiers en voyant l'exaspération du grand prieur ; allons, Messieurs, à la chose importante, et, se tournant vers son frère : « Vous avez mis, lui dit-il, les affaires dans un étrange état. Dieu sait ce qui va nous arriver [1]. » Il lui ordonne ensuite de se porter avec son corps de troupes à Rivolta, et court ranger l'armée le long des canaux et sur le pont de l'Adda, pour en défendre le passage. On entendait déjà les tambours autrichiens battre la charge. Eugène comptait renverser les Français, sans leur donner le

---

[1] *Archives de la Guerre*, vol. 1867, n° 105. Lettre de Saint-Frémont à Chamillart, vol. 1867, n° 117. Lettre de Vaudémont à Chamillart. Pelet, t. V, p. 726 et 730.

temps de se mettre en bataille, traverser la rivière et pénétrer dans le Piémont.

Mais l'entreprise était difficile : pour arriver au pont, il fallait franchir sous nos feux plusieurs canaux, un bras de l'Adda, et culbuter ensuite les bataillons placés derrière. Conduits par Eugène, les Autrichiens s'avancent bravement : ils traversent plusieurs canaux, malgré les ravages de la mousqueterie, qui tire à la longueur d'une lance [1] d'une rive à l'autre. Une colonne impériale franchit tous les obstacles et pénètre jusqu'au port; mais là s'arrête l'ennemi ; de tous les côtés à la fois les Français font un feu roulant et terrible. Les Autrichiens, au contraire, qui ont mouillé leurs fusils en traversant les canaux, répondent à peine. Deux de leurs généraux, le comte de Linange et le prince d'Anhalt, sont tués ; le prince Eugène reçoit deux blessures ; un boulet abat le cheval de Vendôme ; une balle lui fracasse la jambe. Il n'en reste pas moins dans la mêlée, où sa plume blanche le désigne au feu, et rappelle aux généraux le glorieux souvenir de son aïeul [2]. Plusieurs officiers tombent à ses côtés ; lui, semble défier la mort : un soldat autrichien qui le reconnaît le couche en joue ; le capitaine des gardes du duc s'en

---

[1] *Archives de la Guerre.* Récit d'un témoin oculaire.
[2] Vendôme portait comme Henri IV une plume blanche à son chapeau. « Pour M. de Vendôme, je trouve que M. de Saint-Frémont a raison de croire qu'il voyoit Henri IV en ralliant ses troupes, parlant comme il faisoit aux soldats et leur montrant l'exemple de la valeur qu'ils suivoient si bien. » *Lettres de madame de Maintenon et de madame des Ursins,* t. III, p. 219.

aperçoit, se jette en avant, reçoit le coup et meurt à ses pieds [1]. Aux feux de la mousqueterie succèdent des charges furieuses à la baïonnette. Enfin, après quatre heures de la plus sanglante mêlée, le prince Eugène commande la retraite, et les Autrichiens repassent en désordre les canaux, où beaucoup perdent la vie. Ils avaient douze mille hommes hors de combat [2].

Durant cette chaude affaire, le grand prieur campait à Rivolta, à trois milles du champ de bataille. Au lieu d'accourir et de réparer l'épée à la main sa blâmable apathie de la matinée, il mit pied à terre sous un arbre, et resta couché sur son manteau pendant toute la durée de l'action. Joignant le cynisme à la lâcheté, il s'écriait, au bruit des rapides décharges, qu'il lui semblait que monsieur son frère avait là de la besogne [3]. A la fin de la bataille seulement, il monta à cheval, vint embrasser Vendôme et lui adressa ses félicitations. Vendôme voulait encore pardonner, et il poussa la faiblesse jusqu'à défendre le

[1] Ce brave homme s'appelait Cotteron.
[2] « J'ai l'honneur de vous envoyer l'état de notre perte, qui n'est pas à beaucoup près aussi considérable que celle des ennemis, puisque nous avons jeté dans les canaux mille morts des leurs, et que nous avons dix-huit cents prisonniers. Ils ont emmené avec eux un nombre infini de blessés, et je ne crois point exagérer en disant à V. M. qu'ils ont eu au moins douze mille hommes hors de combat. » *Archives de la Guerre*, vol. 1867, n° 121. Lettre de Vendôme au roi. 19 août 1704. Pelet, t. V.
[3] « Il y alla (à Rivolta), mais savez-vous, monsieur, ce qu'il fit pendant toute l'action? Il mit pied à terre, et se fit jeter un manteau au pied d'un arbre et s'y coucha au grand scandale de tous, en disant de temps en temps d'un air moqueur, entendant le grand feu, qu'il lui sembloit que monsieur son frère avoit là de la besogne. » Lettre de Vaudemont, précitée.

coupable à Versailles, où il écrivit que le vent avait empêché son frère d'entendre le canon et l'avait retenu loin de la bataille [1]. Mais un cri d'indignation s'éleva dans l'armée : les généraux avertirent Chamillart de la vérité, et Louis XIV destitua le grand prieur de son commandement, avec défense de se représenter à la cour. Philippe de Vendôme se rendit à Paris avec l'espérance de se justifier; mais le roi ne voulut ni le voir ni l'entendre. Il fut exilé à Châlon-sur-Saône, d'où il passa en Italie, puis en Suisse, où il fut quelque temps retenu prisonnier. Il revint de là en France, où il se retira à Lyon, qui lui fut assigné comme lieu d'exil. Le roi ne lui pardonna jamais sa conduite, et il ne revint à Versailles qu'après sa mort, et grâce à la clémence du régent.

Malgré la cruelle leçon de Cassano, le prince Eugène s'obstina à pénétrer dans le Milanais et à secourir le duc de Savoie. Vendôme, qui ne voulait pas perdre le fruit de sa victoire, redoubla d'efforts pour l'arrêter, et ce fut alors entre les deux capitaines une suite de marches et de contre-marches qui remplit toute la campagne. Dans cette lutte difficile, où il avait une longue ligne de postes à garder, Vendôme eut encore l'avantage : non seulement il repoussa les Autrichiens du Milanais, mais il les rejeta une

---

[1] « J'avois envoyé mon frère avec deux brigades de cavalerie et une d'infanterie à Rivolta avec MM. de Billy, de Forsat et de Broglie; ils étoient à trois milles de nous, et comme le vent étoit contraire, ils n'ont rien entendu, de sorte qu'ils ne sont arrivés qu'à la fin de l'action. » Lettre de Vendôme du 19 août 1705, précitée.

seconde fois dans le Tyrol, où ils prirent leurs quartiers d'hiver.

Cette retraite du prince Eugène assurait les opérations de l'armée d'Italie dans le Piémont. La Feuillade achevait la conquête de la Savoie, puis il passait les Alpes et investissait Turin. Les chaleurs, les fièvres de la canicule et les pluies de l'automne le décidèrent à remettre le siége à l'année suivante ; mais en attendant, il cantonnait ses troupes aux portes de Turin, et resserrait étroitement cette capitale. Cependant Berwick, de l'autre côté des Alpes, passait le Var, et prenait le comté, la ville et la citadelle de Nice, qu'il rasait jusqu'en ses fondements [1]. De tous ses domaines, Victor-Amédée ne conservait plus dès lors que quelques villes du Piémont, et Turin déjà bloqué par les Français. Il rassemblait des troupes et des munitions, pour défendre avec énergie sa capitale. En Savoie, en Piémont, en Lombardie, les généraux de Louis XIV étaient partout victorieux.

Malheureusement, il n'en était pas de même en Espagne.

[1] *Mémoires de Berwick*, p. 372.

CHAPITRE VI

(1705).

Siége de Gibraltar par une armée franco-espagnole. — Difficultés de ce siége.—Les Anglais secourent la place par mer.—Nécessité de fermer la mer pour prendre Gibraltar. — Louis XIV envoie Pointis avec une flotte pour bloquer Gibraltar. — Infériorité de la flotte française. — Vaines représentations de Pointis à Madrid.—Arrivée du maréchal de Tessé, qui vient prendre la direction du siége. — Héroïque combat de Pointis.—Défaite et dispersion de sa flotte. — Invasion de l'Estramadure par les Anglo-Portugais. — Tessé lève le siége de Gibraltar et marche à leur rencontre. — Détresse de l'armée espagnole en Estramadure. — Expédition de l'archiduc Charles et de Peterborough à Barcelone.—Aventures et caractère de Peterborough.—Soulèvement des paysans valenciens et catalans. — Débarquement des alliés à Barcelone. — Siége de Barcelone.—Assaut et prise du Montjuich. — Révolte des Barcelonais. — Générosité de Peterbourgh, qui préserve la ville du pillage et arrache le gouverneur aux habitants. — Entrée solennelle de l'archiduc à Lisbonne.—Révolte générale de la Catalogne et du royaume de Valence.

La campagne d'Espagne, comme celle d'Italie, s'ouvrit par un siége, celui de Gibraltar, déjà investi l'année précédente par le marquis de Villadarias, avec une armée française et espagnole. Ce siége était plus difficile encore que celui de Verrue. Gibraltar est situé dans une presqu'île baignée par la Méditerranée, et défendu du côté de la terre par des rochers escarpés. Depuis la prise de la ville, les Anglais avaient relevé les anciennes murailles des Espagnols et bâti de nouvelles fortifications. La place était abondamment fournie de toutes choses. Elle renfermait une nombreuse garnison, commandée par l'intrépide George de Darmstadt, l'ennemi mortel des Bourbons. Elle avait à ses pieds la mer, couverte de vaisseaux anglais, qui lui apportaient des vivres, des munitions et des soldats. Sans être inexpugnable, Gibraltar était déjà l'une des plus fortes villes du monde.

Dans les premiers jours du siége, les Français eurent à subir sous ses murs les rigueurs inattendues du climat. Sous ce ciel andalou, si clément d'habitude, ils retrouvèrent les vents, les pluies et jusqu'aux nuages du Nord. Ce temps contraria les travaux, déjà retardés par la nature du sol; le roc brisait les outils, le sable au contraire cédait vite, mais les pluies, les vents même le ramenaient dans les tranchées et détruisaient les travaux. En dépit de ces obstacles, M. de Villadarias, vieillard courageux et intelligent, dressa ses batteries et ouvrit le feu; mais il ne put pratiquer une brèche. Le gouvernement espagnol, avec son incurie ordinaire, envoyait des munitions insuffisantes, et il fallut à plusieurs reprises interrompre le feu. Pendant ce temps les ennemis réparaient leurs avaries. Leur artillerie sans cesse renouvelée, sans cesse approvisionnée par la mer, tirait sans relâche et faisait essuyer aux assiégeants des pertes énormes. Les soldats espagnols mouraient de froid sous la tente; beaucoup désertaient; les ennemis, au contraire, recevaient tous les jours des renforts. Après trois mois de tranchée ouverte, les assiégeants n'étaient qu'à cent cinquante toises de la contrescarpe[1]. Il était désormais impossible de prendre Gibraltar sans tenir la mer, et les Espagnols n'avaient pas un vaisseau de ligne.

Louis XIV vint au secours de Philippe V. Il envoya devant Gibraltar le baron de Pointis[2], célèbre par sa brillante expédition contre Carthagène, et l'un des plus braves et des meilleurs marins de l'époque. Pointis réussit d'abord à bloquer la ville avec ses vaisseaux, mais un orage l'ayant contraint de se réfugier à Cadix permit aux Anglais d'envoyer de nouveaux secours à Gibraltar. L'amiral Lacke y jeta deux convois de vivres, avec une si prodigieuse quantité de bombes et de boulets, que le feu des ennemis put dominer celui des batteries françaises. Villadarias, qui voyait fondre son armée, tenta un effort désespéré et donna l'assaut au terrible roc ; il emporta les fossés de la citadelle, mais il ne put s'y maintenir et fut repoussé avec une perte considérable[3]. Il avait l'expérience d'un général, mais non les connaissances d'un ingénieur. Désespérant alors de prendre la ville, il demanda au roi la permission de convertir le siége en blocus : Philippe V ne voulut pas encourir seul la responsabilité d'une telle décision, et, avant

---

[1] *Mémoires de Noailles*, p. 180.
[2] Jean-Bernard Desjeans, baron de Pointis, né en 1635, prit Carthagène le 2 mai 1697 et enleva aux Espagnols plus de dix millions ; il est mort en 1707.
[3] *Saint-Philippe*, t. 1er, p. 304. 7 février 1705.

de répondre, il envoya le maréchal de Tessé pour examiner les travaux.

Tessé avait remplacé en Espagne le duc de Berwick, renvoyé par la reine, qui lui reprochait la roideur de son caractère[1]. Il était brave jusqu'à la témérité : dans un combat près de Milan, il avait reconduit jusqu'aux avant-postes impériaux, à coups de canne, un officier autrichien qui lui avait tiré un coup de pistolet. Tessé, avec le coup d'œil militaire, avait une indécision qui rendait inutile cette précieuse faculté ; il apportait en outre dans les affaires une funeste et perpétuelle causticité, qui devait trouver dans la Péninsule d'amples sujets de s'exercer, et qui lui attira le mépris et la haine des Espagnols. Il avait la souplesse qui manquait à Berwick, mais non la réserve du fils des Stuarts. Sans activité dans le commandement, sans talents d'organisation, toujours prêt à s'alarmer et à se plaindre, il était plus propre à décourager qu'à rassurer des soldats. Moins général que courtisan, il cherchait plus à plaire qu'à servir[2], et il avait donné de tristes preuves de ce caractère sous l'impitoyable ministère de Louvois.

---

[1] « Quand le maréchal de Tessé, qui était fort de mes amis, fut arrivé à Madrid, il demanda naturellement à la reine si elle n'avait pas lieu d'être contente de la campagne que je venais de faire. Elle répondit que l'on m'estimait fort et que j'avais rendu de grands services.... sur quoi le maréchal lui dit : mais pourquoi donc l'avez-vous fait rappeler ?—Que voulez-vous que je vous dise ? répondit cette princesse, c'est un grand diable d'Anglais, sec, qui va toujours tout droit devant lui. » *Mémoires de Berwick.* Collection des *Mémoires de Michaud et Poujoulat*, t. XXX, p. 367 et 368.

[2] « C'était, dit Voltaire, un homme habile et aimable, d'un génie fait pour plaire. » *Siècle de Louis XIV,* p. 358.

C'était un des incendiaires du Palatinat et l'un des héros des dragonnades.

A son arrivée devant Gibraltar, il trouva les travaux suspendus et les assiégeants démoralisés. Villadarias avait épuisé ses poudres, tandis que les Anglais, toujours approvisionnés par leurs flottes, tiraient sans interruption depuis le lever jusqu'au coucher du soleil. L'amiral Lacke, avec trente-cinq vaisseaux, bloquait Pointis à Cadix, et Gibraltar restait ouvert aux escadres anglaises. Dès les premiers jours de son arrivée, le maréchal y vit entrer sous ses yeux un troisième convoi [1].

Le gouvernement espagnol perdit patience, et, sans considérer qu'il allait sacrifier sa flotte, il enjoignit à Pointis de retourner devant Gibraltar. Pointis avec treize vaisseaux ne pouvait lutter contre trente-cinq ; il courut en poste à Madrid pour éclairer les ministres, mais ils maintinrent leur décision et lui ordonnèrent d'obéir. Pointis s'éloigna la colère dans le cœur. Comme il l'avait prévu, Lacke suivit sa trace, et arriva bientôt après dans la baie de Gibraltar. Le vent avait heureusement dispersé l'escadre française, et Pointis n'avait plus avec lui que cinq vaisseaux ; les Anglais les enveloppent : Pointis lutte avec une intrépide opiniâtreté pendant cinq heures,

---

[1] « J'ai trouvé le siége plus avancé que je n'aurais cru malgré deux secours arrivés et un troisième que j'ai eu le désagréable spectacle d'y voir entrer; le tout par mer. Les Anglais nous montrent qu'on peut en tout temps la tenir, car ils s'y promènent comme vos cygnes à Chantilly sur la rivière. » Lettre de Tessé au prince de Condé. *Mémoires de Tessé*, t. II, p. 147.

il perd trois navires, mais il traverse la flotte anglaise, se fait échouer sur le rivage et sauve ses matelots [1]. Le reste de l'escadre parvient à s'échapper et va porter à Toulon la nouvelle de cet échec, d'autant plus grave que notre marine est expirante [2]. L'amiral Lacke jette un dernier convoi dans Gibraltar, avec une quantité considérable de munitions et cinq mille hommes qui débarquent dans la place au son des fifres et des hautbois [3]. La défaite de la flotte rendait le succès impossible ; Tessé changea le siége en blocus, et, laissant un corps d'armée devant Gibraltar, marcha sur le Tage où un danger plus pressant menaçait : une armée anglo-portugaise, commandée par le protestant Ruvigny [4], devenu en Angleterre lord Galway, passait les frontières de l'ouest et envahissait l'Estramadure.

Tessé trouva l'armée qui gardait cette province, dans le plus complet dénûment, sans armes, sans solde, sans habits et désertant par troupes [5]. L'infanterie était partie presque tout entière ; les gouverneurs des forteresses écrivaient qu'ils ne pouvaient servir sans traitement et qu'ils se retiraient dans leur

---

[1] 21 mars 1705. *Archives de la Guerre*, vol. 1790, n° 9. Lettre de Pointis à Tessé. 22 mars 1705.

[2] *Mémoires de Noailles.*

[3] *Saint-Philippe*, t. Ier, p. 305.

[4] Henri de Ruvigny, né en 1647, après avoir été en France député général des Églises réformées, fut contraint de s'expatrier après la révocation de l'édit de Nantes ; il passa en Angleterre, où il obtint avec des lettres de naturalisation le titre de comte de Galway. Il est mort en 1720.

[5] *Archives de la Guerre*, vol. 1884. Lettre de Tessé à Philippe V, 27 avril 1705.

famille. Au milieu de difficultés analogues, Berwick avait gardé le silence et s'était efforcé sans bruit d'y remédier ; Tessé remplit ses lettres de plaintes et de railleries inconvenantes sur la détresse et la nonchalance des Espagnols [1]. Dans l'impuissance de combattre, il se borna à harceler Galway avec ses cavaliers, seule force dont il pût disposer. Ces hommes déguenillés, mais montés sur d'excellents chevaux, tinrent bravement la campagne [2]. Les chaleurs et la misère de l'Estramadure servirent au moins heureusement les Espagnols. Galway se décida à évacuer un pays sans eau et sans ressources, où ses soldats ne pouvaient subsister. Il rejoignit la frontière et ramena son armée dans les villages du Portugal. Tessé profita de son absence pour lever des recrues et réorganiser ses régiments. Il réunit peu à peu vingt-cinq mille hommes et couvrit avec eux l'Estramadure jusqu'à la fin de la campagne [3].

Repoussés d'Estramadure, les ennemis préparèrent à Lisbonne une nouvelle expédition, destinée à porter

---

[1] « Aucun de vos gouverneurs n'est payé. Quasi tous vos gouverneurs m'ont écrit qu'ils ne pouvoient plus servir et que la plus grande marque de fidélité qu'ils pussent vous donner est de se retirer chez eux et de ne pas passer chez vos ennemis. Vos troupes, c'est-à-dire votre cavalerie, car pour votre infanterie il n'en est plus question, disent hautement qu'il faut manger du pain à quelque maître que l'on soit.... Au nom du ciel, sire, songez que nous voici en campagne et dans un pays sec, sans secours, sans viande, sans troupes et sans argent. » *Archives de la Guerre*, vol. 1885, n° 37. Lettre de Tessé à Philippe V. 7 mai 1705.

[2] Dans une de ses lettres, Tessé nous peint plaisamment cette cavalerie « non payée, non bottée, non armée, non montée, non sellée. » *Archives de la Guerre*, vol. 1885, n° 212. Juin 1705.

[3] Juillet 1705.

la guerre à l'autre extrémité de l'Espagne, et à renouveler l'infructueuse tentative de soulèvement qu'ils avaient faite l'année précédente en Catalogne. Cette expédition se composait de nombreux bâtiments de transport, chargés de troupes anglaises, allemandes et portugaises, d'un matériel de siége considérable et de dix mille fusils pour armer les Catalans. Le compétiteur de Philippe V, l'archiduc Charles monta sur l'un des vaisseaux pour exciter la révolte par sa présence et montrer aux Espagnols un autre roi. Avec lui s'embarqua l'ancien vice-roi de Barcelone, George de Darmstadt; avec lui encore le comte de Peterborough [1], qui remplissait à la fois, en Espagne, les fonctions de général et d'ambassadeur. Mobile et ardent, chevaleresque et aventureux, Peterborough avait été à quinze ans dans le Maroc pour y combattre les Maures; à vingt ans, il avait embrassé la cause de la révolution protestante, pris part à la conspiration de 1688, et, pour mieux tromper les Stuarts, il s'était rendu en Hollande, près de Guillaume, par l'Amérique, en traversant deux fois les mers. Il se trouvait sur l'un des vaisseaux de Guillaume III, lors de sa célèbre descente en Angleterre, qu'il avait conseillée l'un des premiers. Il s'était voué maintenant au triomphe de l'archiduc, et l'aidait comme un fidèle compagnon de sa fortune et de

---

[1] Charles Mordaunt, comte de Peterborough, né en 1662, mort à Lisbonne en 1735. « J'ai vu deux fois lord Peterborough, écrit Madame, il a de l'esprit comme un diable, mais une tête fort étrange. » Lettre du 22 septembre 1714. T. Ier, p. 146.

son sang. Il entretenait souvent à lui seul la petite cour de Charles III. Voyageur infatigable (il disait qu'il était l'homme du monde qui avait vu le plus de postillons et de rois), ami des meilleurs écrivains du temps, écrivain lui-même, Peterborough a laissé sur cette guerre une trop courte correspondance, où l'esprit étincelle à chaque page. Sa vie et ses aventures lui avaient valu déjà une réputation d'originalité, dans un pays où les caractères sont plus fortement accusés que dans nul autre. Il apportait au service de l'archiduc d'incontestables vertus, son courage, sa générosité, mais aussi ses enthousiasmes, ses déceptions et l'extrême mobilité de son humeur.

La flotte qui portait l'archiduc, Darmstadt et Peterborough, passa le détroit de Gibraltar et côtoya le royaume de Valence, où de nombreux mécontents fomentaient, comme en Catalogne, une violente opposition contre Philippe V. Les Valenciens accueillirent avec enthousiasme les proclamations que lord Peterborough avait répandues sur la côte. A Altea, près de Valence, les habitants se soulevèrent en masse et vinrent saluer l'archiduc comme leur libérateur; à Denia, où la flotte jetait l'ancre, la garnison se laissa désarmer par le peuple, ouvrit ses portes à l'archiduc et proclama Charles III roi d'Espagne, avec toutes les cérémonies accoutumées [1]. La flotte continua sa route au milieu des transports et

[1] William Coxe, t. 1er, p. 431.

des acclamations des riverains, et vint mouiller devant Barcelone [1]. L'archiduc descendit sur le rivage avec six mille soldats, et toute l'artillerie des vaisseaux salua le débarquement du nouveau roi [2]. A cette nouvelle, les grands et robustes montagnards de la Catalogne prennent leurs fusils, des drapeaux autrichiens et descendent des Pyrénées. Quinze cents d'entre eux s'enrôlent dans l'armée de Charles III. Les paysans des campagnes voisines s'insurgent en sa faveur et massacrent les partisans de Philippe V. A Barcelone, les moines, la noblesse et le peuple, animés d'une haine commune contre les Français, se rassemblent et murmurent. Leurs émissaires informent heure par heure l'archiduc des ordres donnés par le vice-roi. La garnison elle-même incline vers Charles III et déserte par troupes à l'ennemi.

Seul contre tous, le gouverneur Francisco de Velasco tient tête à l'orage. Il fait annoncer qu'il donnera des passe-ports à ceux qui voudront quitter la ville, mais qu'il fera pendre sur l'heure ceux qui, pauvres ou riches, nobles ou prêtres, se mettraient en rapport avec l'ennemi. Un complot s'étant formé pour livrer les portes de la ville, il tient parole, et fait périr sur-le-champ les coupables. Les Anglais envoient en vain des agents déguisés pour soulever les habitants. Devant l'attitude énergique du gouverneur, ils reconnaissent l'impossibilité d'un coup de

---

[1] 25 août 1705.
[2] Saint-Philippe, t. Ier, p. 310-335.

main et se décident à entreprendre un siége régulier. L'archiduc fait descendre à terre les gros canons et dispose les batteries; Peterborough fait approcher ses vaisseaux et ouvre le feu sur Barcelone. Velasco, malheureusement, répond avec faiblesse : ses artilleurs, de connivence avec le peuple, tiraient à poudre ou visaient trop haut. Le gouverneur soutient pourtant le feu et contient à la fois l'ennemi, la garnison et les habitants.

Peterborough tente alors une action d'éclat, destinée à soulever la ville et à précipiter sa reddition. Au-dessus de Barcelone, sur les bords de la Méditerranée, était le Montjuich, montagne escarpée où s'élevait la citadelle; Peterborough projette de la surprendre et de placer les assiégés entre deux feux. Convaincu que le secret est indispensable dans des entreprises aussi hasardeuses, il dissimule son dessein, même à ses meilleurs amis Stanhope et Methuen, et, malgré les représentations de l'archiduc et le murmure des troupes, il donne l'ordre du rembarquement. Les soldats plient les tentes et retirent les pièces des batteries. Peterborough réserve seulement, dans un cloître situé près de la citadelle, les canons et les mille soldats nécessaires à l'entreprise.

Tout étant préparé, à la nuit tombante, tandis que ceux des Barcelonais restés fidèles célèbrent par des réjouissances la retraite de l'ennemi, Peterborough se rend au quartier du prince de Darmstadt et lui dévoile ses projets. Le prince se jette dans ses bras, le félicite, et, prenant son épée, va se mettre à la tête de quatorze cents hommes d'élite destinés à l'attaque du Montjuich. Après un long détour à travers les montagnes environnantes, ils arrivent à la première lueur du jour devant la redoutable citadelle. Sans donner à la garnison le temps de se reconnaître, ils traversent le glacis, se jettent dans le chemin couvert et escaladent les bastions aux cris de : Vive le roi Charles III ! tandis que les mille soldats préparés la veille arrivent d'un autre côté et attaquent avec leurs canons [1]. Les Espagnols, surpris, se lèvent et se précipitent sur leurs armes ; leurs canonniers courent aux remparts, et, dès les premières décharges, un boulet brise la jambe de Darmstadt. A la vue du sang qui coule à flots, ses officiers accourent et emportent le prince. Un chirurgien s'approche pour panser la plaie, mais une bombe partie de la citadelle frappe Darmstadt à la poitrine et le renverse inanimé [2].

Peterborough continuait l'attaque, quand la poudrière du Montjuich vient à sauter avec une compagnie entière qui la gardait et tout un pan de muraille. Cet événement jette la confusion parmi les assiégés. Peterborough, qui s'en aperçoit, les somme de se rendre, les menaçant, s'ils tiennent davantage, de n'accorder aucun quartier. Après quelque résistance, les Espagnols déposent les armes. Le jour était venu : l'archiduc, qui s'était retiré la veille sur

---

[1] 14 septembre 1705. *William Coxe*, t. Ier, p. 434.
[2] *William Coxe.—Saint-Philippe.*

sa flotte, aperçoit les drapeaux de la Grande-Bretagne au sommet du Montjuich. Il revient aussitôt sur le rivage où il replace ses batteries ; les alliés se rapprochent, avancent, et l'armée, la flotte et la citadelle bombardent Barcelone en même temps [1].

Ce triple feu décida la reddition de la place. Encouragés par la prise du Montjuich, les mécontents parcourent les rues et, sous les éclats des bombes qui dévastent et brûlent les édifices, ils demandent à grands cris la capitulation. La majorité de la garnison, travaillée depuis les premiers jours du siège, passe du côté du peuple aux cris de : Vive Charles III ! Habitants et soldats se ruent ensemble sur le palais et somment le gouverneur d'ouvrir les portes. Velasco résiste avec quelques hommes intrépides : insulté et menacé par ses soldats, il cède enfin à la violence, traverse la foule furieuse et se rend à l'une des portes de la ville pour entrer en pourparlers avec Peterborough.

Au milieu de leur entretien, des cris d'effroi retentissent, puis des troupes de femmes et d'enfants accourent et racontent que les alliés escaladent les remparts, qu'ils pillent et qu'ils tuent. Velasco est indigné : « Est-ce une trahison ? dit-il à Peterborough, nous capitulons de bonne foi et voilà vos Anglais qui violent et qui massacrent ! — Vous vous trompez, réplique froidement Peterborough, ce ne sont pas mes Anglais, mais ce sont sans doute les

---

[1] 14 septembre 1705. *Saint-Philippe,* t. 1er, p. 340.

Allemands du prince George [1]. Il n'y a plus, continue Peterborough, qu'un moyen de sauver la ville des horreurs d'un assaut ; laissez-moi entrer avec mes soldats, j'apaise le désordre et je reviens ici signer la capitulation. » La loyale assurance du général britannique décide les Espagnols à ouvrir les portes. Peterborough entre avec ses officiers, chasse les Allemands des maisons, leur fait lâcher leurs dépouilles, arrache la duchesse de Popoli des mains des misérables qui se disputaient son déshonneur, et, au péril de ses jours, l'épée à la main, il rétablit l'ordre dans Barcelone. Il revint alors auprès des Espagnols signer la capitulation [2].

Après avoir sauvé la ville, Peterborough sauve le gouverneur. Au moment où il allait quitter Barcelone avec les rares officiers restés fidèles, le bruit s'étant répandu qu'on emmenait les prisonniers, le peuple sonne le tocsin, pille plusieurs maisons des partisans de Philippe V, massacre quelques-uns d'entre eux et se jette sur la citadelle, où Velasco était enfermé avec les siens. Une troupe de ces forcenés enfonce la première porte de la forteresse, brûle les autres et, le couteau à la main, menace d'égorger le vice-roi. Peterborough le couvre de son corps, le dérobe aux meurtriers, le fait sortir par une fausse porte et le

---

[1] C'étaient en effet des Allemands de Darmstadt, qui, à l'aide des Barcelonais, avaient escaladé les murs pendant la capitulation, et, une fois dans la place, la traitaient en ville conquise.

[2] Voltaire, *Siècle de Louis XIV*. — William Coxe. — *Archives de la Guerre*.

conduit sur un vaisseau qui l'emmène [1]. Il donne ensuite des passe-ports aux autres officiers de la garnison, qui refusaient de reconnaître l'archiduc, et renvoie ces braves gens à Philippe V [2].

Quelques jours après, le 23 octobre 1705, l'archiduc fit son entrée solennelle à Barcelone, aux cris mille fois répétés de : Vive le roi Charles III ! Il y établit sa résidence, rendit la justice, battit monnaie, confirma tous les priviléges de la ville et de la province, et exerça toutes les prérogatives d'une royauté légitime et incontestée. La prise de Barcelone fut le signal d'une défection générale dans le pays ; quatorze mille Catalans s'enrôlèrent sous les drapeaux de l'archiduc, qui en forma six régiments destinés à grossir sa petite armée. Unies par le même amour de l'indépendance, la même haine des Français et de la Castille, Tortose, Lerida, Urgel, Girone, vingt-deux villes de la Catalogne arborèrent les couleurs et reconnurent le gouvernement autrichien du fils de l'empereur. Les médecins espagnols, qui ne pouvaient pardonner à Philippe V d'avoir un médecin et un chirurgien français [3], les moines et le bas clergé qui, sortis du peuple et mêlés à sa vie et à ses passions, détestaient comme lui le roi français, allaient de maison en maison et de province en province souffler la révolte. Les évêques et les jésuites, restés fidèles au petit-fils de Louis XIV, essayèrent

[1] *Saint-Philippe*, t. Ier, p. 343.
[2] 14 octobre 1705.
[3] *Mémoires de Noailles*, p. 186.

vainement de défendre et de maintenir son autorité. Trois évêques de Catalogne refusèrent de reconnaître Charles III, et préférèrent généreusement perdre leur siége. Les évêques de Murcie et d'Orihuela firent mieux encore : imitant les prélats belliqueux du moyen âge, ils montèrent à cheval et combattirent bravement avec des milices les progrès de l'insurrection. Les perfides conseils des prêtres et des moines l'emportèrent. Le royaume de Valence imita bientôt la Catalogne; Murcie imita Valence; l'Aragon lui-même se souleva sur plusieurs points; un misérable minime, convaincu de plusieurs assassinats [2], insurgea Grenade, et, des Pyrénées au Guadalquivir, tout le pays se prononça pour l'archiduc. Philippe V ne conserva plus que l'Andalousie, les Castilles, la Galice, la Navarre et l'Estramadure. « La révolte, dit un historien espagnol, s'étendait comme le feu, dans les gerbes sèches, aux jours brûlants de la moisson [1]. »

---

[1] « De neuf ou dix, » dit le duc de Noailles. *Mém. de Noailles*, p. 188.
[2] *Saint-Philippe*.

CHAPITRE VII

(1705.)

Malheureux état des protestants dans le Languedoc. — Courses continuelles des soldats de Berwick dans les Cévennes.—Espionnages, arrestations et supplices ordonnés par Bâville.—Assemblées religieuses dispersées par la force.—Résistance et irritation des protestants.—Vaste conjuration organisée par eux dans le Midi. — Les quatre chefs du complot : Ravanel, Jonquet, Villas et Catinat. — Caractère et but des conjurés.—Leurs précautions pour s'assurer le secret.—Circonstances qui mettent Bâville sur leurs traces. — Arrestation à Montpellier de trois déserteurs enrôlés par les Camisards.—Perquisitions militaires à Nîmes. — Arrestation de Villas, de Jonquet et de Ravanel par une patrouille de nuit dans la maison du marchand Alison. — Fuite et capture d'Alison sur les toits. — Terrible proclamation de Bâville contre Catinat, dont il met la tête à prix. — Catinat renvoyé par ses hôtes.—Son arrestation aux portes de Nîmes.—Joie de Bâville.—Les quatre chefs du complot mis à la torture. — Leur condamnation à mort et leur supplice.—Arrestation, procès et supplice du vieux protestant Boëton. — Nombreuses exécutions ordonnées par Bâville. — Jugement sur ce complot.

Victorieux en Catalogne, les alliés étaient moins heureux en France, où, quelques mois auparavant, ils avaient envoyé une expédition pour soulever le Languedoc et rallumer la guerre religieuse dans le Midi. On se rappelle cette lutte acharnée des Camisards, ces paysans tenant en échec les armées de Louis XIV, Cavalier traitant d'égal à égal avec un maréchal de France, et la soumission des Cévennes due à la vigueur et à la clémence de Villars. Berwick son successeur et l'intendant du Languedoc Bàville ne surent pas suivre les habiles traditions de Villars. Ils s'appliquaient moins à soumettre qu'à écraser les protestants. Bâville déploya contre eux les réseaux d'une police nombreuse et savante. Il entretint des espions dans les Cévennes, à Genève, à La Haye et à Londres, pour surprendre les desseins des huguenots émigrés ou proscrits. Il plaça des sentinelles sur la Méditerranée, sur le Rhône et jusque dans les montagnes de l'Auvergne, pour garder les passages et fouiller les voyageurs partis de la Suisse ou de la Savoie. Berwick, pendant ce temps, battait sans relâche la montagne. Ses troupes fractionnées en innombrables détachements, saisissaient les armes et arrêtaient les suspects ; elles donnaient la chasse aux chefs de bande qui avaient refusé la pacification, et les traquaient de caverne en caverne, de forêt en forêt, d'où ces malheureux ne sortaient que la nuit, et où ils restaient quelquefois plusieurs jours sans nourriture[1]. Ceux qui étaient pris étaient conduits à Bâville, qui les envoyait sur-le-champ au bagne ou à la mort, à la potence ou au bûcher. On frappait non-seulement les anciens compagnons de Cavalier, mais des familles inoffensives et désarmées, qui, devant l'interdiction publique de leur culte, se réunissaient pour prier au milieu des champs. Les troupes royales dispersaient à coups de fusil ces assemblées.

[1] Court, t. III, p. 151-153.

Tant de cruautés inutiles et impolitiques aigrirent les populations réformées du Midi. Exaspérés enfin par les courses sauvages de Berwick, par les sbires et les échafauds de Bàville, les protestants, comme tous les partis vaincus et incapables de lutter seuls, tendirent les mains vers l'étranger, et dans les premiers mois de 1705 ils organisèrent une vaste conspiration pour enlever Berwick et Bàville et surprendre à la même heure Alais, Nîmes et Montpellier. Ils convinrent de mettre le feu à un magasin de fourrage situé devant la porte de Bàville, et de soulever le peuple à la faveur du tumulte excité par l'incendie. Les conjurés devaient arrêter ensuite Bàville, Berwick, l'évêque de Nîmes Fléchier, les juges et les principaux personnages de la province, tuer Bàville en représailles de ses meurtres, déposer les autres prisonniers sur la flotte anglaise qui devait venir au secours de l'insurrection, prendre Cette pour y recevoir les vaisseaux de la Grande-Alliance, observer partout la plus exacte discipline, et soulever la province aux cris de : *Vive le Roi sans jésuites!* et : *Liberté de conscience* [1] *!*

Quatre hommes résolus tramèrent ce complot: Ravanel, fils d'un cardeur de laine, ancien lieutenant de Cavalier, capitaine médiocre, mais soldat intrépide et fanatique, errant depuis trois ans dans les Cévennes, où il avait constamment refusé toute capitulation [2]; Jonquet, grand et beau paysan de la

---

[1] Court, t. III, p. 159. *Archives de la Guerre.*
[2] Ravanel était le principal successeur de Cavalier. Né près d'Uzès, il

montagne [1], ami, conseil et fidèle compagnon de Ravanel ; Maurel, autre chef de bande, ancien soldat de l'armée d'Italie sous Catinat, dont les Camisards lui avaient conservé le grand nom [2]; Villas, enfin, fils d'un médecin de Saint-Hippolyte, petit-fils d'un pasteur, dont la figure et les manières contrastaient avec la rudesse des paysans ses complices. Ce dernier, le plus jeune des conjurés [3], cachait sous de frivoles dehors une forte et inébranlable conviction. Après avoir servi dans l'armée anglaise comme lieutenant de dragons, il était revenu en France, où il avait affecté de renier ses amis pour les servir. Il s'était lié avec Bâville dont il avait capté la bienveillance, en lui fournissant de faux renseignements sur les exilés de Londres et de Genève, et il tramait ainsi dans le propre palais du proconsul le complot qui devait le perdre. Il visitait ensuite en cachette les protestants de Nîmes et de Montpellier, et les mettait en rapport avec la Suisse et la Hollande et les insurgés des hautes terres. Pendant ce temps, au milieu des monta-

avait environ trente ans. Il était brun, maigre, trapu, nerveux, petit, d'un visage dur et sauvage. Suivant Louvreleuil, qui en fait un portrait peu flatté, il ressemblait à un singe.

[1] Il avait trente-cinq ans et une belle figure, disent les récits contemporains.

[2] On lui avait donné ce nom de Catinat, parce qu'il parlait sans cesse de son ancien général. Né dans la Camargue, habitué aux chevaux dès son enfance, ancien dragon, Catinat était un excellent officier de cavalerie. Sa haute taille et sa force le faisaient ressembler à une espèce d'Hercule. Il s'intitulait brigadier de la cavalerie camisarde et se vantait d'avoir tué de sa main deux cents catholiques. (Peyrat, t. II). C'était le chef le plus habile et le plus redouté des Camisards depuis le départ de Cavalier.

[3] Il avait vingt-cinq ans, suivant les *Mémoires de Berwick*.

gnes, Ravanel et Catinat fabriquaient des cartouches, distribuaient des fusils, et armaient dix mille paysans prêts à se lever au premier coup de feu. Pour éviter la plus légère indiscrétion, les conjurés promettaient de ne révéler leur secret à personne, fût-ce à leur mère ou à leur femme. Ils conféraient la nuit dans des maisons isolées, gardées par des sentinelles mystérieuses, échelonnées de distance en distance dans la campagne. Le secret fut ainsi rigoureusement gardé pendant trois mois : déjà Ravanel et Catinat arrivaient déguisés à Nîmes pour achever les derniers préparatifs; l'Angleterre et la Hollande leur envoyaient des munitions et de l'argent par la Méditerranée; ils attendaient six mille Anglais à Cette et deux mille Piémontais à Grenoble; le complot devait éclater dans quelques jours, le 25 avril 1705. Les circonstances étaient favorables : la tranquillité la plus profonde régnait dans le Languedoc. Il y avait longtemps que la province n'avait joui d'un calme aussi complet. Qui donc aurait pu prévoir l'approche de la tempête [1] ?

En effet, Berwick et Bâville n'avaient encore aucun soupçon. Mais un soir, comme Berwick en revenant d'une tournée dans les Cévennes était entré chez Bâville, un espion [2] demanda à parler à l'intendant et l'avertit qu'il se préparait quelque chose, sans vouloir rien dire de plus. Loin de mépri-

---

[1] Brueys, t. IV.—Court., t. III, p. 153.
[2] « Fanatique lui-même » dit Berwick dans ses *Mémoires*. p. 368. Court. t. III, p. 174.

ser son avertissement, Berwick fit fermer les portes de Montpellier et fouiller plusieurs maisons désignées par ses soldats. Le hasard le mit sur la trace des conjurés : dans une ronde de nuit, l'officier qui commandait une des patrouilles, étant entré dans une maison suspecte, y trouva trois hommes couchés à terre sur des matelas. Il les réveilla, leur demanda leurs passeports ; puis, remarquant quelque hésitation dans leurs réponses, leur commanda de le suivre. C'étaient trois déserteurs enrôlés par Catinat et venus à Montpellier pour le complot. L'un d'eux saisit un pistolet et l'arme ; l'officier entend le bruit et se précipite sur l'inconnu dont le coup part et renverse le fallot porté par l'un des soldats. Le déserteur armait un second coup, mais l'officier lui envoie une balle dans la tête et l'étend roide mort. Ses deux compagnons profitent du désordre pour fuir dans la rue ; les soldats tirent sur les fuyards ; l'un d'eux tombe ensanglanté ; l'autre s'échappe à la faveur des ténèbres.

Après avoir erré quelque temps, le fugitif rencontre un mendiant couvert de haillons, et lui propose de changer d'habits. Le mendiant accepte avec joie, mais il tombe dans la patrouille, qui le prend pour le Camisard et l'arrête. Il était connu dans la ville et se fit relâcher sans peine. Quelques heures après, rencontrant à son tour le Camisard avec ses haillons, il le dénonce aux soldats, qui le mènent à Bâville. Cet homme était un déserteur du régiment suisse de Courten, appelé Jean-Louis et surnommé le Genévois. La terreur le saisit dès qu'il se voit arrêté : il se jette aux genoux de Bâville et de Berwick et jure de tout révéler s'ils lui promettent la vie. Les deux ministres de Louis XIV engagent leur parole : le Suisse alors raconte tous les détails du complot et les prévient que tous les chefs sont à Nîmes, où ils n'attendent plus pour agir que le signal de la rébellion [1].

Sur-le-champ Berwick fait partir Jean-Louis, lié sur un cheval de poste et entouré de six archers, commandés par un lieutenant de maréchaussée nommé Barnier, homme de confiance et de résolution. Comme les paysans se rassemblaient sur son passage, demandant quel était ce prisonnier, le lieutenant, qui avait ses ordres, répondit que c'était un déserteur qu'on venait de prendre ; il détourna ainsi les soupçons et put continuer sa route. Parti à neuf heures du matin de Montpellier, il entrait à six heures du soir à Nîmes, où, dès son arrivée, il alla prévenir le gouverneur, M. de Sandricourt, de l'arrestation du Suisse et de l'existence du complot [2].

Le gouverneur fait aussitôt fermer les portes de Nîmes et mettre la garnison sous les armes. Il place ensuite des sentinelles sur la tour de l'horloge de l'ancien hôtel de ville, sur les donjons, les clochers, à toutes les rues, à tous les passages, avec défense expresse de laisser sortir personne [3]. La nuit venue, Jean-Louis, accompagné d'une escorte de cent

---

[1] Nuit du 18 au 19 avril 1705.
[2] 19 avril 1705. Louvreleuil, t. IV, p. 45.
[3] Louvreleuil, t. IV, p. 54.

Suisses, mène les soldats dans les maisons où il soupçonne la présence des chefs du complot. Le déserteur les conduit d'abord chez un nommé Alison, riche marchand de soie, connu pour l'ardeur de ses opinions religieuses. La porte de sa maison était entr'ouverte, et les soldats doutaient qu'une telle demeure abritât des conjurés ; mais, sur les instances du dénonciateur, ils se glissent en silence dans la cour. Des hommes causaient au rez-de-chaussée ; les soldats prêtent l'oreille : « Je vous assure, disait une voix forte, qu'avant trois mois le roi ne sera plus maître du Languedoc. On me cherche partout; je suis ici et je ne crains rien. » A ces mots, les Suisses se précipitent dans l'appartement, la baïonnette au bout du fusil, et ils y trouvent Ravanel, Jonquet et Villas, qui essayent vainement de se jeter sur leurs armes. Ils sont saisis, terrassés et garrottés en un instant[1]. Averti par le bruit, leur hôte Alison, qui se trouvait au premier étage, se sauve à la hâte sur les toits, où il se blottit derrière une cheminée. Il échappe ainsi jusqu'au jour ; mais une sentinelle l'aperçoit le matin, le couche en joue et lui crie de descendre, en le prévenant qu'en cas de refus il a ordre de tirer sur lui. Le marchand, éperdu, abandonne son asile et vient se livrer aux soldats[2].

On arrêta cette même nuit cinquante personnes de tout sexe et de toute condition, coupables d'avoir favorisé, ou simplement connu sans les révéler, les

---

[1] 19 avril au soir. Court. t. III, p. 183.
[2] Louvreleuil, t. IV, p. 59.

desseins des conjurés [1]. Les protestants de Nîmes apprirent ces arrestations à leur réveil ; ils furent terrifiés [2]. Les rues restaient gardées, les portes des maisons fermées, avec défense à qui que ce fût d'en sortir ; des sentinelles, placées jusque sur les toits, observaient à la fois la ville et la campagne. En présence de cet appareil militaire inaccoutumé, les réformés appréhendaient à tout moment qu'on ne fît main basse sur eux, pour les punir de l'insurrection projetée par leurs coreligionnaires. Leurs alarmes s'augmentèrent quand ils virent la milice bourgeoise prendre les armes et se disperser dans les quartiers pour soutenir les troupes royales. Ils redoutèrent alors un massacre général et comme une nouvelle Saint-Barthélemy. Tel fut leur effroi, si l'on en croit Louvreleuil, que les nouveaux convertis profitèrent de ce qu'ils étaient dans le dernier jour de la quinzaine de Pâques [3] pour accomplir les dévotions qu'ils avaient retardées jusque-là. Comme les églises de la ville étaient fermées, ils firent prier les curés de leur permettre de se confesser et de communier dans les faubourgs [4].

Informés de ces arrestations par le gouverneur, Berwick et Bâville arrivèrent aussitôt de Montpellier [5]. Grâce aux révélations de Jean-Louis, le

---

[1] Tous furent exécutés dans la suite, raconte froidement Brueys.
[2] Dimanche 19 avril 1705.
[3] Pâques tombait cette année le 12 avril ; le 19 était donc le dernier jour de la quinzaine de Pâques.
[4] Louvreleuil, t. IV, p. 56.
[5] Lundi 20 avril 1705.

gouvernement tenait ainsi trois des chefs du complot; mais le quatrième, le plus redoutable, Catinat, manquait encore; Jean-Louis, cependant, affirmait qu'il était dans la ville. Impatient de le saisir, Bâville lança une impitoyable ordonnance, où il faisait appel aux plus basses passions, l'avarice et la peur. Il fit publier à son de trompe qu'il donnerait cent louis à qui livrerait Catinat, et qu'il ferait pendre sur l'heure celui qui lui donnait asile. L'hôte du Camisard, épouvanté, le renvoya de sa maison : la nuit tombait ; Catinat alla vainement frapper à plusieurs portes; il fut repoussé comme s'il eût apporté la mort, et il erra toute la nuit dans les rues. Le matin [1], comme il était connu dans Nîmes il se sentit perdu. Le vieux soldat, toutefois, recueillit ses esprits. Il avait la chevelure flottante, la barbe longue, les vêtements d'un homme qui se cache depuis plusieurs jours ; l'audace et la prudence se touchent quelquefois ; il entra hardiment chez un barbier, se fit raser et peigner, brossa ses habits, puis, le chapeau un peu enfoncé sur les yeux, s'achemina d'un pas calme vers une porte de la ville, feignant de lire un papier qu'il tenait à la main. Il arriva ainsi jusqu'au rempart ; mais comme il passait devant le poste sans ôter son chapeau suivant l'usage, cette négligence attira l'attention de l'officier. Il examina le Camisard et, lui trouvant une mauvaise mine : « Voilà, dit-il, un homme qui ne me plaît point, » et il le fit arrêter

[1] 21 avril 1705.

par deux soldats qui le conduisirent au corps de garde. Interrogé sur les motifs de sa présence à Nîmes, Catinat répondit qu'il était des environs et qu'il était venu pour vendre une mule. Pendant cet interrogatoire, quelques habitants s'étaient rassemblés ; l'un d'eux s'écrie tout à coup que le prisonnier ressemble à Catinat. Les autres niaient : « Catinat, disaient-ils, n'est pas si âgé, il n'est pas si blanc, il n'a pas les cheveux si longs. » Tandis qu'ils contestaient, les soldats, en fouillant le camisard, trouvèrent une lettre dont la suscription levait tous les doutes ; elle était ainsi conçue : *A M. Maurel, dit Catinat*. Par une incroyable négligence, le malheureux avait oublié de la détruire. Le bruit de cette capture se répandit aussitôt dans la ville, où les catholiques l'accueillirent avec des acclamations unanimes. Comme les portes restaient fermées, quelques-uns montaient sur les remparts, d'où ils annonçaient cette grande nouvelle aux faubourgs. A ce nom si connu, les enfants eux-mêmes se répandaient dans les rues en chantant avec la légèreté cruelle de leur âge : « Catinat est pris ! Catinat est pris [1] ! »

Bâville, ravi de cette capture, n'attendit même pas l'arrivée du prisonnier ; il courut à sa rencontre pour s'assurer qu'il tenait enfin sa proie [2]. A la vue de Berwick, Catinat demanda à lui parler en secret, et quand ils furent seuls, il lui proposa de se faire

---

[1] *Archives de la Guerre*, vol. 1906, n° 236, Lettre de Berwick ; vol. 1906, n°s 238, 246 et 252, trois lettres de Bâville.
[2] Court, t. III, p. 190.

échanger en Angleterre contre le maréchal de Tallard, qui avait été pris à Blenheim. Berwick accueillit cette proposition avec mépris : « Si tu n'as rien de meilleur à nous dire, lui répondit-il, dans quatre ou cinq heures, tu auras les os cassés. » On convoqua sur-le-champ les juges du présidial de Nîmes, devant lesquels on mena les prisonniers. Pendant que le tribunal instruisait les procédures, dix dragons gardaient les Camisards dans l'antichambre et les environnaient d'un cercle de baïonnettes [1]. On les soumit à la question ordinaire et extraordinaire. Ravanel la soutint avec une constance surhumaine ; il eut le courage et la force de subir ces deux effroyables épreuves sans dire un seul mot. Les bourreaux, que lassait ce silence opiniâtre, le détachèrent avant l'heure [2]. Jonquet, non moins énergique que Ravanel, fit quelques aveux insignifiants. Catinat, plus grand et plus accessible à la douleur, fit des révélations plus sérieuses : il chargea plusieurs personnes, dont on n'eût jamais soupçonné la complicité, notamment un gentilhomme de la campagne, nommé de Saint-Julien, et un armurier de Nîmes, Jacques Rougier, qui lui avait vendu quarante fusils [3]. Quant à Villas, le plus jeune, le plus faible des accusés, celui qui différait le plus de ses complices, et par son éducation et par ses mœurs si l'on en croit Louvreleuil, il fit les aveux les plus complets. Ce témoignage cepen-

---

[1] Louvreleuil, t. IV, p. 72.
[2] Court, t. III, p. 192.
[3] Ils furent immédiatement arrêtés.

dant ne s'accorde ni avec son caractère, ni avec cette courageuse réponse qui nous révèle son attitude durant le procès : Bâville lui ayant demandé comment il se trouvait mêlé à de pareils scélérats : « Ah ! monsieur, lui répondit le jeune Cévenol, plût à Dieu que j'aie l'âme aussi belle qu'eux ! »

Les tortures achevées, le présidial rendit la sentence : il condamna Villas et Jonquet à la roue, et Ravanel et Catinat au bûcher. Plusieurs conseillers auraient voulu que Catinat fût tiré à quatre chevaux, mais le plus grand nombre opina pour le feu, parce que le feu était un supplice plus cruel et plus long que le déchirement. Quelques-uns voulaient qu'on lui arrachât d'abord la langue en punition de ses blasphèmes[1] ; cette opinion fut rejetée. Pendant que le présidial instrumentait, les exécuteurs dressaient les échafauds et les bûchers. La nuit étant survenue dans l'intervalle, Bâville, ne voulant point que l'exécution eût lieu aux flambeaux, la remit au lendemain, pour empêcher les protestants de dire que ceux qu'on avait conduits au supplice n'étaient point les chefs dont on avait annoncé la prise. Les Camisards, brisés par la torture, furent conduits à la prison, où ils durent attendre le jour pour mourir. On eut soin de dresser les échafauds, non à la place ordinaire, mais vis-à-vis des glacis du fort, pour que la garnison fût à portée d'accourir et de charger en cas de soulèvement.

---

[1] Louvreleuil, t. IV, p. 83. 21 avril 1705.

Le lendemain, mercredi 22 avril 1705, à dix heures du matin, les quatre condamnés furent menés au supplice, entre deux rangs de tambours, qui battirent tous ensemble depuis la prison jusqu'à l'échafaud[1]. Villas fut d'abord rompu et étranglé. Le bourreau brisa de même les membres de Jonquet, puis, sans attendre qu'il fût mort, comme le portait la sentence, il le jeta dans le feu, où l'on vit encore palpiter ses membres ensanglantés. Ravanel et Catinat furent placés sur le même bûcher, liés dos à dos au même poteau, avec une chaîne de fer passée à leur cou. Comme la nuit avait été pluvieuse, et comme le bûcher s'allumait lentement, soit fureur, soit compassion, des femmes que la guerre des Cévennes avaient rendues veuves coururent chercher des fagots et les jetaient sur les patients pour activer l'incendie. Bientôt la flamme brilla et monta le long du poteau. Ravanel entonna d'une voix mâle un cantique funèbre, et il chanta jusqu'à ce que le feu eût étouffé sa voix. Le vent qui chassait les flammes de son côté acheva rapidement son supplice; mais il n'en fut pas de même de son compagnon. Les membres de Ravanel étaient déjà calcinés, que Catinat restait encore plein de vie; il ne chantait pas, comme son frère d'armes, mais il souffrait en silence, sans jeter un cri; on le voyait seulement s'agiter et se tordre au milieu des flammes qui le dévoraient à petit feu[2]; il expira enfin

---

[1] Court, t. III, p. 194.

[2] « Il sembla seulement aux spectateurs que Catinat souffroit avec quelque impatience. » Court, t. III, p. 193. Quel héroïsme que cette

après une longue agonie : sans qu'un signe de compassion sortît de la foule, qui suivait avec la plus avide curiosité les moindres circonstances du supplice.

Après les chefs vinrent les soldats. Bâville accorda la vie au seul dénonciateur, puis il frappa sans pitié. L'hôte des camisards, Alison, fut condamné à la roue, ses biens confisqués et sa maison, qui devait d'abord être démolie, et qui était l'une des plus belles de Nîmes, ne fut épargnée que parce qu'elle n'était pas entièrement payée. L'armurier Jacques Rougier, qui avait vendu des fusils aux conjurés, fut pendu. Un hôtelier de Nîmes, celui de la Coupe d'or, fut pendu comme Rougier pour avoir logé deux chevaux qui appartenaient aux Camisards [1]. L'impitoyable Berwick battit de nouveau les Cévennes et ramena des bandes de prisonniers ; Bâville les remit à ses juges, et les échafauds se dressèrent à la fois à Uzès, à Nîmes et à Montpellier. Il est difficile d'évaluer le nombre des victimes, mais il fut considérable. *A force d'exécutions*, dit froidement Berwick, *en un mois de temps le calme fut rétabli* [2]. Le feu, la corde ou la roue firent disparaître tous ceux qui étaient soup-

---

impatience ! « Telle fut, dit Louvreleuil, la détestable fin de ces quatre brigands.... Ils allèrent où va le chemin qu'ils avoient pris, ils furent payés du maître qu'ils avoient servi, je veux dire qu'ils tombèrent entre les mains du démon, qui paya de ses noires fureurs, de ses tisons ardents et de ses cruautés éternelles l'obéissance qu'ils avoient rendue à ses suggestions criminelles. »

[1] Peyrat, t. II, p. 310.
[2] *Mémoires de Berwick*.

çonnés d'avoir caché ou servi les protestants. Un vieillard de quatre-vingts ans, Pierre Régis de Tornac, fut condamné à mort et exécuté pour avoir acquitté des lettres de change dont l'argent devait être remis aux Camisards [1]. Ceux qui parurent les moins coupables furent ensevelis dans les galères ou les prisons. Tous ces condamnés moururent comme leurs devanciers, priant sur la roue et chantant au milieu des flammes [2].

Mais de tous ces supplices, celui de M. Laurens Boëton, de Saint-Laurent d'Aigouzes [3], bourgeois âgé, riche et allié aux meilleures familles du pays, et compromis dans ce complot, frappa surtout les esprits. Boëton était un brave et excellent officier, parvenu jusqu'au grade de capitaine, dont la révocation de l'édit de Nantes avait brisé la carrière. Depuis lors, il avait vécu dans ses terres ; quelques paroles imprudentes l'avaient fait arrêter, et il n'était sorti de prison que pour préparer sa vengeance. Lors du soulèvement de Cavalier, il avait pris les armes ; il avait été assiégé dans son château par une division catholique, et il s'était défendu avec une telle vigueur, que Bâville lui avait offert une capitulation qui, contrairement aux usages de cette guerre, fut scrupuleusement observée. Boëton n'en était pas

---

[1] Court, t. III, p. 204.

[2] « Tous ces scélérats moururent avec une intrépidité surprenante. » *Relation catholique du temps*, citée par Court, t. III, p. 216.

[3] Il était né près d'Aigues-Mortes et habitait à Milhaud, dans le Rouergue.

resté moins fervent : il avait été l'un des principaux conseillers du complot, et il attendait chez lui, à Milhaud, le moment de prendre les armes, quand sa maison fut entourée par une compagnie de soldats commandée par le baron de Saint-Chaptes, marié à l'une de ses cousines germaines. On le conduisit à Nîmes, puis à la citadelle de Montpellier, où s'instruisit son procès. Il souffrit la torture avec un si admirable courage, que Bâville s'oublia jusqu'à insulter le malheureux patient [1]. Il fut condamné à la roue et mené au supplice; durant le trajet, malgré le bruit des tambours, il ne cessa d'exhorter les spectateurs, dont plusieurs fondaient en larmes, à « persévérer dans la communion de Jésus-Christ. » Deux religieux placés à ses côtés le pressaient d'abjurer, en lui offrant sa grâce au nom du roi; il dédaigna de leur répondre et se contenta de lever les yeux au ciel comme pour lui demander la grâce de le délivrer de leurs obsessions. Un de ses amis, qui se trouvait sur son passage, fut saisi d'une douleur si profonde qu'il se jeta en pleurant dans une boutique, pour éviter sa rencontre. Boëton l'aperçut et demanda la permission de lui parler; l'ayant obtenue : « Mon ami, lui dit-il, pourquoi me fuyez-vous, parce que vous me voyez couvert des livrées de Jésus-Christ? Pourquoi pleurez-vous, quand il me fait la grâce de m'appeler à lui et de sceller de mon sang la défense de sa cause? » Son ami, étouffé par

[1] Court, t. III, p. 211-216.

les sanglots, ne pouvait répondre, et il se précipitait pour l'embrasser, mais les soldats le repoussant emmenèrent Boëton. Du plus loin qu'il aperçut l'échafaud dressé sur l'esplanade, il s'écria : « Courage, mon âme, je vois le lieu de ton triomphe! Bientôt dégagée de tes liens douloureux, tu monteras vers le ciel. » Il marcha ensuite au supplice avec un visage serein et la plus tranquille assurance, tandis que tous les spectateurs, catholiques ou protestants, éclataient en sanglots. Il les consola avec une douce fermeté et s'étendit lui-même sur la roue en faisant ses prières. Il y reçut les coups de barre de fer sans pousser un seul cri. Le bourreau, lui ayant rompu tous les membres, l'attacha sur la roue, les bras et les jambes passés sous le corps et la tête en bas. Pendant cinq heures il demeura ainsi, le corps mutilé, couvert de sang, et, durant cette épouvantable agonie, il ne cessa de chanter des psaumes. Bâville, témoin de ce long martyre, enjoignit alors au bourreau de l'achever. Un archer s'étant écrié qu'il fallait attendre la mort, puisqu'il ne voulait point renier ses erreurs, Boëton lui dit doucement : « Vous croyez, mon ami, que je souffre et je souffre en effet; mais sachez que celui qui est avec moi me donne la force de supporter avec joie mes souffrances. » Comme le bourreau s'approchait pour exécuter les ordres de Bâville, Boëton releva la tête et essaya de parler une dernière fois, cherchant à dominer le bruit des tambours, qui n'avaient pas cessé de battre. Après avoir recueilli toutes ses forces, il prononça avec ferveur ces dernières paroles : « Mes frères bien-aimés, que ma mort vous soit un exemple, pour soutenir la pureté de l'Evangile, et soyez les fidèles témoins que je meurs dans la religion de Jésus-Christ et de ses saints apôtres. » Quelques instants après, au moment où le bourreau s'apprêtait à lui donner le coup de grâce, il rendit le dernier soupir [1].

Loin d'effrayer les protestants, cette exécution ne servit qu'à les raffermir dans leurs croyances. Ils rejoignirent leur demeure en pleurant Boëton et en célébrant l'héroïsme de sa fin. Les catholiques humains déplorèrent eux-mêmes la rigueur si longue, si raffinée et si froidement implacable d'un pareil supplice, tellement contraire à l'esprit de Dieu. Les plus éclairés s'élevaient contre la cruelle maxime de Machiavel qui semblait inspirer cette conduite : qu'un prince ne doit point se soucier du reproche de cruauté quand il s'agit de contenir ses sujets dans le devoir. Ils attribuaient avec raison les soulèvements continuels des protestants aux continuelles persécutions de Louis XIV, et ils ajoutaient qu'une semblable intolérance avait mis l'Autriche à deux doigts de sa perte, et précipité la ruine de l'Espagne. Telle était l'exaspération des esprits qu'il parut un livre intitulé *la Loi du talion*, où l'on établissait que le seul moyen d'arrêter en France les persécutions était de frapper les catholiques des États protestants, et pour chaque protestant français mis à mort de tuer un catholique

[1] Court, t. III, p. 204.

de Hollande et d'Angleterre. L'auteur y démontrait avec une effrayante conviction que la persécution des uns rendait juste la persécution des autres ; que les représailles dans une telle guerre sont toujours légitimes ; et que si on agissait de la sorte, les prêtres catholiques eux-mêmes, en voyant mourir leurs collègues à l'étranger, iraient se jeter aux pieds du roi pour obtenir la vie des huguenots[1]. Quelques Camisards échappés à Bâville s'étaient enfuis vers le Rhône, d'où ils avaient gagné les Alpes et passé la frontière ; on les reçut en Suisse avec une religieuse vénération, comme des morts sortis des tombeaux, ou, pour emprunter le langage de Saurin, comme des « trésors arrachés du feu. » A Londres, les proscrits coururent à leur rencontre en chantant des psaumes et jonchant le chemin de branches d'arbre, qui rappelaient ces palmes de l'Orient jetées sur la route des martyrs[2].

Telle fut cette dernière levée des Camisards. Les Anglais n'osèrent débarquer ; les Piémontais demeurèrent au delà des Alpes, et ainsi échoua ce redoutable complot qui aurait pu soulever la moitié du royaume. Nul ne peut approuver ces hommes qui appelaient l'ennemi dans nos murs, tandis que la France luttait sur toutes ses frontières : les causes sont perdues quand elles ne peuvent se défendre que par les mains de l'étranger ; mais si l'on veut être juste, il faut l'être pour tous et reconnaître que le premier, le

[1] Court, t. III, p. 219.
[2] M. Peyrat, t. II, p. 333.

plus grand coupable fut Louis XIV. Ce fut lui qui souleva les Cévennes en faisant raser les temples, disperser les assemblées, pendre les pasteurs et livrer aux bourreaux des paysans dont le seul crime était de prier comme leurs pères. La liberté de conscience est une de ces lois absolues, que ni les rois, ni les peuples ne peuvent impunément violer. Il faut y prendre garde : justifier Louis XIV c'est justifier Robespierre, et absoudre Bâville c'est absoudre Carrier.

CHAPITRE VIII.

(1706.)

Forces de la France au printemps de 1706.—Occupation de la Belgique et de l'Italie. — Magnifique armée de Villeroy en Belgique. — Bataille et déroute de Ramillies. — Désorganisation de l'armée du Nord et perte de la Belgique. — Succès de Villars sur le Rhin. — Siége de Turin.—Importance de cette place.—Opinion de Vauban sur le siége de Turin. — Celle de La Feuillade préférée. — Nécessité d'arrêter Eugène en Lombardie pour prendre Turin. — Paresse et entêtement de Vendôme en Lombardie où il laisse Eugène passer l'Adige. — Rappel de Vendôme.—Arrivée du duc d'Orléans et de Marsin en Lombardie. — Eugène quitte la Lombardie et arrive au secours de Turin avec le duc de Savoie.—Le duc d'Orléans veut sortir des lignes pour les combattre.—Refus de Marsin.—Vaines supplications et désespoir du duc d'Orléans. — Lugubre pressentiment de Marsin. — Sa lettre mystérieuse remise à son confesseur. — Bataille de Turin. — Vains efforts du duc d'Orléans pour défendre l'Italie. — Il est entraîné par les généraux au delà des Alpes.—Perte de l'Italie.

Détournons les yeux des Cévennes et des échafauds et revenons à la grande guerre de la succession, en Belgique, en Espagne et en Italie. Les résultats de la campagne de 1705 avaient déjoué toutes les espérauces des alliés. Après cinq ans de lutte contre l'Europe, Louis XIV avait, à la vérité, perdu l'Allemagne, et avec elle le secours de la Hongrie, mais il conservait encore la Belgique, la haute Italie et la moitié de l'Espagne ; il s'appuyait à la fois sur l'Escaut et sur le Rhin, sur l'Adige et sur le Tage. Il avait, pendant l'hiver de 1706, rempli ses magasins, réorganisé ses régiments, levé vingt-cinq mille hommes de milice [1] et, à l'ouverture de cette campagne, il possédait sept armées qui occupaient l'Estramadure, le Languedoc, la Lombardie, le Piémont, la Savoie, l'Alsace et la Belgique.

L'armée du Nord, la plus belle et la plus nombreuse, comptait environ cent mille soldats. Elle avait malheureusement à sa tête le duc de Villeroy, le plus malheureux [2] et le plus faible des maréchaux. Ses seuls titres au commandement étaient son âge, la faveur de madame de Maintenon et l'amitié de Louis XIV, qui l'avait appelé un jour : « Mon favori [3]. » Son nom était mêlé à tous les revers des campagnes antérieures, à l'échec de Chiari, à la déroute de Blenheim, à la perte des lignes de la Ghète, et il avait devant lui Marlborough, le plus redoutable et le plus habile capitaine de la Grande-Alliance.

Dès l'ouverture de la campagne, Villeroy, impatient de se signaler, sollicita la permission d'assiéger Léau, l'une des places belges perdues l'année

---

[1] Saint-Simon, t. IV, p. 431. « Les pertes d'hommes en Allemagne et en Italie, plus grandes par les hôpitaux que par les actions, firent prendre le parti d'une augmentation de cinq hommes par compagnie et d'une levée de 25,000 hommes de milice, laquelle fut une grande ruine et une grande désolation pour les provinces. »

[2] « Croyez-vous qu'il y ait sur la terre un homme plus malheureux que le duc de Villeroy? » *Correspondance de madame des Ursins*, t. Ier, page 4.

[3] Voyez le portrait qu'en a fait Saint-Simon. t. XII, p. 235-237. Voyez aussi t. IV, p. 374 et t. V, p. 271.

précédente, avec l'autorisation de livrer bataille. Il représenta au roi que ses troupes étaient magnifiques, que les Belges raillaient leur inaction, et qu'elles brûlaient de combattre [1]. Louis XIV ne sut résister ni aux instances du maréchal ni à l'impatience de l'armée, et il envoya la permission. Villeroy rassemble aussitôt ses régiments et marche sur Léau. Marlborough s'avançait pour couvrir la place; au lieu de l'éviter, l'incapable maréchal donne tête baissée dans l'armée anglaise. Il n'a que le temps de ranger ses troupes pour recevoir la bataille, à Ramillies, près de Léau [2].

Ce fut une journée désastreuse. Dans sa précipitation, Villeroy avait rangé son centre et sa gauche derrière des marais impraticables, dans une position que le duc de Luxembourg avait naguère jugée si désavantageuse, qu'il avait refusé d'y livrer bataille; d'un coup d'œil Marlborough reconnaît la faute, et, certain que sa droite ne peut être attaquée, il la porte tout entière sur Ramillies. Le lieutenant général de Gassion, officier habile et expérimenté, remarque ce mouvement et s'empresse d'avertir le maréchal : « Vous êtes perdu, lui crie-t-il, si vous ne changez promptement votre ordre de bataille. Renforcez votre centre des troupes de votre gauche, puisqu'elles ne peuvent vous être d'aucun service, et rapprochez vos lignes. » Villeroy s'irrite de ce

[1] *Archives de la Guerre*, vol. 1936, n° 122 ; 8 mai 1706, lettre de Villeroy au roi. — Pelet, t. VI, p. 20.
[2] 21 mai 1706.

conseil ; il répond qu'il est le maître [1], et Marlborough attaque notre aile droite, la seule qui puisse combattre, avec son armée tout entière. La lutte n'était pas possible. Malgré les charges les plus brillantes de la Maison du Roi, dans l'une desquelles Marlborough est jeté à bas de son cheval, les Anglais emportent successivement les villages de Taviers et de Ramillies ; c'est en vain que le duc de Guiche, à la tête du régiment des gardes, se défend pendant quatre heures et fait des prodiges de valeur ; c'est en vain que Villeroy lui-même se bat avec le courage du soldat, après avoir prouvé l'incapacité du général ; il faut céder à l'écrasante supériorité des ennemis. Ces derniers refoulent en désordre les bataillons sur les escadrons et enfoncent notre droite, pendant que la gauche et le centre demeurent immobiles derrière les marais : la bataille est perdue.

Voulant sauver du moins les corps qui n'ont pas donné, Villeroy commande la retraite. Il réunit ses troupes encore rangées, place en avant l'artillerie, l'infanterie au centre, la cavalerie à l'arrière-garde, et se replie sur Louvain. L'armée arrive ainsi au défilé de Jodoigne, qu'il fallait franchir. Elle le traversait lentement ; tout à coup des escadrons espagnols, qui marchaient à l'arrière-garde, se débandent, et, sans être attaqués ni poursuivis, se précipitent avec des cris de terreur sur l'infanterie, qui

---

[1] *Biographie universelle*, art. VILLEROY.—*Lettres de madame de Maintenon*, Edition Auger; notice sur le maréchal de Villeroy, t. IV, p. 134.

se retirait les rangs serrés et en bon ordre. Au même moment, quelques-unes des voitures de l'artillerie se brisaient à l'avant-garde et obstruaient le défilé. L'artillerie s'arrête, et elle arrête à son tour l'infanterie. Derrière elle alors arrivent les cavaliers d'Espagne, pressant leurs chevaux et criant à haute voix : Sauve qui peut! Les fantassins ouvrent leurs rangs devant ces fuyards qui les traversent au galop, mais bientôt la terreur les gagne. Troublés par ces cris de déroute, ils ne s'expliquent ni le retard de l'avant-garde ni la fuite des escadrons. Ils craignent d'être assaillis et sabrés dans cette gorge, et, après quelques instants d'hésitation, ils imitent les cavaliers. Le même effroi gagne l'artillerie, et la retraite se change en une effroyable déroute. Tous fuient pêle-mêle devant un ennemi invisible, jetant leurs fusils, leurs sabres et leurs sacs ; les conducteurs de l'artillerie détellent et montent leurs chevaux ; le vertige de la peur tourne toutes les têtes. Quelques-uns fuient jusqu'à dix lieues du champ de bataille. Marlborough lance après eux ses escadrons, qui ramènent six mille prisonniers, nos bagages, nos drapeaux et tous les trophées d'une victoire [1]. Villeroy accablé resta cinq jours sans écrire. Profitant de la démoralisation des Français, Marlborough enlève sans coup férir Louvain, Bruxelles, Malines, Bruges, Anvers, presque toute la Belgique, et s'avance jusqu'aux frontières.

---

[1] *Mémoires de Feuquière*, p. 359. — *Letters and Dispatches of John Churchill first duke of Marlborough*, t. II, p. 525. *Archives de la Guerre*, vol. 1937, n° 25 ; lettre de Villeroy au roi. — Pelet, t. VI.

Louis XIV rappela enfin Villeroy et montra en le recevant toute la grandeur de son âme. Loin de l'accabler d'un reproche, il lui tendit la main, et, imputant à leur vieillesse commune le triste résultat de la journée : « Monsieur le maréchal, lui dit-il, on n'est plus heureux à notre âge. » C'était le mot de Charles-Quint devant Metz : « La fortune n'aime pas les vieillards. » Louis XIV appela Vendôme d'Italie, où il commandait depuis trois ans, et le chargea de réparer les fautes de Villeroy.

Vendôme trouva l'armée dans la plus horrible confusion. Les Espagnols avaient déserté pour la plupart ; les autres étaient suspects. Parmi les Français, vingt-quatre escadrons se trouvèrent si maltraités, qu'ils étaient désormais impropres au service. Les corps étaient mêlés ; il n'y avait plus un seul bataillon sous les armes. L'âme de nos armées, la confiance avait disparu. Les soldats et les officiers ne parlaient de Marlborough qu'avec une admiration mêlée de terreur [1]. Vendôme répara peu à peu ce désordre : il publia une amnistie qui ramena les déserteurs, réorganisa ses régiments et livra quelques heureuses escarmouches qui ranimèrent l'esprit des soldats. Abandonnant la Belgique, qu'il ne pouvait défendre, il s'établit sur la frontière, et malgré l'in-

---

[1] « Tout cela me chagrine bien moins que la tristesse et l'abattement qui paroissent ici. Je ferai tout mon possible pour ranimer cela ; mais ce ne sera pas une petite affaire, si j'en puis venir à bout, car *tout le monde ici est prêt d'ôter son chapeau quand on nomme le duc de Marlborough.* » Archives de la Guerre, vol. 1739, n° 36 ; lettre de Vendôme à Chamillart, 5 août 1706.—Pelet, t. VI, p. 93.

fériorité du nombre, il arrêta Marlborough jusqu'à la fin de l'automne, époque à laquelle les deux armées prirent leurs quartiers d'hiver.

Sur le Rhin, où les ennemis occupaient Lauterbourg, Haguenau, Drusenheim et la moitié de la basse Alsace, Villars du moins soutenait dignement l'honneur de la France. Louis XIV lui ayant ordonné de reprendre les villes perdues, il enleva d'abord les lignes des alliés sur la Moter et sous Haguenau. A son approche, le prince de Bade abandonna son camp retranché de Bitchewiller et ramena ses troupes derrière les inondations du Rhin, qui couvraient Drusenheim et la plaine du Fort-Louis. Villars résolut de les y forcer, et, à cet effet, il enjoignit au maréchal de Marsin, qui servait sous ses ordres avec l'ancienne armée de la Moselle, de combiner son attaque avec la sienne ; mais les eaux étaient trop hautes et Marsin n'osait risquer une telle entreprise [1]. Villars se rend alors près du maréchal et lui renouvelle ses ordres ; nouveaux refus de Marsin, qui ne veut pas noyer son armée et parle d'assembler un conseil de guerre : — « Un conseil de guerre, répond Villars, ils ne sont bons que lorsqu'on veut une excuse pour ne rien faire ; » et il invoque l'ordre du roi, qui lui a donné le commandement suprême des deux armées. Marsin ne le conteste pas, mais il donne à entendre que Villars veut se réserver l'attaque de droite et lui laisser celle de gauche, parce

---

[1] *Mémoires de Villars*, p. 156. T. XXXI de la collection Michaud et Poujoulat.

qu'elle présente plus de difficultés : « Puisqu'il en est ainsi, s'écrie Villars piqué au vif, permettez que j'attaque sur l'heure, à la gauche, avec vos troupes. » Il commande mille grenadiers de Marsin, en lance vingt devant lui dans l'eau, s'y jette à cheval à leur suite et ordonne à toute l'armée de le suivre. Les officiers murmuraient. L'un d'eux dit même assez haut pour être entendu : « Où nous mène-t-on ? » Villars leur impose silence et marche. Il fallait franchir un quart de lieue de terres inondées ; les soldats avaient de l'eau jusqu'aux épaules ; les chevaux perdaient pied en plusieurs endroits et nageaient sous leurs cavaliers. Cette attaque inattendue troubla les ennemis. A la vue de cette armée tout entière qui s'avançait au milieu des eaux, ils s'enfuirent en désordre, prenant à peine le temps de charger leurs armes [1]. Profitant de leur effroi, Villars appelle le comte de Broglie, un de ses meilleurs officiers : « Marchez sur Lauterbourg ! » lui crie-t-il, et les Français reprennent cette forte place après quelques coups de fusil [2]. Villars nettoie ensuite toute la plaine du Fort-Louis, puis il enlève Drusenheim et Haguenau, où les alliés avaient laissé une quantité considérable de munitions, cinquante pièces d'artillerie, trente mille sacs d'avoine, sans compter les grains qu'ils avaient détruits à la hâte, et en si

---

[1] *Mémoires de Villars.*

[2] Le comte de Frise abandonna Bitchewiller avec tant de précipitation qu'il y laissa jusqu'à sa vaisselle d'argent, que les généraux avaient alors l'habitude de porter avec eux. V. Saint-Simon, t. V, p. 74.

grande abondance, que les rivières étaient blanches des farines qu'ils avaient jetées en se retirant. Ils perdaient en outre quatre mille prisonniers, qui furent échangés contre nos malheureux soldats pris à Blenheim et restés jusqu'alors au pouvoir de l'ennemi. Villars, après avoir délivré l'Alsace, rejeta les Impériaux au delà du Rhin. Il voulait les suivre en Allemagne, et s'empara, dans ce but, des îles du fleuve qui sont dans le voisinage de Strasbourg, mais Louis XIV le retint sur la frontière [1].

En Italie les Français, déjà maîtres de la Savoie et du comté de Nice, n'avaient plus qu'à prendre Turin pour achever la conquête du Piémont. Cette ville était alors une des plus fortes de la péninsule, mais enveloppée et resserrée de toutes parts, elle ne pouvait tenir plus de six mois. Le duc de Savoie, enfermé dans la place, n'avait pas assez de troupes pour la défendre et implorait en vain le secours des Autrichiens, trois fois rejetés dans le Tyrol. Si Vendôme une fois encore les repoussait de la Lombardie, la capitale du duc de Savoie était perdue. Vendôme prit la tâche la plus difficile, celle de fermer le Milanais au prince Eugène, et chargea La Feuillade, son lieutenant, d'enlever Turin.

Gendre de Chamillart le tout puissant ministre de la guerre et des finances, le duc de La Feuillade était un gentilhomme aimable, brillant et fastueux comme Villeroy [2], mais incapable comme lui. Il n'a-

[1] *Mémoires de Villars, Archives de la Guerre*, et Pelet, t. VI.
[2] V. une curieuse lettre de Voltaire sur La Feuillade, écrite en 1719;

vait ni le mérite, ni les connaissances nécessaires pour conduire un siége, et, comme il arrive souvent, à l'ignorance il joignait la présomption. Pour prendre Turin, le grand ingénieur du siècle, Vauban, conseillait d'attaquer la ville [1] ; La Feuillade soutint au contraire qu'il fallait d'abord enlever la citadelle [2]. Vauban alarmé représenta à Chamillart les périls du plan de La Feuillade : en attaquant la citadelle, on ne fermait pas la place ; le duc de Savoie en sortirait, il rejoindrait le prince Eugène, et l'Italie tout entière pourrait nous échapper en même temps. Dans son amour du bien public, le maréchal, chargé d'années et d'infirmités, offrit au ministre d'aller servir sous La Feuillade, de se tenir même, s'il l'exigeait, à deux lieues de Turin, à la seule condition de conduire le siége, le roi, disait-il en sa lettre, lui tenant lieu de toutes choses après Dieu [3]. Louis XIV lui objecta vainement sa dignité qui le plaçait au-dessus de La Feuillade, simple lieutenant-général : « Ma dignité, répliqua le vieillard, est de servir l'État ; je laisserai

correspondance générale, t. Ier, p. 62. Né en 1673, La Feuillade avait trente-trois ans.

[1] *Archives de la Guerre*, vol. 1975, n° 1 ; lettre de Vauban à Chamillart ; 16 janvier 1706.—Pelet, t. VI, p. 606.

[2] *Archives de la Guerre*, vol. 1966, n° 79 ; lettre de La Feuillade à Chamillart, 25 février 1706.—Pelet, t. VI, p. 608.

[3] « Je suis présentement dans la soixante-treizième année de mon âge, chargé de cinquante-deux ans de service et surchargé de cinquante siéges considérables et de près de quarante années de voyages et de visites continuelles, à l'occasion des places de la frontière, ce qui m'a attiré beaucoup de peines et de fatigues de l'esprit et du corps, car il n'y a eu ni été, ni hiver pour moi…. » Lettre de Vauban précitée. Cette lettre est admirable, nous regrettons de ne la pouvoir citer entièrement.

mon bâton de maréchal à la porte, et j'aiderai peut-être M. de La Feuillade à prendre Turin. » Chamillart n'avait pas le cœur assez haut pour comprendre cette abnégation. Il voulut faire gagner à son gendre le bâton de maréchal; il rejeta les conseils de Vauban, et La Feuillade ouvrit la tranchée devant la citadelle [1]. L'espoir de saisir à Turin le duc de Savoie, sa famille et sa cour, et d'obtenir en récompense la plus haute dignité et la plus grande réputation militaire enivrait le vaniteux gentilhomme. « Je prendrai, disait-il, Turin à la Cohorn. » C'était, comme on sait, le nom du Vauban hollandais.

Ces magnifiques espérances s'évanouirent tour à tour. Le duc de Savoie s'échappa pendant une nuit avec sa famille et sa cavalerie. Honteux de ce départ, La Feuillade confie à l'un de ses lieutenants, M. de Chamarande, la direction du siège, et court avec ses escadrons à la poursuite du duc. Il prend à Mondovi les dames de sa cour, mais il manque Victor-Amédée. L'astucieux Piémontais le détourne à dessein du siège, fuit lentement et l'attire dans les montagnes. Il disparaît alors dans la vallée de Lucerna au milieu des hautes Alpes, contrée inaccessible et sauvage, dont tous les paysans sont armés; il confie sa destinée à la fidélité des calvinistes vaudois [2], si cruellement persécutés par ses ancêtres et par lui-même.

La Feuillade revient tristement devant Turin avec

---

[1] Mai 1706.
[2] On les appelait *Barbets*, parce qu'ils donnaient le nom de *barbes* (oncles) à leurs ministres.

une cavalerie harassée. Il témoigne toutefois la même confiance ; il assure dans ses lettres qu'il sera maître de la place au mois d'août, et il mande secrètement cette bonne nouvelle à son beau-père [1].

Ancien économe de Saint-Cyr, porté au ministère par madame de Maintenon, Chamillart n'était ni ingénieur, ni général, mais il avait l'esprit juste et ne partageait pas les illusions de son gendre. Il comprenait que le siège d'une des capitales de l'Europe entrepris contrairement aux avis de Vauban ne devait pas être négligé. Il n'osait toutefois blâmer un duc qui l'avait honoré de son alliance, et dans la crainte de le blesser par un reproche, de le perdre par son silence, il hasardait timidement quelques avis, qu'il avait soin de tempérer par les éloges les moins mérités. Tandis que La Feuillade poursuivait Victor-Amédée, son beau-père le conjurait en exaltant ses talents de revenir à Turin [2], ajoutant pour le stimuler davantage que Vauban déclarait à qui voulait l'entendre qu'il aimait mieux qu'on lui coupât le cou s'il prenait Turin par la citadelle. L'état du siège justifiait cette parole du maître. Après trois mois de travaux continuels, La Feuillade avait perdu quatre mille hommes, et la ci-

---

[1] Juillet 1706.

[2] « Mon cher gendre, trouvez bon que je vous dise qu'il n'est pas possible que le siège de Turin se conduise avec la même activité quand vous n'y serez pas. Personne plus que moi ne rend justice à M. de Charamande ; mais il y a une si grande différence d'être commandé par *un homme comme vous*, ou par un homme de son caractère, que je suis persuadé *que vous en ferez plus en huit jours que lui en quinze.* » Lettre de Chamillart à la Feuillade, 6 juillet 1706 ; *Archives de la Guerre*, vol. 1933, n° 299. — Pelet, t. VI, p. 293.

tadelle était à peine entamée. Frappés par ces résultats et par la fausse direction des travaux, les Piémontais reprenaient confiance. Eugène leur écrivait de tenir bon, et de compter sur un prompt secours ; les événements qui s'accomplissaient en Lombardie légitimaient ses assurances.

Par une triste fatalité, dans cette campagne où il fallait redoubler d'efforts pour recueillir le fruit de trois ans de combats, Vendôme s'abandonnait à toute l'insouciance de son caractère. Il laissait Eugène quitter le Tyrol, entrer en Italie et pénétrer jusqu'aux frontières du Milanais. Deux lignes de défense s'offraient encore à Vendôme pour l'arrêter : celle de l'Adige, celle du Mincio. La première s'étendait du lac de Garde à l'Adriatique et demandait un déploiement de troupes auquel les Français ne pouvaient suffire. La seconde, comprise entre le lac de Garde et le Pô, était de moitié plus courte et plus facile à défendre, et tous les généraux engageaient Vendôme à la choisir ; mais Vendôme était d'avis que la ligne de l'Adige offrait plus de sécurité, et se porta en conséquence sur cette rivière. Eugène, cependant déterminé à passer en Lombardie, s'avançait vers le bas Adige, où Vendôme n'avait que quelques régiments ; M. de Saint-Frémont, qui les commandait, lui écrivit qu'il lui serait impossible d'arrêter les Autrichiens et le supplia de se retirer sur le Mincio ; Chamillart, secrètement averti, renouvela les mêmes prières. Vendôme, ajoutant l'obstination à la négligence, persista dans ses projets et demeura sur l'Adige.

— 156 —

Tel était l'état des choses quand Louis XIV appela Vendôme en Belgique. Il envoya pour le remplacer son jeune neveu, Philippe d'Orléans, illustré par les batailles de Steinkerque et de Nerwinde et déjà mûr pour le commandement [1]. Malgré l'avis de Vendôme, qui désignait Berwick, le roi lui adjoignit le vaincu de Blenheim, Marsin, général médiocre, timide et irrésolu, qui n'aurait jamais dû paraître aux armées. Une deuxième fois, avant l'arrivée de ses successeurs, et pour réparer une situation déjà compromise, Chamillart supplia Vendôme de se retirer sur le Mincio [2], mais Vendôme répéta que cette défensive était la plus dangereuse, et qu'Eugène ne passerait jamais l'Adige [3]. L'entêtement de Vendôme reçut un cruel démenti : deux jours après cette lettre, Eugène franchissait cette rivière à Legnano, coupait en deux l'ar-

---

[1] « Le choix que Votre Majesté a fait de M. le duc d'Orléans ne sauroit être meilleur, et il falloit de toute nécessité un prince comme lui en Italie. Votre Majesté a raison de lui recommander de défendre toujours l'Adige ; j'aurai l'honneur de lui parler dans les mêmes termes lorsqu'il sera arrivé : toutes les autres défensives sont très-dangereuses; *il faut que l'armée périsse plutôt que d'abandonner cette rivière.* » Lettre de Vendôme au roi; 1er juillet 1706; *Archives de la Guerre*, vol. 1963, n° 2.—Pelet, t. VI, p. 642.

[2] « J'ose vous dire mon sentiment qui est fortifié par la sagesse convenable aux gens de ma profession, et qui préfèrent toujours ce qui est plus sage à ce qui est plus courageux, je crois que vous travailleriez bien plus utilement pour assurer la conquête de Turin, *si vous vous retiriez derrière le Mincio.* » Lettre de Chamillart à Vendôme, 29 juin 1706; *Archives de la Guerre*, vol. 1933, n° 240. — Pelet, t. VI, p. 191.

[3] « De toutes les défensives celle du Mincio est la plus mauvaise.... A l'égard du siège de Turin, comptez comme une chose sûre qu'il ne peut être troublé par M. le prince Eugène: nous avons trop d'endroits où nous pouvons l'arrêter. » Lettre de Vendôme à Chamillart ; 10 juillet 1706; *Archives de la Guerre*, vol. 1963, n° 58.— Pelet, t. VI, p. 842.

mée française échelonnée derrière elle, et Vendôme laissant sur l'Adige une partie de ses forces se voyait contraint de ramener le reste de son armée aur le bords du Mincio. Le duc d'Orléans et Marsin arrivaient pendant cette retraite. Vendôme parut honteux de laisser les affaires en pareil état. Il feignit une assurance qu'il n'avait plus et un espoir qu'il avait moins encore. « Les ennemis sont passés, dit-il, je n'y puis que faire, mais ils ont bien d'autres obstacles avant d'arriver à Turin. » Et se retournant vers le duc d'Orléans : « Vos ordres, Monsieur, car je n'ai plus que faire ici, et je pars demain matin.[1] »

Le mal était irrémédiable ; le duc d'Orléans garda vainement toutes les villes situées sur la route que devaient suivre les Autrichiens : sans s'arrêter à ces obstacles, le prince Eugène tourna le Milanais, traversa les duchés de Parme, de Modène et de Plaisance, et rejoignit Victor-Amédée qui sortait des Alpes et s'avançait à sa rencontre. Tous deux, sans perdre un instant, s'empressent de secourir Turin. Le duc d'Orléans, de son côté, vole au secours de La Feuillade, et, par une marche heureuse et rapide, arrive avant les alliés devant la place.

Turin, dont La Feuillade annonçait la conquête pour le mois d'août, était à peine investi. Les fièvres et les désertions, le feu, les sorties de l'ennemi, avaient causé des pertes considérables, tandis que la mauvaise direction du siége paralysait les travaux. Le

---

[1] *Mémoires de Saint-Simon*, t. V, p. 131.

seul avantage obtenu par les Français était la prise
du chemin couvert. La Feuillade avait livré ensuite
trois assauts inutiles, et, dans le dernier, au moment
où nos soldats montaient sur le rempart, une mine
avait éclaté sous leurs pas et emporté trois cents
hommes. Il était impossible de prévoir la fin du siége,
et pour le continuer, il fallait battre Eugène et Victor-Amédée.

Au lieu de les attendre dans la tranchée, Philippe
d'Orléans proposa de marcher à leur rencontre et de
les attaquer en rase campagne. Marsin refusa en
alléguant qu'il valait mieux livrer bataille devant les
lignes ; c'était laisser aux Français la défense d'un
front de six lieues et leur ôter l'avantage du choc.
Philippe, désespéré, écrivit à Louis XIV pour lui
demander son avis. En attendant, il assembla un conseil de guerre afin de décider ce que ferait l'armée,
si l'ennemi paraissait avant la réponse du roi [1]. Le
jeune duc parla avec éloquence, mais sans convaincre
les généraux. Tous, à l'exception d'un seul, se rangèrent à l'avis de Marsin; Philippe le conjura vainement, les larmes aux yeux, de marcher à l'ennemi;
Marsin objecta froidement la décision du conseil
de guerre. Il faut tout dire, l'esprit du maréchal
était troublé par des pressentiments d'une fin
prochaine, qui viennent assaillir les plus braves

---

[1] Lettre du duc d'Orléans au roi; 31 août 1706; *Archives de la Guerre*, vol. 1966, n° 370. L'avis de Louis XIV fut conforme à celui du duc d'Orléans, mais il arriva sept jours après la bataille. V. *Archives de la Guerre*, vol. 1933, n° 4, et Pelet, t. VI.

comme les plus timides. Depuis son arrivée en Italie, au milieu des campements ou des conseils, dans les marches ou dans les combats, partout il avait l'image de la mort présente à l'esprit. Une lettre écrite le jour de la bataille et remise à son confesseur pour Chamillart révèle le secret de sa faiblesse [1]. C'est ainsi que, dans des temps plus anciens, Brutus, la veille de Philippes, voyait un spectre soulever les plis de sa tente et lui donner rendez-vous pour le lendemain.

Le duc d'Orléans, désespérant désormais de triompher de l'opiniâtreté pusillanime du maréchal, ne voulait pas assumer la honte qui allait inévitablement frapper non-seulement les généraux, mais la France tout entière; il prit donc le parti de quitter immédiatement l'armée et demanda sa chaise de poste. A cette nouvelle, tous les officiers généraux se réunissent autour de lui et le supplient de rester. Il cède à leurs pressantes sollicitations, et renonce à s'éloigner; mais il refuse formellement de prendre part au commandement et même de donner le mot d'ordre, prétendant laisser à Marsin et à La Feuillade toute la responsabilité des mesures

---

[1] « Comme cette lettre ne doit vous être rendue qu'après ma mort, je vous demande par tout ce qu'il y a de plus saint dans l'amitié des honnêtes gens de me garder le secret de la foiblesse qui m'occupe. Depuis que j'ai reçu les ordres du roi que vous m'avez envoyés en Italie, je n'ai pu gagner sur mon esprit que je ne sois tué dans cette campagne, et la mort se présente à moi à chaque moment et m'occupe le jour et la nuit. » Lettre de Marsin à Chamillart; 6 septembre 1706; *Archives de la Guerre*, vol. 1966, n° 46.—Pelet, t. VI.

qu'ils ont cru devoir prendre. Il persistait toujours dans ses résolutions, se tenait enfermé dans sa tente, et se montrait à peine aux soldats, lorsque, dans la nuit du 6 au 7 septembre, il reçut un billet d'un partisan, qui lui mandait que le prince Eugène était sur le point de passer la Doire et qu'il se préparait à attaquer les Français. L'intérêt de l'armée lui fait oublier ses ressentiments ; en un instant il est debout ; il quitte sa tente, court éveiller Marsin, lui montre la dépêche et s'écrie que le moment est venu de se mettre en marche et d'aller surprendre les ennemis au passage de la rivière. Marsin repousse ce précieux avis, prétend que la nouvelle est fausse et exhorte le duc à prendre du repos. A peine est-il rentré, que de toutes parts arrivent des messages qui confirment l'approche des alliés ; plusieurs officiers généraux, au nombre desquels était d'Estaing, celui-là même qui avait voté dans le conseil pour le duc d'Orléans, s'efforcent d'apaiser la juste colère que ce dernier avait ressentie après l'accueil du maréchal, et le décident à grand'peine à monter à cheval et à parcourir la tête du camp.

Les soldats connaissaient déjà le duc d'Orléans, et les plus anciens pouvaient se rappeler encore l'étonnante bravoure qu'il avait déployée aux journées de Steinkerque et de Nerwinde ; ils ne pouvaient donc s'expliquer son inaction et ne savaient à quelle cause attribuer son apparente indifférence dans des circonstances aussi critiques. Comme il passait devant le régiment de Piémont, un d'eux s'avança vers lui et lui demanda s'il était vrai qu'il leur refuserait son épée. Cette question inattendue coupa court à toutes ses hésitations ; le revirement que les supplications réitérées des généraux n'avait pu opérer, la brutale franchise d'un soldat le produisit aussitôt. Oubliant que son amour-propre avait été froissé de la manière la plus humiliante, et ne réfléchissant pas qu'il va faire le plus grand sacrifice que puisse faire un général, en exposant sa réputation dans une action dont il a depuis longtemps prévu la fatale issue, il parcourt les lignes, donne des ordres et prend les mesures les plus urgentes pour repousser une attaque qui va commencer dans quelques heures.

Cependant Marsin, après avoir refusé de croire à l'arrivée des ennemis, est enfin obligé de se rendre à l'évidence ; il peut, dès à présent, calculer toutes les conséquences de sa déplorable conduite ; paralysé par le sentiment de sa faute, qu'il a reconnue trop tard, il reste inactif et ne donne aucun ordre, tandis que La Feuillade, jaloux de prouver qu'il est aussi mauvais général que malhabile ingénieur, prescrit des mesures dangereuses et contradictoires qui révèlent toute son inaptitude et font présager les plus grands désastres.

Que devait-il résulter de ce défaut d'unité dans le commandement et de ces démêlés qui, depuis huit jours, divisaient les chefs, et dont le bruit était parvenu jusqu'à l'oreille du soldat ? Le plus redoutable fléau qui puisse assaillir une armée à la veille d'une bataille, l'indiscipline, régnait dans nos rangs ; l'insubordination était à l'ordre du jour. Le duc d'Orléans ayant ordonné à un escadron du régiment d'Anjou de franchir un pont pour aller garder les lignes, l'officier qui commandait ce corps de troupes opposa un refus formel, et le prince, ne pouvant maîtriser son indignation, le frappa au visage et fit son rapport au Roi.

Sur ces entrefaites, Eugène et Victor-Amédée étaient arrivés devant Turin, et, comme les Français étaient restés dans leurs lignes, ils avaient pris leurs dispositions pour les y forcer. Le 7 septembre 1706, sur les dix heures du matin, ils rangent leurs troupes en longues colonnes et les mènent sur nos retranchements. En tête marchent les grenadiers, puis le reste de l'infanterie et la cavalerie; dans les intervalles roulent les canons. Les fantassins s'avancent l'arme au bras, les canonniers la mèche allumée; défense est faite aux tambours de battre et aux soldats de tirer. Les ennemis traversent ainsi la vaste plaine de Turin. Pendant cette marche, l'artillerie française, placée sur les retranchements, fait feu de toutes pièces, et ses boulets, lancés dans ces longues colonnes, renversent des files d'hommes et de chevaux. Les alliés, sans se déconcerter, s'avancent en silence jusqu'à dix pas des retranchements. Ils déchargent alors tous leurs canons et s'élancent à l'assaut. Les Français, qui visent à couvert, les reçoivent avec un feu terrible et leur mitraille abat toutes les têtes des colonnes ennemies. Les alliés ripostent en vain de tous leurs feux : leurs balles frappent les fascines, tandis que leurs boulets s'enfoncent dans la terre des retranchements. Trois attaques générales et acharnées restent infructueuses, et, pendant deux heures, les Français réussissent à arrêter l'ennemi.

La victoire restait douteuse; le duc de Savoie la décida. Nos lignes n'étaient pas également fortifiées. Elles avaient sur quelques points six pieds de haut, mais sur d'autres, notamment dans l'intervalle compris entre la Sture et la Doire, elles s'élevaient à peine à la ceinture, et, par une coupable négligence, dans cette partie déjà si faible, Marsin avait placé peu de soldats. Victor-Amédée aperçoit cette brèche, s'y précipite avec ses meilleures troupes, escalade le retranchement, et, malgré leur énergique résistance, culbute les bataillons qui le gardaient. Ses soldats écartent la terre fraîchement remuée, et pratiquent de larges ouvertures, où toute leur cavalerie, qui n'a pas encore donné, se jette au galop, le sabre en main. Notre droite, surprise par cette attaque, est enfoncée sur plusieurs points. Le duc de Savoie poursuit ses avantages : il tourne nos lignes et prend en flanc le centre qu'Eugène attaquait de front et qu'il ne pouvait forcer. Une mêlée terrible s'engage sur ce point, où combattent le duc d'Orléans et Marsin. Tous deux sont dangereusement blessés, et leur absence augmente le désordre ; les Autrichiens l'emportent enfin ; à l'exemple des Piémontais, ils écartent la terre des retranchements et frayent un passage à leurs escadrons. Les charges des deux cavaleries achèvent de rompre les Français, et le centre est forcé de toutes parts.

La gauche seule tenait encore. Elle occupait la plus forte partie des lignes, et s'appuyait sur un bâtiment élevé, le château de Lucento, d'où elle faisait un feu plongeant et terrible. Elle arrêta seule l'armée ennemie. Les alliés, trois fois montés sur ses retranchements, sont trois fois repoussés à la baïonnette. Mais leurs forces grossissaient sans cesse. De leur gauche, de leur centre désormais victorieux, ils amènent des troupes qui reviennent à la charge. Pour comble de malheur, en ce moment critique, une brigade entière et celui qui la commande refusent de marcher au secours de nos soldats épuisés par ces attaques réitérées. Cette criminelle désobéissance permet à l'ennemi de poursuivre le cours de ses succès ; écrasés par le nombre, les vaillants défenseurs du château de Lucento se décident enfin à l'évacuer et quittent le champ de bataille. La Feuillade, qui pendant l'action n'a cessé de contrarier les ordres du duc d'Orléans, s'abandonne au plus violent désespoir, et ne trouve d'autre parti à prendre que celui de lever le siège en toute hâte, d'enclouer ses canons et de brûler toutes ses poudres. Quant à Marsin, gravement blessé vers le milieu de la bataille, il avait été transporté dans une maison de paysans, près des magasins de La Feuillade, lorsque l'explosion des poudres remplit sa chambre de feu et de fumée. Le maréchal voulut fuir, mais, trop affaibli par la perte de son sang, il retomba et mourut étouffé. Ainsi s'accomplit ce funèbre pressentiment qui troubla ses derniers jours et lui fit peut-être oublier son devoir [1]. Le soir même, tandis que notre armée s'éloignait à la sombre lueur des incendies, Eugène et Victor-Amédée entraient à Turin, au bruit des cloches et de l'artillerie [2].

L'Italie cependant n'était pas encore perdue. Si Marsin était mort, si La Feuillade était démoralisé au point de négliger les précautions que recommandait la prudence la moins éclairée, le duc d'Orléans restait encore pour veiller au salut de l'armée et rétablir sa confiance ébranlée pendant cette journée désastreuse. On l'avait vu sans cesse au plus fort de la mêlée; blessé d'abord à la hanche, atteint ensuite d'une blessure beaucoup plus grave au poignet, il s'était constamment fait remarquer par un sang-froid digne de Vendôme, multipliant les ordres, excitant les officiers et menant lui-même au feu de l'ennemi les bataillons et les escadrons. Si la souffrance, la fatigue, la perte de son sang l'avaient obligé à s'éloigner pendant quelques instants, il avait reparu bientôt plus ardent et plus intrépide.

Sans se laisser abattre par une si terrible catastrophe, il eut encore assez de présence d'esprit pour

---

[1] « Nous ne savons aucune particularité de ce qui s'est passé dans ce combat, si ce n'est que ce pauvre maréchal de Marsin y a été tué aussi bien que plusieurs officiers de considération. Qui auroit jamais cru que le maréchal, aussi brave et aussi vif qu'il étoit, eût pris un parti de trop de prudence contre l'avis de ce qu'on dit de Son Altesse Royale? » *Lettres de madame des Ursins à madame de Maintenon*, t. III, p. 354.

[2] *Archives de la Guerre*; lettres de M. de Saint-Frémont, de M. d'Albergotti et de M. de Muret à Chamillart. Pelet, t. VI, p. 632 et suiv.

songer à sauver ses munitions et son artillerie, et assez d'énergie et de fermeté pour réunir les officiers généraux, afin d'aviser avec eux au moyen de reprendre Turin, de cerner l'armée victorieuse et de lui faire expier par une destruction complète le triomphe inespéré qu'elle venait de remporter. Ce projet était d'autant plus facile à réaliser que la Lombardie était encore gardée par un corps de vingt mille hommes, Français ou Espagnols, commandés par un des lieutenants du duc d'Orléans, M. de Médavy, qui jouissait dans l'armée d'une estime méritée. Si le prince pouvait opérer sa jonction avec son lieutenant, c'en était fait des alliés : réduits à vivre dans une contrée dévastée depuis longtemps par la guerre, ils auraient été contraints de mettre bas les armes et de subir les conditions les plus humiliantes. Malheureusement, le duc d'Orléans avait compté sans les misérables passions des hommes auxquels il espérait faire comprendre ses desseins ; depuis le commencement du siége, les généraux avaient levé des contributions énormes dans le pays, et il leur en coûtait, aujourd'hui que la guerre semblait terminée par une honteuse défaite, de perdre le fruit de leurs exactions et de poursuivre une campagne qui leur faisait entrevoir de nouveaux périls et de dangereux hasards; aussi s'écrièrent-ils d'une voix unanime qu'il y avait de la témérité à rester en Italie, que les routes étaient impraticables et que le seul parti à prendre était de retourner en France. Est-il besoin d'ajouter que La Feuillade était un des plus ardents à dénigrer les savantes combinaisons du duc d'Orléans? Ce dernier, comprenant enfin quel était le honteux mobile qui guidait les généraux, ferma tout à coup la discussion, et, faisant valoir son autorité, ordonna que l'on eût à se préparer à prendre la route du Pô.

Sur ces entrefaites et dès les premiers pas se présentèrent tout à point des messagers, pour annoncer qu'on avait vu des régiments piémontais, commandés par le duc de Savoie en personne, occupant les passages et tout prêts à s'opposer à la marche de l'armée. Le prince apprenait en même temps que, par suite d'ordres contradictoires qui plus tard furent imputés à La Feuillade, les convois de vivres et les munitions avaient été dirigés sur la route de France, et que nos troupes étaient exposées à tout instant à subir les horreurs d'une famine. Dans ce fâcheux concours de circonstances, en apparence fortuites, dans ces bruits répandus à dessein et dont la fausseté ne tarda pas à être constatée, il était impossible au duc d'Orléans de ne pas reconnaître un désir malveillant de contrecarrer toutes ses instructions et d'en paralyser les effets ; et tous les murmures qui se faisaient entendre autour de lui ne pouvaient que corroborer cette opinion. Les forces humaines ont leurs limites : ne voyant autour de lui que désobéissance, révolte et trahison, souffrant cruellement des blessures qu'il avait reçues [1] et qui le forçaient à

---

[1] « Il fut en danger jusqu'au 24 septembre. » *Correspondance de madame des Ursins*, t. Ier, p. 91.

rester dans sa chaise ; découragé d'ailleurs par l'inutilité manifeste des efforts qu'il avait faits pour maintenir ses généraux dans le devoir, il se vit contraint de céder au vœu général [1], non pas toutefois sans stigmatiser par de sanglantes ironies [2] la lâche cupidité de ces hommes, qui sacrifiaient à des intérêts privés l'honneur et le salut de leur pays. Il s'enferma dans sa voiture et reprit le chemin des Alpes avec l'armée, qu'il établit dans la Savoie.

Cette retraite, conseillée par l'avarice et par la peur, eut des conséquences plus funestes encore que la bataille.

Désormais rassurés du côté des Alpes, Eugène et Victor-Amédée envahissent le Milanais, dont les habitants passent avec indifférence de l'Espagne à l'Autriche. Les municipalités courent à la rencontre d'Eugène, pour prêter serment à leur nouveau maître l'archiduc Charles, et, ne redoutant que la guerre, elles s'opposent partout à la résistance des Français. A Pavie, les habitants se soulèvent et demandent à grands cris la capitulation. A Alexandrie, le peuple force le gouverneur, par des actes sauvages, à ouvrir les portes de la ville. Malgré la défection des Lombards, les généraux de Louis XIV et de Philippe V font leur devoir. M. de la Florida,

---

[1] « Quelle fureur ont donc les officiers de l'armée de M. le duc d'Orléans de revenir à Paris ! Je ne comprends plus rien à la plupart des têtes, elles me paroissent très-démanchées. » *Correspondance de madame des Ursins*, t. III, p. 371.

[2] Saint-Simon, t. V, p. 152.

officier espagnol, enfermé dans la citadelle de Milan, bombarde les habitants, qui voulaient le réduire à la famine, et les force à nourrir ses soldats. Un officier français, M. de Ramiroix, fait mieux encore : avec deux cents hommes, il tient pendant cinq semaines dans le château de Tortone. Les Autrichiens, qui avaient ouvert une large brèche, le somment de capituler ; Ramiroix refuse, soutient l'assaut et meurt avec tous les siens sur le rempart. Ce sacrifice est inconnu : les dévouements ont aussi leur destinée. La résistance des garnisons françaises disséminées dans la Lombardie dura jusqu'au printemps de 1707. A cette époque, un traité conclu avec l'empereur les arracha à la captivité et à la mort. Elles revinrent lentement et par petits détachements à travers le Piémont. Victor-Amédée voulait les désarmer à leur passage, mais, devant la fière attitude de ces vieux soldats, il n'osa accomplir un dessein qui était la violation la plus complète du droit des gens.

Ainsi, par la médiocrité de Chamillart, l'entêtement de Vendôme, l'incapacité de La Feuillade, la faiblesse de Marsin, se vérifiaient les sombres prophéties de Vauban. En quelques heures, Louis XIV perdait deux armées, le chemin et le rempart des Alpes, le Piémont si difficilement conquis en trois ans, cette Italie si souvent fatale à nos armes. Philippe V perdait le Milanais, qui appartenait à l'Espagne depuis Charles-Quint et passait sans retour à l'Autriche. Il avait déjà perdu la Belgique après la déroute de Ramillies, il ne conservait plus maintenant, en dehors de l'Espagne, que les Deux-Siciles et la Sardaigne. En Espagne même, les alliés occupaient la Catalogne et le royaume de Valence, et, comme nous l'allons dire, ils arrivaient jusqu'à Madrid.

CHAPITRE IX

(1706.)

Philippe V forme le projet de reprendre Barcelone.—Il enjoint à Tessé de se transporter en Catalogne avec l'armée d'Estramadure. — Dangers de cet ordre qui ouvre le chemin de Madrid aux Anglo-Portugais. —Inutiles observations et départ de Tessé. — Siége de Barcelone par terre et par mer.— Résistance acharnée des habitants. — Arrivée de l'amiral Lacke à leur secours.—Abandon du siége.—Eclipse de soleil. —Difficile retraite des Français par le Roussillon.—Embarras de Berwick en Estramadure. — Désobéissance des généraux espagnols. — Marche des Anglo-Portugais sur Madrid.—Retraite de la cour à Burgos.—Pénible voyage de la reine en Castille. — Acclamations, offrandes et enrôlements des Castillans. — Entrée des alliés à Madrid. — Froide attitude des habitants. — Assassinats, empoisonnements. — Pertes des Anglo-Portugais à Madrid. — Leur départ. — Leur jonction avec l'archiduc et Peterborough. — Leur retraite devant Berwick et leur entrée dans le royaume de Valence. — Dissensions dans l'armée ennemie.—Départ de l'archiduc et de Peterborough.—Rentrée triomphale de Philippe V à Madrid.

Nous avons vu comment les Anglais avaient débarqué l'archiduc Charles en Catalogne, comment ce prince avait soulevé Murcie et Valence, comment il avait établi à Barcelone une royauté rivale, levé des régiments, frappé monnaie, rendu la justice ; comment il régnait depuis un an sur la moitié de l'Espagne, des Pyrénées au Guadalquivir. Ces revers, la présence d'un rival, trônant à cent lieues de Madrid, humiliaient profondément Philippe V. Indolent, mais fier, il brûlait d'aller combattre l'archiduc [1], et, consultant plus son dépit que sa puissance [2], il résolut de reconquérir la Catalogne à l'ouverture de la campagne. Dès les premiers jours de l'hiver [3], il écrivit au maréchal de Tessé de mener en Aragon tous les régiments français de l'armée d'Estramadure, et d'y attendre le printemps, lui annonçant qu'il viendrait alors le joindre pour entrer avec lui en Catalogne, soumettre les habitants et peut-être finir la guerre en prenant avec Barcelone l'archiduc et les Anglais [4]. Tessé fut épouvanté d'un tel ordre. L'armée d'Estramadure, qui comptait vingt-cinq mille soldats, était la seule force de Philippe V, et il fallait la traîner, elle, ses bagages, son artillerie, au cœur de l'hiver, à travers les boues, les neiges, les défilés, les chemins effroyables de l'Espagne, à une distance de cent lieues, du Portugal aux Pyrénées. Bien plus, en quittant l'Estramadure, Tessé laissait la frontière ouverte et livrait aux Anglo-Portugais la route de Madrid. Pour reprendre Barcelone, Philippe V engageait à la fois son trône et son armée. Tessé communiqua ses alarmes à Chamillart en y mêlant, suivant son habitude, des plaisanteries sur les affaires et les misères de l'Espagne [5]; il représenta ensuite à Madrid les

---

[1] « Notre roi brûle d'aller chercher l'archiduc.... Il a écrit à M. le maréchal de Tessé de lui amener ses troupes au plus tôt. » *Correspondance de madame des Ursins*, t. III, p. 250.

[2] « Le siége de Barcelone fut entrepris avec colère, » dit Louville. *Mémoires*, t. II, p. 163.

[3] 1705.

[4] *William Coxe*, t. III, p. 255.

[5] « Je crains qu'au printemps nous ne nous trouvions sans armée,

dangers d'une telle entreprise [1], puis, voyant l'inutilité de ses avis, il se décida à exécuter les ordres de Philippe V. Louis XIV envoya, pour le remplacer en Estramadure, Berwick, l'homme le plus propre à couvrir une frontière. Avec des milices et quelques troupes espagnoles, Berwick dut arrêter quarante mille Anglo-Portugais, soldats aguerris, munis de toutes choses, commandés par le Français Galway, esprit froid et tenace, et le vieux Portugais Las-Minas, qui conservait à soixante-dix-sept ans l'ardeur des plus jeunes capitaines.

Abandonnant l'Estramadure, Tessé s'achemina vers le nord, et après la marche la plus rude à travers la Castille et l'Aragon, il arriva sur les bords de l'Ebre, où il passa l'hiver sans vivres, sans argent, dans un pays pauvre, montueux et révolté [2]. L'Aragon se soulevait derrière lui. A Saragosse, les habitants tirèrent sur un de ses régiments qui avait pris trois paysans soupçonnés d'assassinat ; l'insurrection devint générale ; les captifs furent délivrés, les bagages pillés, et le maréchal fut assiégé jusque dans

sans Catalogne et sans frontière de Portugal ; car pour Barcelone, je ne sais si je ne me trompe, mais sans une puissante armée de terre par le Roussillon et une puissante armée navale, je ne vois pas trop le chemin de cette conquête. Lettre de Tessé à Chamillart ; 11 novembre 1705. *Archives de la Guerre*, vol. 1888, n° 47.

[1] « Malgré tout ce que le maréchal put dire, le roi d'Espagne demeura ferme dans sa résolution. » *Mémoires de Berwick*, p. 273.

[2] « J'arrive dans un pays révolté, sans magasins, sans gros canon, ni dans la plupart des pays, de chemins praticables à en pouvoir conduire... dans cet état, sans vivres, sans magasins, sans argent, sans grosse artilleris, sans poudre et sans voitures.... » Lettre de Tessé à Chamillart ; 20 janvier 1706. *Archives de la Guerre*, vol. 1979, n° 26.

sa maison [1]. A Guerra, près de Saragosse, un lieutenant fut trouvé mort dans son lit. Les Français, furieux, démolirent la maison du meurtrier et saccagèrent le village. Les paysans des environs vinrent au secours de leurs voisins, et il en résulta des rixes sanglantes [2]. Épouvanté de ces soulèvements, qui présageaient une révolte générale de l'Aragon, le maréchal écrivit lettres sur lettres à Chamillart pour lui communiquer ses alarmes. Il prédisait les plus grands malheurs, un échec devant Barcelone, la perte de l'Estramadure, la fuite de la reine et l'entrée des Anglais à Madrid [3]. Mais Louis XIV, habitué aux plaintes de Tessé, dédaigna cette fois ses conseils et répondit qu'il prenait la responsabilité des événements. Chamillart réunit dans le Roussillon une armée de dix-huit mille hommes, commandée par un habile officier, M. de Legall, qui passa les Pyrénées, culbuta les bandes catalanes, et vint camper sous Barcelone. Le comte de Toulouse, avec vingt-six vaisseaux chargés de munitions et de grosse artille-

---

[1] Suivant Saint-Simon, t. V, p. 3, quarante grenadiers et trente officiers furent tués ou blessés dans ce tumulte.

[2] *William Coxe*, t. Ier, p. 459.

[3] « Si le royaume d'Aragon se révolte, si l'armée de Portugal entre en Estramadure, choses qui sont très-apparentes et très-possibles, si quelques vaisseaux apportent quelque monde de débarquement sur les côtes de Valence qui retomberait dans sa première révolte, alors le roi d'Espagne n'aurait de chemin pour rentrer en Espagne que celui de France en faisant le tour des Pyrénées, et la reine se trouverait obligée de sortir de Madrid un pied chaussé et l'autre nu.... » Lettre de Tessé à Chamillart; 20 janvier 1706. *Archives de la Guerre*, vol. 1976, n° 26. Cette lettre est remarquable : tous les événements annoncés par Tessé s'accomplirent.

rie, mouilla devant la place et ferma la mer. Philippe V rejoignit Tessé dans les premiers jours du printemps. Tous les deux avec vingt-cinq mille soldats traversèrent les montagnes de la Catalogne et retrouvèrent devant Barcelone Legall et le comte de Toulouse. L'heureuse réunion des trois armées semblait présager la victoire, et Tessé lui-même adressait à Louis XIV les plus incroyables flatteries [1], où le courtisan s'efforçait de faire oublier les sinistres prévisions du général.

Malheureusement, au lieu d'attaquer Barcelone par le Montjuich, comme l'avait fait Peterborough, Tessé ouvrit la tranchée devant la ville et perdit de la sorte un temps précieux. Moins obstiné que La Feuillade à Turin, il reconnut du moins son erreur, et reporta ses batteries devant la citadelle, où il rencontra la résistance la plus acharnée. Pour grossir la petite armée de l'archiduc, qui ne comptait, avec ses régiments catalans, que deux mille hommes de troupes réglées, les moines et les prêtres s'enrôlèrent par bandes sous ses drapeaux [2]. Les capucins se distinguèrent aux premiers rangs ; leurs longues barbes étaient rattachées avec des rubans de couleur rouge, celle de Charles III. Les femmes,

---

[1] « Si l'on tenait un consistoire pour décider de l'infaillibilité du roi comme on en a tenu un pour celle du pape, je déciderais pour celle de Sa Majesté. Ses ordres ont confondu toute la science humaine, » Lettre de Tessé à Chamillart; 5 avril 1706. *Mémoires de Noailles*, p. 192.

[2] « Les moines, dit Saint-Simon, t. V, p. 75, combattaient les soldats du Roi Catholique et de Sa Majesté Très-Chrétienne comme s'ils eussent été des Turcs ou des hérétiques. »

à l'exemple des prêtres, s'étaient formées en compagnies, gardaient les portes et combattaient comme des soldats [1]. L'archiduc promit solennellement de mourir ou de se faire prendre avec ses défenseurs [2]. Pour stimuler leur enthousiasme, il leur annonça un jour que la Vierge lui était apparue et lui avait promis que ses fidèles Catalans ne l'abandonneraient pas. Ce faux miracle excita jusqu'au plus violent fanatisme le courage des assiégés [3].

Malgré leur furieuse résistance, Tessé emporta d'assaut le Montjuich à la baïonnette [4]. Cet avantage exaspéra les habitants. Le lendemain, ils firent une sortie générale : conduits par leurs prêtres, qui portaient les bannières des confréries et, parmi elles, la bannière rouge de sainte Eularie, l'une des patronnes de la ville, ils assaillirent les tranchées et renouvelèrent cette terrible attaque les jours suivants. Derrière l'armée, pendant ce temps, dix mille paysans enveloppaient les lignes, coupaient les convois, et enlevaient les soldats, à cent pas de la tranchée. Malgré l'argent offert par Philippe V, les Catalans refusaient leurs services, et les Français, harassés par les gardes, avançaient très-lentement [5]. Le plus habile des ingénieurs après Vauban, M. de Lapara,

---

[1] *Mémoires* de Tessé, de Noailles et de Saint-Philippe.

[2] Saint-Philippe t. II, p. 19.

[3] « Ceci n'est point une fable » dit Tessé dans une lettre citée dans les *Mémoires* du duc de Noailles, p. 193.

[4] 21 avril 1706.

[5] « Les assiégeants n'étoient pas assez nombreux et ne dormoient qu'une nuit sur trois. » Saint-Simon, t. V, p. 75.

qui dirigeait les travaux, avait été tué en allant reconnaître des ouvrages. L'artillerie, prise à la hâte à Toulon, se trouvait défectueuse ; les boulets n'étaient pas de calibre ; les bombes crevaient en l'air; les canonniers et les bombardiers sortaient de leurs villages [1] ; et cependant les vivres s'épuisaient, le scorbut dévorait la flotte, et l'amiral Lacke, avec cinquante vaisseaux, arrivait au secours des assiégés. « Il faut, écrivait avec raison Tessé, que d'ici à huit jours nous prenions Barcelone ou que Barcelone nous prenne. » Le maréchal redoubla d'efforts, ouvrit une brèche large de soixante-dix toises, et se préparait à donner l'assaut [2] le lendemain à la pointe du jour, lorsqu'un vaisseau envoyé en reconnaissance signala les drapeaux de la flotte anglaise [3]. Ce fut comme un coup de théâtre : Tessé suspendit ses préparatifs; le soir même, le comte de Toulouse gagna la pleine mer, ne pouvant lutter avec vingt-six vaisseaux contre cinquante [4]. L'amiral Lacke jeta dans la ville des renforts si considérables, que le nombre

[1] « La grande affaire est notre artillerie.... Permettez-moi de vous dire deux mots sur le compte de ladite artillerie : Si l'on avoit voulu choisir dans le rebut des arsenaux, l'on n'auroit pas fait autrement. Je n'ai pas une pièce en état de tirer deux cents coups sans être éventée. J'en ai actuellement vingt hors d'état, des grains mal mis, des pièces défectueuses, des pièces folles, tout est vicieux et dans un état dont je vous cache la moitié. Idem des bombes ; la moitié crèvent en l'air : les fusées sont trop courtes ou trop vieilles ou point ajustées aux bombes; enfin de trente il y en a vingt qui cassent en l'air. » Lettre de Tessé à Chamillart, 29 avril 1706; *Archives de la Guerre*, vol. 1997, n° 79.

[2] Cet assaut devait emporter la place, suivant le duc de Noailles. *Mémoires de Noailles*, p. 193.

[3] Saint-Philippe, t. II, p. 24. 6 mai au soir.

[4] Dans la nuit du 6 au 7 mai 1706. Saint-Philippe, t. II, p. 30.

des assiégés se trouva supérieur à celui des assiégeants. Philippe V renonça à prendre Barcelone ; mais la retraite même était coupée : pour regagner Madrid, il fallait traverser deux provinces en armes, la Catalogne et l'Aragon, et livrer une série de petits combats qui auraient détruit l'armée. Tessé prit le seul parti possible, celui de revenir à Madrid par la France ; il abandonna à l'ennemi sa grosse artillerie, cent soixante pièces de canon, soixante mortiers, cent cinquante milliers de poudre, soixante mille sacs de grain, et, dans la nuit du 12 mai, il se replia vers les Pyrénées, confiant à la générosité de Peterborough ses blessés et ses malades [1]. Les Catalans de l'archiduc voulaient les égorger, mais Peterborough réussit à les soustraire à leur fureur, les fit soigner et les renvoya plus tard à Toulon.

Cette retraite de Philippe V, si humiliante et si désastreuse, commença sous de funèbres auspices. Le premier jour, à midi, il y eut une éclipse totale de soleil, et la nuit surprit les colonnes en marche. L'obscurité était si profonde que les étoiles parurent au ciel pendant trois heures. Les soldats s'arrêtaient effrayés, se cherchaient, s'appelaient, se serraient les uns contre les autres, redoutant une surprise de l'ennemi, mais plus encore cet étrange phénomène qui voilait le jour. Les Espagnols, plus superstitieux, voyaient dans cette éclipse un fatal présage : c'était, disaient-ils, la fortune de Louis XIV qui disparaissait

---

[1] Il y en avait six cents, *Mémoires de Berwick*, p. 377.

avec son emblème, le soleil des Bourbons qui se voilait pour toujours [1]. Les animaux étaient effrayés comme les hommes : le cheval de Philippe V s'arrêta tout à coup et refusa d'avancer [2]. Le retour du soleil dissipa les alarmes, mais non les périls de l'armée; les Catalans, abrités par les haies et les buissons, l'inquiétaient par des fusillades continuelles. Ils se postaient dans les chemins étroits des montagnes, de ravin en ravin, de défilé en défilé, et, pendant huit jours entiers, il fallut à chaque pas livrer bataille. Les paysans brûlaient les villages, emmenaient dans les bois leurs troupeaux et leurs familles, et, préférant leur haine à leur fortune, détruisaient les provisions qui pouvaient servir aux Français. L'armée perdit dans cette retraite trois mille soldats et tous les traînards. Enfin, après quinze jours de souffrances et de combats, Philippe V et Tessé rentrèrent en France. Tessé prétexta une maladie et remit le commandement à Legall, qui ramena l'armée en Espagne, par le Roussillon et le Béarn. Philippe V prit les devants et courut à Madrid. Les sombres prévisions de Tessé venaient de s'accomplir : Galway et Las Minas envahissaient l'Estramadure et s'avançaient sur sa capitale.

Avec six mille chevaux et quatre mille fantassins, Berwick ne pouvait arrêter quarante mille hommes.

[1] William Coxe, t. IV, p. 281. Ce fut aussi l'impression des alliés. Les Hollandais exploitèrent *la grande éclipse de soleil qui s'est montrée le 12 mai 1706. V.* le Recueil de pièces historiques hollando-françaises, relatives au règne de Louis XIV.
[2] *Mémoires de Saint-Philippe.*

Confiant dans la sécheresse et la misère de l'Estramadure, il espérait du moins retarder l'ennemi, mais il rencontra dans les généraux espagnols une mesquine jalousie et une honteuse insubordination. MM. d'Hijar, de Bay et de Villadarias, campés avec quinze mille hommes dans les provinces voisines, auxquels il avait donné l'ordre de venir le joindre avec leurs corps, lui firent répondre qu'en leur qualité de capitaines généraux, ils n'avaient pas d'ordre à recevoir d'un maréchal de France, et gardèrent leurs soldats [1]. Cette désobéissance devant l'ennemi souleva Berwick ; il se plaignit auprès de Philippe V de ses lieutenants ; mais le roi d'Espagne garda le silence.

Resté seul avec un faible détachement Berwick voulut encore disputer le terrain. Il établit dans Alcantara ses quatre mille fantassins, avec un officier espagnol, M. de Gasco, lui ordonnant de tenir jusqu'à la dernière extrémité et si les ennemis lui refusaient une capitulation, de s'échapper à la faveur des broussailles qui environnaient la place [2]. Gasco livra

---

[1] « Tant que les représentations seront à la mode en Espagne et qu'un officier osera différer d'exécuter les ordres du général, les affaires ne peuvent aller que mal.... Il seroit bien mieux pour le service du roi d'Espagne qu'il n'y eût dans les provinces de la frontière que des lieutenants généraux ; ceux-là obéiroient peut-être sans difficulté, et quant à moi, je vous assure que je me passerois fort bien de l'honneur de commander à des capitaines généraux, j'aimerois mieux commander à des gens de moindre grade qui m'obéiroient sans réplique. » Lettre de Berwick à Chamillart, 18 avril 1706; *Archives de la Guerre*, vol. 1976, n° 259.

[2] *Mémoires de Berwick*, p. 275.

la ville aux premiers coups de canon, après cinq jours de tranchée [1], sans attendre même qu'il y eût une brèche, et écrivit au maréchal pour justifier sa conduite. Berwick refusa de lui répondre, ne voulant point avoir de commerce avec un homme qui avait manqué à son devoir et à son pays, et il déclara à Chamillart que si Gasco tombait dans ses mains, il lui ferait couper la tête [2]. Cette trahison lui enlevait toute son infanterie; il harcela quelque temps l'ennemi avec sa cavalerie, puis se replia dans la Castille, à Guadalajara, sur la route de Saragosse, à quelques lieues de Madrid. Là il attendit le retour de Philippe V et de Legall qui ramenait l'armée de Barcelone à travers les Pyrénées, et rentrait en Espagne par la Navarre.

Parti le 1ᵉʳ juin à cheval, Philippe V arriva à Madrid le 6 au soir, couvert de poussière, suivi de quelques gentilshommes et d'une faible troupe de cavalerie. L'Aragon, la Catalogne, le royaume de Valence, étaient entièrement soulevés [3]; il était vaincu partout, à Barcelone et en Estramadure; les Madrilènes toutefois l'accueillirent avec enthousiasme.

---

[1] *Mémoires de Noailles.*

[2] « C'est une chose si honteuse que tous ses amis le condamnent, et en effet, ce ne peut être que lâcheté ou perfidie qui l'aient conduit à se rendre prisonnier, sa place n'étant pas encore ouverte, ne manquant de rien et ayant dix bataillons, dont le moindre étoit de quatre cents hommes.... Je n'ai pas voulu répondre à M. de Gasco, lequel mérite de perdre la tête, et si jamais il revient, il convient d'en faire un exemple. » Lettre de Berwick à Chamillart, 18 avril 1706 ; *Archives de la Guerre*, vol. 1976, nº 259.

[3] Saint-Philippe, t. II, p. 34.

Toutes les têtes se découvrirent sur son passage ; la foule le suivit jusqu'à son palais, dont elle envahit les cours, qu'elle remplit de ses acclamations [1]. La haine de la Castille contre la Catalogne se révélait par ces cris [2]. La rivalité des provinces, qui avait si puissamment aidé l'archiduc à Barcelone, allait désormais servir son rival. La Castille saluait dans Philippe V le roi de son choix et le petit-fils du roi très-chrétien ; elle rejetait avec horreur l'archiduc Charles, le roi des Catalans, le vassal des Anglais et des hérétiques.

Malgré cet accueil, Philippe V, sans troupes et sans argent, abandonna Madrid qu'il ne pouvait défendre. Il transporta sa cour à Burgos, vieille capitale de la Castille, et y convoqua tous les Espagnols restés fidèles. Il partit avec une faible escorte ; la jeune reine Gabrielle de Savoie [3] l'accompagnait, n'emmenant elle-même que deux femmes de chambre [4] et deux dames d'honneur ; une d'elles était la célèbre princesse des Ursins, confidente et amie du

---

[1] « Le roi d'Espagne est arrivé en bonne santé, et avec les acclamations du peuple si grandes, que toutes les cours de ce palais sont pleines de gens à l'heure que je vous parle, qui crient comme des désespérés en donnant mille bénédictions à Leurs Majestés. » *Correspondance de madame des Ursins*, t. III, p. 296.

[2] « La haine que les Castillans ont contre cette nation (la Catalogne) fait qu'ils ne la ménagent pas du tout. » *Correspondance de madame des Ursins*, t. III, p. 197.

[3] Marie-Louise-Gabrielle de Savoie était fille de Victor-Amédée et sœur de la duchesse de Bourgogne. Née en 1688, mariée à treize ans, et déjà mère, elle avait dix-neuf ans ; elle mourut le 14 avril 1714.

[4] « La situation de la reine est très à plaindre ; elle n'a auprès d'elle que deux femmes de chambre et deux dames d'honneur...... La disette d'argent l'a réduite à n'en avoir pas davantage. » *Correspondance de madame des Ursins*, t. III, p. 306.

roi, à qui il était réservé d'exercer à l'Escurial l'influence de madame de Maintenon à Versailles. Ce voyage s'accomplit au milieu des plus grands dangers : les alliés s'avançaient dans l'Estramadure et touchaient à la Castille ; un parti de cavalerie pouvait à tout instant enlever le royal cortége. Il fut contraint, pour éviter les Anglais qui occupaient alors Ségovie, de faire un léger détour, et il lui fallut même revenir sur ses pas et passer à cinq lieues des ennemis pour arriver à Burgos [1].

Aux dangers incessants d'une surprise s'ajoutaient les privations d'une longue route, entreprise au cœur de l'été, à travers la poussière et les plaines nues et brûlantes de la Castille [2]. Le désir qu'avait le roi de dissimuler son départ au peuple de Madrid l'avait empêché de songer aux objets de première nécessité, à tel point que la reine était partie sans un lit, et qu'elle fut réduite à accepter celui du chevalier de Bragelonne, qui commandait le détachement français chargé d'escorter les voitures de la cour [3]. Le

---

[1] *Correspondance de madame des Ursins*, t. III, p. 309.

[2] La Vieille-Castille était alors une immense étendue de terrain en friche, sans arbres, sans villages, sans maisons. Une herbe courte et desséchée croissait seulement dans les vallées et suffisait à peine à la nourriture des troupeaux ; les Castillans avaient et ont encore de nos jours le préjugé de ne pas laisser croître les arbres, parce que, disent-ils, ils attirent les oiseaux qui mangent le grain.

[3] « La reine a été sans lit les premiers jours : heureusement le chevalier de Bragelonne, qui commandoit le petit détachement françois qui protégeoit la cour, en avoit un tout neuf qui suppléa fort à propos. Mais il ne fut pas si facile de suppléer au reste ; car Sa Majesté n'eut que deux œufs pour souper. » *Correspondance de madame des Ursins*, t. III, p. 305.

soir, à chaque halte, dans les misérables hameaux de la Castille, où l'on trouvait à peine du pain, la reine couchait dans des maisons nues, sales, hideuses, qui tombaient de vétusté [1]. Un assez grand nombre de dames étaient venues offrir leurs services à la reine, qui n'avait pu se dispenser de les accepter, malgré la pénurie du trésor ; cette escorte inutile ne faisait qu'ajouter aux embarras de la route et aux dépenses du voyage [2]. Après dix-huit jours de souffrances et d'alarmes, la reine arriva enfin à Burgos, où elle logea dans l'ancien palais des rois d'Espagne, demeure sombre et délabrée [3], digne asile d'une fugitive ; mais là du moins elle régnait encore.

Au milieu de ces difficiles épreuves, la fermeté de la jeune reine ne se démentit pas un seul instant. Dès la prise d'Alcantara, et avant l'arrivée de Philippe V, elle avait été seule à l'hôtel de ville, où elle avait harangué les magistrats et obtenu d'eux 6,000 pistoles [4]. Elle plaisantait maintenant des périls et des contrariétés de la route, consolait son mari qui l'aimait avec passion et souffrait de sa misère, envoyait ses diamants en France pour lui procurer quelques ressources. L'attitude des Castillans soutenait à la vérité son courage. Le soir de son arrivée à

---

[1] « On trouvait des gîtes on ne peut plus mauvais, au point qu'une muraille s'écroula dans ma maison dans un endroit où tout le monde passoit. » *Correspondance de madame des Ursins*. 6 juillet 1706, t. III, p. 304.

[2] « On dépensoit cent pistoles par jour », dit madame des Ursins, t. III, p. 308.

[3] Lettre de madame des Ursins, t. III, p. 317.

[4] *Mémoires de Noailles*, p. 194.

Burgos, les habitants vinrent lui donner une sérénade, et ils y joignirent une cantate en l'honneur de la reine. Gabrielle parut au balcon et cria : « Vivent les Castillans! » Cette prévenance les transporta de joie, et les acclamations allèrent jusqu'au délire [1]. A Valladolid, sur le passage des voitures royales, les hommes et les femmes sortirent dans la rue, en agitant des armes et criant avec fureur : « Vive Philippe V! et meurent les traîtres ! » Ils désignaient par ce mot les Catalans, les Aragonais, les Valenciens, tous insurgés en faveur de Charles III, et tous anciens ennemis de la Castille. L'enthousiasme fut tel que l'on redouta un instant le massacre de tous les partisans de l'archiduc à Valladolid [2].

Galway et Las Minas cependant passaient le Tage, enlevaient Ciudad-Rodrigo, Salamanque et Bajos, franchissaient les montagnes de Guadarrama, qui ferment la Nouvelle-Castille comme un rempart, et arrivaient à Madrid sans livrer bataille. Les alliés firent

---

[1] « La reine arriva avant-hier soir à Burgos.... Elle fut reçue avec de grandes acclamations du peuple qui lui donna une sérénade sous ses fenêtres, où l'on chanta des louanges pour Sa Majesté. A la fin du concert, la reine parut sur son balcon et cria : Vivent les Castillans! Cela les transporta de joie et les obligea de nouveau à donner mille bénédictions à Leurs Majestés. » *Correspondance de madame des Ursins*, t. III, p. 312.

[2] « A Valladolid, il y eut une démonstration énergique contre les alliés. Chacun sortit de sa maison, hommes, femmes et enfants, les armes à la main, en criant avec une telle force : Vive Philippe V et meurent les traîtres! que l'on remarqua avec bonheur que cette démonstration n'ait pas été suivie de la mort de tous ceux qui étoient soupçonnés d'appartenir à la cause de l'archiduc. » *Correspondance de madame des Ursins*, t. III, p. 314.

leur entrée solennelle dans cette capitale, le 27 juin 1706, avec trente mille soldats. Ils arrivaient au bruit des instruments militaires, les drapeaux déployés, dans tout l'appareil du triomphe; ils trouvèrent les rues désertes, les portes et fenêtres fermées. Les visages des rares spectateurs restés sur leur passage respiraient la tristesse ou la colère. Le plus profond silence accueillit la proclamation de l'archiduc, et lorsque le héraut d'armes cria en finissant : « Vive le roi Charles III ! » On entendit quelques hommes du peuple répliquer à demi-voix, comme pour narguer les vainqueurs : « Vive le roi Philippe V ! » Dans la crainte d'une révolte, Galway et Las Minas abandonnèrent cette ville ennemie et allèrent camper à deux lieues de Madrid, au Pardo, sur les bords du Mançanarez. Là, au lieu de continuer sur Guadalajara et d'écraser la petite armée de Berwick [1], ils firent reposer leurs régiments, qui marchaient depuis le Portugal. Ils attendaient aussi l'archiduc, qui, suivi de Peterborough et d'un corps d'armée, quittait Barcelone pour les rejoindre. Les alliés tenaient la capitale de Philippe V; la guerre semblait finie.

Mais les institutions humaines ont une double face, et le gouvernement fédéraliste de l'Espagne, si faible pour l'attaque, était fort pour la défense. Loin d'entraîner la conquête du royaume, comme dans les

---

[1] « Si au lieu de s'amuser à Madrid à y faire proclamer l'archiduc et à y attendre de ses nouvelles, ils eussent marché tout de suite après moi, ils m'auroient infailliblement chassé par delà l'Ebre, avant l'arrivée des secours. » *Mémoires de Berwick*, p. 380.

pays centralisés, la perte de la capitale ne fit qu'élargir la lutte. Chaque bourg, chaque village devint un arsenal et un camp. Toutes les provinces restées fidèles s'insurgeant à la fois, cette guerre étrangère fut bientôt la plus formidable des guerres civiles. Ségovie se souleva dès que les alliés eurent évacué ses murs, et elle força la garnison portugaise enfermée dans le château à se rendre, à la condition de se retirer dans son pays. A Salamanque, les habitants emprisonnèrent tous les partisans de l'archiduc, et attaquèrent un convoi considérable des alliés qui partait de Ciudad-Rodrigo pour Madrid [1].

A Tolède, la reine douairière [2], veuve de Charles II, qui vivait retirée dans le palais de l'Alcazar [3], entraînée par son affection pour son neveu, la haine des Français et l'espoir de la régence, avait embrassé avec ostentation la cause du vainqueur ; elle avait quitté les fourrures de deuil que portaient les reines d'Espagne, fait revêtir le costume de gala à toutes les personnes de sa suite [4], orné son palais comme pour une fête, fait proclamer l'archiduc et arboré l'étendard autrichien sur le sommet de l'Alcazar ; les habitants prirent les armes, renversèrent le drapeau de Charles III, proclamèrent de nouveau Philippe V,

---

[1] *Mémoires de Berwick*, p. 381.

[2] Elle était sœur de la troisième femme de l'empereur Léopold Ier, qui était mère de Joseph Ier et de Charles VI, et par conséquent tante de l'archiduc.

[3] Ce beau palais construit par les Maures avait été réparé par Charles-Quint.

[4] Saint-Philippe, t. II, p. 66-67.

et mirent chez la reine des gardes qui la retinrent prisonnière[1]. Dans la Manche les paysans envoyèrent à Philippe V l'argent qu'ils avaient reçu des alliés pour acheter leurs blés, et gardèrent tous les passages du Tage par lesquels les ennemis pouvaient recevoir des renforts du Portugal. L'Estramadure leva et entretint douze mille miliciens; l'Andalousie quatre mille chevaux et quatorze mille volontaires[2].

De toutes les provinces, la Castille se montra la plus dévouée. Les paysans assassinaient les courriers, portaient à Berwick leurs dépêches et l'instruisaient fidèlement des moindres mouvements de l'ennemi[3]. Ils lui apportaient leurs grains et leurs fourrages et refusaient d'en recevoir le prix. Les plus misérables hameaux réunissaient leurs épargnes et les envoyaient à Philippe V; les alcades ou les curés les présentaient à la reine avec les protestations de la fidélité la plus ardente. Un riche fermier conduisit au roi ses douze fils avec un mulet chargé d'argent: « Sire, lui dit-il, je vous amène ma famille et ma fortune. » Un curé de village offrit à la reine cent vingt pistoles[4], en lui disant que ses paroissiens étaient honteux de donner si peu; qu'ils n'étaient que cent vingt, tous bien pauvres, mais qu'elle pouvait compter qu'ils lui seraient fidèles jusqu'à la mort. Le bon prêtre pleurait en prononçant ces

---

[1] *Mémoires de Berwick*, p. 379.
[2] *Mémoires de Berwick*, p. 379, et de *Noailles*, p. 196.
[3] *Ibid.*
[4] Douze cents francs.

paroles; la cour et la reine partagèrent son émotion [1]. Chaque jour arrivaient des offrandes : les villes, les universités et les couvents levaient des subsides et des soldats. Les évêques envoyaient des prédicateurs dans toute l'étendue de leurs diocèses pour prêcher la guerre contre l'Autriche [2]. Un grand nombre d'étudiants et de jeunes laboureurs accouraient sous les drapeaux de Berwick. Une haine commune, la haine de la Catalogne et des hérétiques enflammait tous ces jeunes gens. La véritable guerre, la guerre populaire, si terrible en Espagne, commençait.

Ces volontaires, qui arrivaient de toutes parts, grossirent peu à peu les forces de Berwick. Il reçut en outre l'armée de Barcelone, venue par la Navarre, et qui s'élevait à quinze mille soldats. Le maréchal compta dès lors vingt-cinq mille hommes, et, disposant désormais de forces égales à celles des alliés, il vint camper sur les bords de l'Hénarès, à Xadraque, à quelque distance de la capitale, d'où il observa l'ennemi.

De pareils résultats dépassaient toute attente; aussi les alliés mirent tout en œuvre pour paralyser l'élan des populations restées fidèles à Philippe V; ils firent courir le bruit qu'il allait quitter l'Espagne, et que, cédant aux sollicitations de Louis XIV, il se proposait de retourner en France. Informé de ces

---

[1] *Correspondance de madame des Ursins.* Lettre du 12 août 1706.
[2] *Saint-Simon,* t. V, p. 100. Ils contrebalançaient ainsi l'influence funeste des moines et du bas clergé, généralement hostiles à Philippe V.

calomnies, qui menaçaient de produire leur effet habituel et qui avaient déjà occasionné quelques désertions dans sa cavalerie, Philippe V se décida à passer une revue générale de ses troupes : il se plaignit hautement de la fausseté des bruits malveillants dont il était l'objet, et jura sur sa parole royale de rester au milieu de son armée et de mourir avec son dernier escadron. Emus et charmés de ce mâle langage, les officiers firent à leur tour le serment de combattre sous ses drapeaux, et de verser pour sa défense jusqu'à la dernière goutte de leur sang [1].

A Madrid, pendant ce temps, Galway et Las Minas perdaient leur armée. Au sortir des privations d'une longue route, leurs soldats se jetaient sur les vins d'Espagne, et dans un pays, dans une saison où le climat exige la plus rigoureuse tempérance, ils s'adonnaient à l'ivrognerie et à la débauche. Livrés tout le jour à l'oisiveté, ces soldats, la plupart protestants, entraient dans les églises comme dans leurs temples, le chapeau sur la tête [2], et ils y froissaient les assistants par leur conduite et leurs remarques irrévérencieuses. Les Espagnols vengèrent par de cruelles représailles ce mépris de leur religion. En plein jour, les alliés qui s'écartaient tombaient sous le couteau des fanatiques ; quelques-uns les attiraient dans leurs maisons sous divers prétextes, et ne les laissaient

---

[1] Saint-Philippe, t. II, p. 65.
[2] « Les hérétiques entroient avec mépris dans les églises, le chapeau sur la tête, même pendant l'exposition du saint-sacrement. » Saint-Philippe, t. II, p. 9.

plus sortir. Le soir, quand les soldats revenaient au camp, les hommes du peuple se jetaient sur eux et leur livraient des batailles sanglantes [1]. Nobles et bourgeois, prêtres et femmes, versaient avec rage ce sang ennemi. Les courtisanes elles-mêmes vengeaient l'invasion de la patrie : à la nuit tombante, elles se glissaient par troupes dans le camp, et y vendaient des caresses empoisonnées. Les hôpitaux se vidaient et se remplissaient tous les jours ; là aussi les alliés retrouvaient la mort ; les médecins espagnols empoisonnaient les blessures. « Jamais, écrit Saint-Philippe avec un sauvage orgueil, on ne trouvera dans aucune histoire fidélité si impie [2]. » En trois semaines, six mille alliés disparurent, et l'archiduc et Peterborough n'arrivaient pas. Le massacre de leurs courriers entretenait l'incertitude la plus complète sur la marche qu'ils avaient suivie, tandis que les nouvelles les plus désastreuses, inventées par les Espagnols, se répandaient dans la ville et troublaient les généraux et les soldats. On prétendait que l'archiduc avait été tué dans l'Aragon : on nommait le lieu, l'église où il avait été inhumé ; il y eut même un ecclésiastique qui affirma avoir assisté à ses funérailles et vu de ses yeux son cercueil [3].

Après quarante jours d'une cruelle anxiété, Galway et Las Minas quittèrent Madrid, où ils laissaient le tiers de leurs soldats, et marchèrent à la ren-

---

[1] Saint-Philippe, t. II, p. 48-49.
[2] « No se lerà tan impia lealtad en historia alguna. »
[3] Saint-Philippe, t. II, p. 49.

contre de l'archiduc. Sur-le-champ, Berwick envoya reprendre la capitale, et, de sa position sur l'Hénarès, ferma aux alliés le chemin de Madrid et le retour en Estramadure, les forçant dès lors à livrer bataille pour revenir en Portugal, ou à prendre leurs quartiers d'hiver à Valence[1]. L'archiduc et Peterborough rejoignirent Galway avec sept mille hommes seulement. Charles comptait régner à Madrid avec les quarante mille Anglo-Portugais venus de Lisbonne ; il trouva vingt mille soldats à peine, la capitale reprise, et, devant lui, Berwick avec vingt-huit mille hommes qui fermaient la route. Il craignit de livrer bataille dans un pays soulevé, implacable en cas de défaite, et se replia sur Valence, harcelé par les paysans, qui assommaient ses traînards, et par les cavaliers de Berwick, qui enlevaient ses convois. L'un de ces partis de cavalerie, commandé par le colonel espagnol don Juan de Zereceda, ramena l'équipage entier de Peterborough [2]. Les alliés errèrent quelque temps dans la campagne, sans cartes, sans guides, saccageant les villages au hasard et marquant leur passage par des incendies qui consumaient jusqu'aux églises [3]. Ils quittèrent enfin la Castille, qui dévo-

---

[1] « Maintenant que nous avons fermé aux ennemis leur retour en Portugal, nous n'avons autre chose à faire qu'à tâcher de nous maintenir derrière l'Hénarès. Si nous en venons à bout, les ennemis seront forcés, pour leur quartiers d'hiver, d'aller vers le royaume de Valence Il n'y a qu'un combat qui puisse leur ouvrir un autre chemin. » Lettre de Berwick au roi, 3 août 1706; *Archives de la Guerre*, vol. 1978, n° 4.
[2] *Mémoires de Berwick*. p. 382.
[3] Saint-Philippe, t. II, p. 78.

rait leurs bataillons, traversèrent pendant la nuit le Xucar, large et profonde rivière qui contourne les frontières de cette province, et arrivèrent affamés et demi-nus dans le royaume de Valence. L'archiduc fit reposer ses troupes dans cette belle plaine, si bien nommée le *Jardin* [1], où croissent, sous le plus doux soleil, la vigne et l'oranger, le maïs et les palmiers, et où les mille canaux creusés par les Maures portent au loin la richesse et la fraîcheur. Les Valenciens, qui avaient embrassé la cause de l'archiduc, accueillirent ses soldats avec empressement. Ils leur donnèrent du linge, des chaussures, et leur prodiguèrent les beaux fruits de leur pays. L'archiduc fit son entrée solennelle à Valence, au milieu d'une foule nombreuse, accourue à sa rencontre. Les cordeliers et les capucins marchaient en tête, armés de mousquets et rangés en bataille, rappelant la fameuse procession de la Ligue. Arrivés en présence de Peterborough, ils le saluèrent en présentant les armes. A la vue de ces étranges auxiliaires, Peterborough ne put s'empêcher de sourire en disant : « Nous ne sommes pas mal ici, puisque l'Église militante vient nous recevoir [2]. »

Malgré ce gracieux accueil, Charles III quitta Valence au bout de quelques semaines. La discorde déchirait son armée : Galway, Las Minas et Peterborough s'accusaient mutuellement des revers de la campagne. Le mobile Peterborough, si enthousiaste naguère de l'archiduc, désespérait maintenant de sa

---

[1] *La Huerta.*
[2] Saint-Philippe, t. II, p. 74, septembre 1706.

cause, accusait sa lenteur et sa réserve, et raillait amèrement l'incapacité des généraux et des ministres autrichiens[1]. Il écrivait à Londres que Charles III ne régnerait jamais en Espagne, si l'Europe entière ne voulait l'y maintenir[2], et sous prétexte d'une mission nécessaire, il s'embarquait pour l'Italie. L'archiduc découragé confia son armée à Galway et à Las Minas, et il alla retrouver à Barcelone sa capitale, sa femme et ses fidèles Catalans. La discorde continuait malgré son départ entre Galway et Las Minas, quand Berwick vint les réunir. Le général de Philippe V envahit le royaume de Valence à la fin de l'automne, prit Orihuela, Cuença, la riche cité de Carthagène, avec soixante-quinze pièces d'artillerie, et il repoussa peu à peu les alliés jusqu'aux frontières de l'Aragon. L'hiver vint surprendre les deux armées au milieu des montagnes qui ferment le royaume de Valence, entre Albacète et Almanza[3].

A la même époque Philippe V ramenait à Ma-

---

[1] « God preserves any country from the best of German ministers ! Never prince was accompanied by such wretches for ministers ; they have neither money, etc.... *Letters of Peterborough*, in-8º p. 2. Cette correspondance de Peterborough, malheureusement trop courte, est très-curieuse et plus spirituelle encore.

L'archiduc était d'une lenteur qui désespérait l'activité anglaise. Il perdait un temps considérable en cérémonies religieuses, et comme le général Stanhope lui reprochait son retard à propos du siége de Barcelone, il répondit que son équipage n'était pas prêt : « Sire, répliqua le général anglais, Guillaume III est entré dans Londres avec une simple valise, et quelques jours après il était roi. » *William Coxe*, t. IV, p. 282.

[2] Saint-Philippe, t. II, p. 75.

[3] « Les ennemis étoient ainsi rencognés dans le royaume de Valence, » dit Berwick. *Mémoires*, p. 384.

drid la reine, la cour et le gouvernement, au milieu des acclamations de toute la Castille. Dès la première apparition des troupes royales, les habitants de Madrid manifestèrent la joie la plus vive de rentrer sous l'obéissance de leur souverain bien-aimé. Ils entourèrent le palais où s'étaient renfermées trois cents personnes compromises pendant le séjour de Charles III, parmi lesquelles étaient quatre-vingts officiers, et les forcèrent de se rendre à discrétion. Le peuple voulait les mettre en pièces; il fallut tous les efforts des capitaines de Berwick pour les arracher de ses mains[1]. Sur toute la route suivie par Philippe V pour revenir à Madrid, les populations entouraient sa voiture, lui prodiguaient les marques les plus touchantes de leur attachement, et, mêlant avec toute la passion des races méridionales la vengeance à l'amour, demandaient à grand cris le supplice des traîtres[2]. Le jour où la reine et Philippe V firent leur entrée dans leur capitale reconquise, la ville, qui s'était montrée si hostile à l'archiduc, salua le retour de son rival par les démonstrations les plus ardentes. Les souverains rentrèrent dans Madrid[3], suivis d'un brillant cortége d'officiers, de gentilshommes, des

---

[1] 5 août 1706. *Mémoires de Noailles*, p. 196, et *Correspondance de madame des Ursins*, t. III, p. 326.
[2] « Sur toute la route qu'a faite la reine, il est impossible de témoigner plus d'affection que ses sujets en ont montré. Ils lui demandoient continuellement qu'on fît mourir les traîtres, et certainement ceux qui ne sont pas fidèles à Sa Majesté Chrétienne ne seroient pas bien entre leurs mains. » *Correspondance de madame des Ursins*, t. III, p. 369. Octobre 1706.
[3] 27 octobre 1706.

dames de la cour, au bruit des cloches et des salves d'artillerie, au milieu des rues tendues de riches tapisseries, de victorieux emblèmes, des drapeaux de France et d'Espagne, à travers des flots de peuple couvert de ses habits de fête, aux acclamations mille fois répétées de : « Vive le roi Philippe V ! » La foule était si compacte qu'il fallut trois heures au cortége royal pour la traverser [1]. La joie que tout ce peuple fit paraître dépassa tout ce qu'on avait vu jusqu'alors. « Nous en pourrions rapporter plusieurs circonstances, dit Saint-Philippe, qui paraîtraient incroyables. Les transports d'allégresse étaient portés à un tel excès, qu'il semblait que tout le monde fût devenu fou [2]. » Après le défilé, le peuple brûla l'étendard, les portraits de l'archiduc et les actes rendus en son nom. Il envahit ensuite les hôtels de ses partisans, porta leurs meubles sur les places et les brûla sans en détourner un seul, disant qu'il ne pillait pas pour s'enrichir, mais pour châtier des traîtres et des ingrats [3]. De ce moment, ajoute avec raison Louville [4], les hommes qui observent purent juger que pour sauver les Espagnols il ne s'agissait que de persévérer, et que là où le sol ne leur manquerait pas, la patrie ne leur manquerait pas davantage.

[1] « Leurs Majestés ont été près de trois heures à traverser la ville, à cause de la foule du peuple qui accompagnoit le carrosse où elles étoient, et qui crioit à tue-tête en leur donnant mille bénédictions. » *Correspondance de madame des Ursins*, t. III, p. 370.
[2] Saint-Philippe, t. II, p. 61-66.
[3] *Correspondance de madame des Ursins*, t. III, p. 325.
[4] *Mémoires de Louville*, t. II, p. 164.

CHAPITRE X

(1700-1706.)

La cour de France dans les premières années du xviiie siècle. — Louis XIV à soixante ans. — Madame de Maintenon, sa vie et son caractère. — Sa part réelle dans les affaires et dans la révocation de l'édit de Nantes. — Son parti. — Le grand dauphin et mademoiselle Choin. — Leur parti. — La cour de Meudon. — Les libertins et la société du Temple. — La duchesse de Bourgogne. — Sa liaison avec Nangis. — Amour et fin tragique de Maulevrier. — Caractère et éducation du duc de Bourgogne. — Fénelon, Beauvilliers et Chevreuse ses maîtres. — Système du duc de Bourgogne. — Suppression des ministres, des intendants, des subdélégués. — Création de comités ministériels, d'états provinciaux, de diètes cantonales. — Rétablissement des États-Généraux. — Suppression des présidiaux et réorganisation des baillis d'épée. — Puissance restituée à la noblesse. — Majorats. — Réforme des finances, de l'industrie et de l'agriculture. — Projet de paix universelle. — Jugement sur le duc de Bourgogne.

Il nous faut revenir un instant sur nos pas, quitter ces champs de bataille de Flandre, d'Allemagne et d'Italie, ces luttes de terre et de mer où dix peuples s'entrechoquent, oublier ces déroutes de Blenheim, de Turin et de Ramillies, ces victoires de Friedlingen, d'Hœchstedt et de Cassano et rentrer en France, dans ce palais de Versailles où la vie de la nation semble alors retirée, considérer les divers personnages de la cour, Louis XIV et madame de Maintenon, les enfants et les bâtards du roi, ses ministres et ses courtisans, les princes et les princesses de la famille royale, et rechercher les sentiments qui divisent ou rapprochent des personnages si divers. L'histoire des partis est celle des peuples, et les cours ont leurs factions comme les assemblées. Partout où vivent les hommes, ils portent leurs vanités et leurs intérêts, leurs affections et leurs haines, et pour être contenues par la main du maître, les passions ne fermentent pas moins au fond du cœur.

A l'époque où nous sommes arrivés, Louis XIV n'est plus l'heureux amant de la Vallière, ce jeune et brillant vainqueur de l'Europe ; il a soixante ans, il a perdu trois grandes batailles, et le temps a dissipé sa fortune et sa gloire. Mais les revers et les années n'ont pu courber son front ; il a le même feu du regard, la même autorité du geste, la même énergie de la parole. Il conserve dans sa vieillesse les habitudes de sa virilité, et voyage sans cesse de Versailles à Marly, de Fontainebleau à Compiègne. Par la pluie, par la neige, sous le plus ardent soleil, il chasse six heures de suite. Au retour, il s'enferme avec ses conseillers et travaille jusqu'au soir. Il montre enfin la même ardeur qu'à cette époque de sa vie où ses ministres, lui demandant [1] à qui il faudrait désormais s'adresser, il répondait fièrement : « A moi. » Le temps lui a donné comme une nouvelle grandeur, et la majesté du père relève celle du roi. Au milieu de ses filles et de ses brus, de ses enfants, de ses petits-enfants et de ses arrière-petits-enfants, il rappelle le

---

[1] Après la mort de Mazarin.

vieillard-roi, immortalisé par Homère, ou cet empereur dont parle Tacite, dont le palais était rempli de Césars [1].

La mort, qui a respecté Louis XIV, a frappé à ses côtés. Elle a emporté sa mère, Anne d'Autriche, sa femme, la bonne et naïve Marie-Thérèse. Son trône est vide ; sa place est cependant occupée. Singulier caprice de la fortune, une petite-fille d'Agrippa d'Aubigné, la marquise de Maintenon partage, après l'héritière des empereurs, la destinée de Louis XIV.

Née dans une prison [2], mourante dès ses premiers jours sur le sein de sa mère, Françoise d'Aubigné avait miraculeusement échappé à la mort. Dans un voyage en Amérique, où son père allait refaire sa fortune, elle tomba malade et perdit la parole et le mouvement. On allait la jeter à la mer, quand madame d'Aubigné, serrant sa fille dans une dernière étreinte, sentit un faible battement de cœur et arracha l'enfant aux matelots. Pauvre et bientôt orpheline, mademoiselle d'Aubigné fut recueillie, à son retour en France, par une parente vieille et avare, madame de Neuillant, qui, en échange d'une mesquine hospitalité, lui fit abjurer le calvinisme et lui imposa les soins les plus pénibles de sa maison. A seize ans, pour avoir un asile, éblouissante de grâces et de beauté, elle épousa le poëte cul-de-jatte Scarron.

Après quelques années, la mort de son mari la

---

[1] « Plena Cæsarum domus. » Tacite. *Annales*.
[2] En 1635, à Niort, où son père avait été enfermé comme accusé de relations avec l'Angleterre.

laissa de nouveau sans ressources. Scarron touchait comme *malade de la Reine* une pension de l'État ; sa veuve la réclama vainement. « Est-elle malade ? » Demanda Mazarin, qui n'aimait pas à donner. On lui répondit qu'elle se portait bien : « Elle est donc inhabile, répliqua le cardinal, à succéder à la pension d'un homme qui se portait mal. » A cette époque de détresse la jeune veuve se lia avec Ninon de Lenclos [1], dont la maison était le rendez-vous des hommes les plus brillants et les plus considérables de l'époque. Elle y vit à ses pieds le contrôleur général des finances Fouquet [2], le maréchal d'Albret [3], les ambassadeurs de Barillon et de Guilleragues, les cardinaux de Bouillon et d'Estrées, et l'amant de Ninon, le beau Villarceaux [4] lui-même. Elle repoussa tous

[1] Elle était si liée avec Ninon, qu'elle partageait souvent sa chambre et même son lit. Ninon qui la connaissait bien a dit souvent à Fontenelle : « qu'elle était sage, mais qu'elle n'était pas propre à l'amour. » *Lettres de madame de Maintenon*, édition Auger, t. 1er, p. 190. Note.

[2] On trouve dans les papiers de Conrard, t. XII, in-4º, p. 151, la copie d'une lettre adressée à Fouquet (selon toute probabilité) par madame Scarron : « Je hay le péché, mais je hay encore davantage la pauvreté ; j'ay reçu vos dix mille écus ; si vous voulez encore en apporter dix mille dans deux jours, je verrai ce que j'aurai à faire. Je ne vous déffens pas d'espérer. »

[3] Voltaire dans *le Siècle de Louis XIV*, à l'article des maréchaux, l'appelle tout crûment l'amant de madame de Maintenon.

[4] Villarceaux, de la maison de Mornay, riche et voluptueux, fut longtemps l'amant de Ninon. Saint-Simon prétend qu'il entretint publiquement madame de Maintenon. D'autres écrivains ont rapporté cette parole de Ninon, si terriblement accusatrice : « Je ne sais rien, je n'ai rien vu, mais je leur ai bien souvent prêté ma chambre jaune à elle et à Villarceaux. » Il est impossible cependant de condamner une femme sur un mot. On peut accuser madame de Maintenon d'égoïsme, mais non de libertinage. Madame, qui ne l'aimait pas, écrit, il est vrai, de son côté, t. II, p. 82 : « En public et en face, elle ne m'a jamais rien dit de dé-

leurs hommages et refusa tous les partis. Un maçon lui avait prédit qu'elle serait reine [1] ; elle attendait.

La fortune se lassa, en effet, de la persécuter. Louis XIV lui rend, en l'augmentant, la pension de son mari, avec cette gracieuse réponse : « Madame, je vous ai fait attendre bien longtemps, j'ai été jaloux de vos amis, et j'ai voulu avoir ce mérite auprès de vous. » A cette faveur succède une faveur plus grande ; madame de Montespan lui confie les enfants qu'elle a eus du roi et l'appelle à Versailles ; Louis XIV l'y voit, la nomme dame d'atours de la dauphine et lui donne la terre de Maintenon, dont elle prend le titre[2]. Elle supplante peu à peu, puis fait renvoyer sa bienfaitrice [3], dont l'humeur inégale [4] et impérieuse fatigue Louis XIV. Une nuit d'hiver, enfin, devant deux seuls témoins, l'archevêque de Paris unit, dans la chapelle de Versailles, le roi de France et la marquise de Maintenon.

---

sagréable, car elle savait bien que je lui aurais vertement répondu, car je connaissais toute sa vie. Villarceaux m'en a plus raconté que je n'aurais voulu en savoir. » Nous serions plutôt de l'avis de Ninon: Elle ne pouvait faillir, ne pouvant aimer.

[1] Ce maçon, nommé Darbé, lui avait prédit qu'un roi l'aimerait un jour et la ferait régner. Elle fit plus tard chercher ce maçon : il était mort. *Lettres de madame de Maintenon.* Edition Auger, t. 1er, p. 218. Note.

[2] Les plaisants l'appelèrent d'abord madame de *Maintenant.*

[3] Elle écrit plus tard très-franchement à ce propos : « Ai-je tort de lui avoir donné de bons conseils (au roi), et d'avoir tâché autant que j'ai pu de rompre ses commerces? » *Lettres historiques et édifiantes.* Edition Lavallée. Charpentier, 1856, 2 v. in-12, t. II, p. 73.

[4] « Elle (madame de Montespan) n'est bonne que par boutades, et sa vertu même est un caprice. Pas deux jours de suite la même humeur. » Edition Auger, t. II, p. 82,

Elle règne depuis cette nuit. Trop habile pour montrer son pouvoir, elle ne jouit pas des honneurs souverains ; on l'appelle seulement Madame, mais des signes certains révèlent sa fortune. A l'église, elle se place dans la tribune royale. Au château, elle habite un appartement [1] de plain-pied avec celui du roi, où Louis XIV passe des journées entières. Les ministres viennent y rapporter ; la marquise [2] lit, écrit, travaille, écoute et garde le silence. Elle parle seulement quand le roi l'interroge ; mais elle connaît tous les secrets de l'Etat, fait des ministres, des généraux, des évêques [3], des ambassadeurs. C'est elle qui décide Louis XIV à reconnaître le Prétendant, à nommer Chamillart aux finances, Voysin à la guerre, à maintenir dans leurs commandements Marsin, Tallard et Villeroy qui laissent sur les champs de bataille la gloire de nos armées. Pendant toute la guerre de la succession, elle suit et dirige les affaires d'Espagne. Madame des Ursins lui écrit régulièrement de Madrid, et le ministre des affaires étrangères, M. de Torcy, lui

---

[1] V. la description de cet appartement dans les *Mémoires* de Saint-Simon, t. VI, p. 414-415. Pour exprimer que l'accès en était fort difficile, Saint-Simon parle de *l'extrême clôture de ce sanctuaire.* T. VI, p. 306.

[2] « Chez qui, dit Saint-Simon, sans nom de maîtresse ni d'épouse, étoit le creuset de la cour et de l'Etat. » T. XIII, p. 123.

[3] « Ne jugeriez-vous pas à propos de faire à votre loisir une liste des bons évêques? Vous me l'enverriez, afin que dans les occasions qui *se présentent tous les jours* (au conseil), je soutinsse plus ou moins leurs intérêts, et qu'on leur renvoyât les affaires dont ils doivent se mêler et auxquelles ils sont propres. On (le roi) m'adresse toujours la parole quand il est question d'eux. » Lettre de madame de Maintenon au cardinal de Noailles, édition Auger, t. II, p. 320.

communique toutes ses dépêches [1]. Cette influence est désastreuse. L'épouse secrète de Louis XIV a la passion et non la force du commandement. Dieu lui a donné la beauté, les ruses et les grâces de son sexe [2], mais non le génie qui mène les empires. Elle n'obéit qu'à de petits intérêts et de mesquines passions, mesurant les hommes à leur souplesse. Son esprit étroit ne goûte que les médiocrités. Elle hait et combat tous les grands hommes du règne, Colbert, Louvois, Vendôme, Catinat [3], Vauban. Son cœur est plus vide encore que sa tête : elle abandonne tous ses amis dans le malheur : madame Guyon, Fénelon, Racine [4], le cardinal de Noailles.

On a vainement nié sa part dans la révocation de l'Édit de Nantes ; il faudrait d'abord brûler ses lettres. Madame de Maintenon connaît le projet six ans avant son exécution [5], et elle y applaudit de toutes

[1] « Je vois tout ce qui se passe par M. de Torcy, ainsi, madame, ne me mandez plus les mêmes choses. » Lettre de madame de Maintenon à madame des Ursins, t. Ier, p. 12, 4 juillet 1706. — « Je ne vous parle pas des affaires de ce pays-ci (l'Espagne), écrit à son tour madame des Ursins, puisque vous voyez ce qui arrive dans les dépêches de M. Amelot (ambassadeur de France à Madrid). » Lettre de madame des Ursins, t. III, p. 264. — V. encore même correspondance, t. IV, p. 166. — Sur son influence générale sur les affaires, V. dans l'édition Auger les lettres du 27 octobre 1675, t. II, p. 49 ; du 13 août 1695, t. II, p. 301 ; du 20 mars 1700, t. II, p. 308, et t. II, p. 320, t. III, p. 47, etc., etc.

[2] « Il n'y a rien dont je n'eusse été capable de faire et de souffrir pour faire dire du bien de moi. » V. Edition Lavallée, t. II, p. 221.

[3] Voltaire, Siècle de Louis XIV, p. 215. Note.

[4] Mémoires sur la vie de Jean Racine, par Louis Racine.

[5] « Le roi pense sérieusement à son salut et à celui de ses sujets, et dans peu de jours on y travaillera tout de bon. » Lettre du 26 octobre 1679. Edition Auger, t. II, p. 97. — « Le roi commence à penser sérieusement à son salut et à celui de ses sujets : si Dieu nous le conserve, il

ses forces[1]. Elle, la fille d'Agrippa, elle qui a mangé le pain de l'exil et de la pauvreté, elle reste immobile et froide quand les effroyables décrets de la révocation se débattent dans le conseil. Elle prêche tour à tour la ruse et la persécution[2]; elle persécute elle-même. C'est elle qui conseille de prendre les enfants pour dompter les mères. Dans sa propre famille, elle enlève une petite fille pour la convertir[3]. Et, comme si elle eût craint que les huguenots ne revinssent un jour déposer contre elle, elle les poursuit jusque dans l'exil, et rédige, de sa propre main, un long mémoire contre leur rappel[4]. Mais il y a une

n'y aura bientôt plus qu'une religion dans le royaume. C'est le sentiment de M. de Louvois, et je le crois là-dessus bien plus volontiers *que M. Colbert, qui ne pense qu'à ses finances et presque jamais à la religion.* » Lettre du 24 août 1681. Edition Auger, t. II, p. 97.

[1] « Il (Louis XIV) a dessein de travailler à la conversion des hérétiques.... Cette entreprise le couvrira de gloire devant Dieu et devant les hommes. » Lettre du 13 août 1684. Edition Auger, t. II, p. 108.

[2] « Ne lui dites d'abord que le nécessaire (à un parent qu'elle veut faire convertir) sur l'invocation des saints, etc., etc. » Edition Auger, t. II, p. 62.—« Il n'y a plus d'autre moyen que la violence. » Lettre à d'Aubigné, son frère. 19 décembre 1681. Edition Auger, t. Ier, p. 272.

[3] Mademoiselle Marthe-Marguerite de Murçay-Villette, âgée de sept ans, et plus tard madame de Caylus. « Il faudroit, écrit madame de Maintenon à son frère d'Aubigné, que vous obtinssiez d'elle (de l'enfant) qu'elle écrive qu'elle veut se faire catholique. Vous m'enverriez cette lettre-là. J'y répondrai par une lettre de cachet, avec laquelle vous prendriez Minette (l'enfant) chez vous, jusqu'à ce que vous trouvassiez une occasion de la faire partir par le moyen de MM. de Saintes, de Marillac et de M. de Tours (les évêques du pays). Je trouverois des amis sur la route.... Je vous associe à cette bonne œuvre.... » Lettre du 19 décembre 1681. Edition Auger, t. Ier, p. 272. V. les détails sur cette affaire, même ouvrage, t. III, p. 257.

[4] Ce mémoire est dans ses œuvres. Edition Auger, t. IV, p. 319. Dans une autre lettre à son frère, en date du 22 octobre 1681, elle lui conseille d'acheter une terre en Poitou, parce qu'elles vont s'y donner pour rien, par la fuite des huguenots.

justice suprême : en dépit des réhabilitations, le souvenir de l'Édit de Nantes reste attaché à son nom comme une souillure ineffaçable.

De trois ans plus âgée que le roi, par régime et par calcul, madame de Maintenon vit retirée dans sa chambre. Elle voit mal, entend à peine, et se tient tout le jour dans un fauteuil de damas rouge, fermé de trois côtés, et qu'elle nomme elle-même sa niche. C'est dans ce sanctuaire qu'elle reçoit les rares personnes qui composent sa société : la jeune duchesse de Bourgogne, les princesses du sang, ses trois nièces, la jeune comtesse d'Ayen [1], tout à l'heure duchesse de Noailles, madame de Caylus, au charmant regard [2], la gracieuse madame de Villette, qui deviendra lady Bolingbroke; mesdames de Dangeau [3], de Pontchartrain et de Chamillart; puis trois femmes, ou plutôt trois furies, justement détestées et redoutées des courtisans : mesdames d'Heudicourt [4],

---

[1] Mademoiselle d'Aubigné mariée au comte d'Ayen, duc de Noailles, en 1708, à la mort de son père.

[2] Marguerite de Villette, marquise de Caylus, auteur des *Souvenirs*, née en 1673, morte en 1729. Tout le monde connaît ce vers de Lafare :

Je te promets un regard de Caylus.

« Elle est aussi jolie que jamais » écrit d'elle madame de Maintenon à madame des Ursins, le 19 mai 1710. *Correspondance de madame des Ursins*, t. II, p. 66. On sait que madame de Maintenon l'appelait Belle-Petite.

[3] Madame de Dangeau « belle comme les anges » dit l'abbé de Choisy, « belle comme Vénus » dit encore un autre contemporain. V. *Lettres de la Rivière*.

[4] « On ne pouvoit, dit Saint-Simon, être plus gratuitement, plus continuellement, plus désespéramment méchante, par conséquent plus dangereuse dans la privance la plus familière dans laquelle elle passoit sa vie avec madame de Maintenon. » V. t. VII, p. 29-30.

d'Harcourt [1] et de Roucy [2] ; enfin, cette misérable vieille, cette Nanon Balbien, ancienne servante de Scarron, recueillie à Versailles par sa maîtresse, fêtée, cajolée et redoutée par les princesses, et qui, non contente de cet asile inespéré, vendait à beaux deniers son crédit. Parmi les hommes, ceux qui montraient la plus grande assiduité près de la marquise, étaient d'abord ses amis particuliers : le duc d'Antin, fils de madame de Montespan, les deux Pontchartrain, le chancelier et le ministre de la marine, le contrôleur général Chamillart, les maréchaux de Villeroy, d'Harcourt et d'Huxelles, l'évêque de Chartres, Godet, son confesseur. A cette société, qui gouverne la France, se rattachent tous les courtisans avides d'honneurs et de richesses, qui s'efforcent d'imiter la souveraine pour lui plaire. Depuis plus de vingt ans, le roi leur donnait l'exemple. Il assistait tous les jours à la messe [3]; il blâmait publiquement les courtisans qui ne faisaient pas leurs pâques [4];

---

[1] « Pieuse harpie qui trichoit au jeu. » Lemontey, *Mémoires* de Dangeau, p. 206.

[2] Madame de Roucy, qui communioit tous les huit jours, étoit cependant très-rancunière. V. Saint-Simon, t. IX, p. 353.

[3] « Le roi n'a de sa vie manqué la messe qu'une fois à l'armée, un jour de grande marche, ni aucun jour maigre à moins de vraie et très-rare incommodité. Quelques jours avant le carême, il tenoit un discours public à son lever, par lequel il témoignoit qu'il trouveroit fort mauvais qu'on donnât à manger gras à personne, sous quelque prétexte que ce fût, et il ordonnoit au grand prévôt d'y tenir la main et de lui en rendre compte. » Saint-Simon, t. XIII, p. 197. Le lieutenant de police y veillait de son côté à Paris avec le plus grand soin.

[4] « Le roi parla fort à son lever sur les courtisans qui ne faisoient pas leurs Pâques.... » Avril 1684. Extraits de Dangeau donnés par Lemontey, p. 1.

chaque année, à l'ouverture du carême, il défendait que l'on mangeât gras dans sa maison, sous quelque prétexte que ce fût ; il réprimandait ceux qui causaient à l'église et voulait savoir leurs noms. A l'exemple du maître, les courtisans affectent un langage décent, un costume sévère [1], observent les abstinences et les jeûnes, et fréquentent avec ostentation les églises, en ayant soin surtout de s'y faire voir [2]. La dévotion était le marchepied de la fortune. C'était un moyen commode qui cachait tous les vices et prêtait toutes les vertus [3].

Après le parti de madame de Maintenon venait celui du dauphin, fils de Louis XIV, père de Philippe V et du duc de Bourgogne, et désigné à la cour sous le nom de *Monseigneur*. Le dauphin était grand, fort, mais chargé d'embonpoint. Sa marche était lourde, son geste embarrassé, sa voix timide. Sa belle tête rappelait quelques traits de Louis XIV, mais sans l'animation qui la distinguait, comme Vitellius pouvait rappeler César. Le caractère des deux princes différait comme leurs visages. Louis XIV haïssait la domination et la subissait à son insu. Il aimait les femmes, les arts, le luxe et la renommée. Le dauphin aimait le jeu, la chasse et la table. Mesquin, même

[1] V. le portrait d'Onuphre dans La Bruyère, publié en 1688.
[2] Saint-Simon raconte à ce sujet que les dames et les courtisans étaient réunis un soir dans la chapelle de Versailles attendant le roi, quand un malicieux capitaine des gardes annonça tout haut qu'il ne viendrait pas. L'église se vida en un clin d'œil, et quand le roi parut il n'y avait personne. Saint-Simon, t. VI, p. 138.
[3] Dès 1665, Molière faisait dire à Don Juan dans *le Festin de Pierre* : « Aujourd'hui la profession d'hypocrite a de merveilleux avantages. »

dans ses passions, il jouait pour gagner, et il le disait. Il craignait son père, haïssait la marquise, et vivait de préférence à Meudon, où il menait la vie d'un gentilhomme campagnard, plantant, bâtissant et chassant le loup. Il n'avait pas d'autre souci de la couronne qu'il devait porter. Sa seule lecture était l'article de la *Gazette de France* annonçant les mariages et les décès [1]. Il empruntait à son entourage ses amitiés et ses haines. Il n'avait qu'une affection qui lui fût propre, celle qu'il portait à son fils Philippe V [2]. Il voulait le soutenir à outrance contre l'Europe, et, pour lui conserver l'Espagne, il eût ruiné la France. Cette affection bien connue le plaçait à la tête du parti de la guerre. C'était, si l'on peut ainsi parler, un enfant en cheveux gris [3].

Veuf comme son père [4], le dauphin avait contracté comme lui une union secrète, ou, suivant l'expression de l'époque, un mariage de conscience. Louis XIV avait aimé les femmes les plus belles et les plus remarquables de son temps ; Monseigneur aima mademoiselle Choin [5], ancienne fille d'honneur de la prin-

---

[1] Saint-Simon, t. IX, p. 180.
[2] *V.* Saint-Simon, t. VI, p. 350. « Son goût n'étoit pas pour lui (le duc de Bourgogne) ni pour ceux qui avoient eu le soin de son éducation. *Une piété trop exacte le contraignoit et l'importunoit ;* son cœur étoit pour le roi d'Espagne et ne s'en est jamais démenti depuis ; il aimoit aussi le duc de Berry, qui l'égayoit par son goût pour la liberté et les plaisirs.... » Et t. IX, p. 195. La cour de Meudon contribuait à exciter cet éloignement entre Monseigneur et le duc de Bourgogne.
[3] Né en novembre 1661, le dauphin avait alors quarante-sept ans.
[4] De Marie-Anne-Christine de Bavière, sœur de l'Electeur, mariée en 1679, morte en 1690.
[5] Après divers attachements, passagers il faut le dire ; Monseigneur

cesse de Conti, chassée pour une intrigue avec un officier de gendarmerie, petite femme commune et niaise, vieillie avant le temps par un précoce embonpoint [1]. Le dauphin lui était attaché plus par habitude que par affection. Loin de le repousser, la vulgarité de cette maîtresse l'attirait. Mademoiselle Choin avait aux yeux du prince une rare vertu : elle se contentait d'une pension de seize cents louis, à laquelle il n'ajoutait jamais un cadeau [2].

Le plus profond mystère enveloppa d'abord cette liaison. Mademoiselle Choin arrivait à Meudon dans une voiture de louage, se glissait par les derrières dans la chambre du dauphin et disparaissait comme elle était venue. Peu à peu elle se montra dans les salons, y reçut ses amis, quelques courtisans, les princes et les princesses, puis le duc et la duchesse de Bourgogne eux-mêmes. Cette fortune l'enivra. L'ancienne fille d'honneur ne put voir sans vertige à

---

aima d'abord une madame d'Espagny, femme de chambre de la dauphine ; puis, du vivant de sa femme, mademoiselle de Rambure, depuis marquise de Polignac (V. Lettres de Madame, t. Ier, p. 255 et t. II, p. 274); puis la Raisin, célèbre et admirable actrice dont il eut plusieurs enfants. (Extraits de Dangeau donnés par Lemontey, p. 81. (Il aima ensuite la grande princesse de Conti La Vallière, fille de mademoiselle de La Vallière et de Louis XIV, veuve d'un prince de Conti mort en 1685, et sa sœur naturelle, qui le gouverna complètement durant plusieurs années. Ce fut chez elle qu'il connut mademoiselle Choin. Cet attachement était public : « S'il ne passoit quelques doux moments chez la princesse de Conti, douairière, son dauphinat lui seroit insupportable. » *Nouveaux Caractères*, p. 7.

[1] « La Choin avoit l'air d'une servante », dit Saint-Simon, t. IX, p. 179. Voir le portrait peu flatté que Madame en a tracé dans sa correspondance, t. II, p. 98.

[2] Saint-Simon, t. IX, p. 179.

ses pieds les plus grands personnages de la monarchie, confondus avec les petits-fils de Louis XIV. Elle essaya sa future royauté, reçut assise et fit placer près d'elle, sur un tabouret, la duchesse de Bourgogne. Plusieurs fois cette étrange belle-mère lui adressa des reproches si vifs qu'ils lui arrachaient des larmes [1]; mais, en dépit de ses hauteurs, les princes et les courtisans affluaient à Meudon. Louis XIV avait soixante-huit ans : quelques années encore et mademoiselle Choin serait reine de France.

Mais la véritable souveraine de Meudon, celle qui gouvernait sinon le cœur au moins l'esprit de Monseigneur, était une de ses sœurs naturelles, la belle duchesse de Bourbon, fille de Louis XIV et de madame de Montespan [2], et mariée au duc de Bourbon, petit-fils du grand Condé : *Madame la duchesse*, comme l'appellent simplement les contemporains, si célèbre par sa figure, son esprit, ses grâces, ses malices et ses chansons, et par ses amours avec le grand Conti; elle amusait Monseigneur, qui passait chez elle une partie de ses journées, depuis sa rupture avec la princesse de Conti [3], et lui témoignait tout

---

[1] Saint-Simon, t. V, p. 319.

[2] Louise-Françoise de Bourbon, dite Mademoiselle de Nantes, née en 1673, mariée en 1685 à Louis III, duc de Bourbon-Condé, veuve le 4 mars 1710, morte en 1743. « Sa figure, dit élégamment Saint-Simon, étoit formée par les plus tendres amours, et son esprit étoit fait pour se jouer d'eux à son gré sans en être dominé. » T. VI, p. 307.

[3] Marie-Anne, fille de mademoiselle de La Vallière et de Louis XIV, dite Mademoiselle de Blois (la première). Née en 1666, elle épousa en 1680 Louis de Conti, qui mourut en 1685. On l'appelait à la cour la Grande Princesse, à cause de sa haute taille; elle est morte en 1739.

l'attachement dont il était susceptible [1]. La duchesse enchantait mademoiselle Choin par une adroite obséquiosité, et les gouvernait tous deux en se jouant [2]. Dans cette petite cour de Meudon, elle affichait la plus grande liberté d'esprit, et désolait par ses épigrammes et ses chansons la société de madame de Maintenon, qui ne pouvait la souffrir. Elle allait rarement à Versailles, et elle restait le plus souvent à Meudon, bravant ses ennemis, et bien certaine de les réduire au silence à la mort de Louis XIV. Pour excuser ses malices, elle avait persuadé facilement à Monseigneur que la méchanceté était une preuve d'esprit [3].

Après elle, les hôtes les plus habituels de Meudon étaient : le grand Conti, son amant ; les deux Vendôme, le duc et le grand prieur, que nous avons vus sur les champs de bataille ; la princesse douairière de Conti, qui, malgré son abandon était restée l'amie de Monseigneur ; les hôtes habituels d'Anet et de

---

Boileau, dans une lettre à Racine, du 28 août 1687 (V. Œuvres de Racine, t. V, p. 116), s'exprime ainsi en parlant d'elle : « Quand elle auroit perdu la voix, il lui resteroit encore un million de charmes pour se consoler de cette perte, et elle seroit encore la plus parfaite chose que la nature ait produite depuis longtemps. » — « Quand le Dauphin n'étoit pas à la chasse, écrit Madame (t. II, p. 258), il étoit toujours chez la grande princesse de Conti, et ensuite chez madame la duchesse. — « Madame la duchesse, que son humeur égale et gaie et sa santé constamment parfaite rendoit toujours la reine du plaisir, chez qui Monseigneur s'étoit réfugié, lorsqu'après l'aventure de la Choin (son expulsion), d'abord le malaise, ensuite l'ennui, joints à l'humeur de madame la princesse de Conti, le dérangèrent de chez cette dernière et le réduisirent aux plus simples bienséances. » Saint-Simon, t. V, p. 337.

[1] Saint-Simon, t. VI, p. 308.
[2] Saint-Simon, t. XIII, p. 120.
[3] Madame, t. II, p. 69.

Chenonceaux : madame de Soubise la belle et mystérieuse maîtresse de Louis XIV, madame de Lillebonne et ses deux filles, madame d'Espinoy, qui servait d'espion à madame de Maintenon auprès de la duchesse de Bourgogne et de Monseigneur [1], et mademoiselle de Lillebonne, mariée secrètement, disait-on, au chevalier de Lorraine [2]; le duc d'Antin [3], adroit courtisan du père et du fils; de jeunes gentilshommes dont les pères appartenaient à madame de Maintenon : Villeroy, Luxembourg, Biron, le comte de Roucy, le duc de La Feuillade, tous ceux qui blâmaient tout bas le rigorisme et l'ennui de Versailles, tous les politiques et les ambitieux qui voulaient conserver leur fortune sous le règne futur : le maréchal d'Huxelles, le duc d'Harcourt, le plus redoutable des courtisans pour son esprit; les deux Pontchartrain, le comte de Vaudemont, frère de madame de Lillebonne et fils naturel de Charles IV, ancien gouverneur du Milanais.

A la société de Meudon se rattachait à Paris toute une classe d'hommes appartenant à la noblesse, au parlement, aux lettres ou à l'armée, qui détestaient le joug de madame de Maintenon et rêvaient, sous Monseigneur, un avenir de licence et de plaisirs.

---

[1] *V.* à ce sujet Saint-Simon, t. V, p. 354-355.
[2] *V.* Dangeau (Lemontey), p. 146, plus tard abbesse de Remiremont, en 1711.
[3] Louis-Antoine de Pardaillan de Gondrin, duc d'Antin, né en 1665, mort en 1736, gouverneur général de l'Orléanais, l'un des douze grands gouvernements de France, après la mort de sa mère madame de Montespan. *V.* Dangeau (Lemontey), p. 187-188.

Sans relever de Jansénius ou de Calvin, ils flétrissaient les persécutions religieuses et réclamaient pour tous la liberté. La plupart, en haine de la dévotion officielle, affichaient le plus incroyable cynisme de mœurs et de langage. Louis XIV leur jetait le nom dédaigneux de *libertins*, mais il y avait au fond de ces désordres une pensée qui échappait au roi lui-même. Ils protestaient en riant, mais ils protestaient. Fils de Rabelais et des sceptiques du xvie siècle, pères des philosophes du xviiie, ils étaient, si l'on peut ainsi parler, voltairiens avant Voltaire.

Les libertins avaient à Paris plusieurs maisons où ils se réunissaient pour boire et causer en liberté. Leur quartier général était le Temple, où logeait le grand prieur de Vendôme. Là dans les vastes appartements des Templiers, ou sous les berceaux de roses du jardin, venaient l'abbé de Bussy-Rabutin, fils de l'auteur de l'*Histoire amoureuse des Gaules*, ami du duc d'Orléans, et devenu évêque de Luçon sous la Régence; l'abbé Servien, enfermé plus tard à la Bastille, et célèbre par l'originalité de ses réparties et le scandale de ses mœurs; l'abbé Courtin, vieil ami de Chapelle, homme d'esprit et de goût; l'abbé de Châteauneuf, amant de Ninon et parrain de Voltaire; le président de Maisons, magistrat riche et mondain; le chevalier de Bouillon; le duc de Sully; le vieux marquis de Coulanges, l'aimable chansonnier, le cousin de madame de Sévigné, ancien conseiller au Parlement de Paris et qui avait vendu sa charge pour vivre au sein des plaisirs; le poëte épicurien Vergier, mort assassiné sous la Régence ; le duc de Nevers[1], Philippe Mancini, parent de Vendôme par sa sœur, à la fois neveu de Mazarin et de madame de Montespan, connu alors par des poésies légères, et dont la vie s'était passée dans les aventures et les plaisirs ; les hôtes de Chenonceaux et d'Anet, La Fare, Chaulieu, Campistron, Palaprat, Fontenelle et tous les libres penseurs qui cachaient leurs attaques dans des chansons. Le temps a emporté les noms des autres. Les disciples ont effacé leurs précurseurs [2].

Non loin du Temple se trouvait un autre asile des libres penseurs, la maison de Ninon, récemment fermée par la mort [3]. Ninon, belle jusqu'à soixante ans, amie des femmes les plus honnêtes et maîtresse des plus grands hommes du siècle, recevait la plupart des convives du grand prieur et se piquait d'unir les grâces de son sexe avec la liberté du nôtre [4]. Quelques mois avant sa mort, l'abbé de Châteauneuf, son amant, lui avait présenté le petit Arouet, son filleul [5], alors âgé de dix ans et qui déjà faisait des

[1] Philippe Mancini, né à Rome en 1639, d'une sœur de Mazarin, était l'oncle des Vendôme par sa sœur, Laura Mancini, duchesse de Mercœur, et le neveu de madame de Montespan par sa femme, mademoiselle de Thianges.

[2] A cette société du Temple il faut rattacher encore à l'étranger par la communauté des idées : en Angleterre, la société de la belle duchesse de Mazarin, l'historien Saint-Réal (mort en 1692), le spirituel Saint-Evremond (1613-1703), et en Hollande, le plus illustre d'entre eux, le grand sceptique Bayle (1677-1706).

[3] Ninon venait de mourir le 17 octobre 1705, à quatre-vingt-cinq ans. Elle était née le 10 novembre 1620.

[4] On sait que Ninon disait : Je ne suis qu'un honnête homme.

[5] Voir cependant sur Ninon les commentaires de M. Paulin Paris, édition de Tallemant des Réaux, t. VI, p. 20.

vers. Ninon l'embrassa, et, comme si elle eût deviné l'homme qui devait être Voltaire, elle lui légua deux mille francs pour acheter des livres. Malgré M. Arouet, sage notaire qui destinait son fils à la magistrature, Châteauneuf emmena plusieurs fois son filleul aux soupers du Temple, et le malin enfant n'oublia point de telles leçons [1]. Tel était le parti de Monseigneur, mélange confus de poëtes et d'épicuriens, de courtisans et d'abbés, de libres penseurs et d'officiers. C'était, comme nous l'avons dit, le parti de la guerre et de l'opposition la plus bruyante. Après lui, venait un troisième parti, qui protestait par sa conduite contre la vie licencieuse de Monseigneur et de ses amis; s'il était moins nombreux, il était plus uni, plus estimable, et plus estimé; en tête figuraient les enfants du dauphin, le duc et la duchesse de Bourgogne [2].

La duchesse de Bourgogne [3] n'était pas régulièrement belle [4]. Elle plaisait pourtant par ses beaux cheveux blonds, ses grands yeux, ses longs cils noirs et

---

[1] Voltaire écrivit plus tard en souvenir de ses amis du Temple :

Dans mon printemps j'ai hanté les vauriens.

[2] « Leur dévotion les tenait en brassière et était aisément tournée en ridicule ; le bel air, la mode, l'envie étaient de l'autre côté avec la Choin et madame de Maintenon. » Saint-Simon.

[3] Marie-Adélaïde de Savoie, fille de Victor-Amédée II, et sœur aînée de la reine d'Espagne. Née en 1685, elle avait alors vingt et un ans. Elle était venue en France en 1696 et y avait été élevée.

[4] Saint-Simon la peint régulièrement laide ; cependant le tableau de Versailles et les nombreuses gravures de la bibliothèque nous la représentent avec une figure jolie, à la fois piquante et mutine. « Elle n'était pas laide quand elle avait des couleurs, » écrit Madame. T. Ier, p. 231.

l'incomparable légèreté de sa démarche [1]. Elle plaisait plus encore par sa vivacité italienne, par sa grâce française, la tournure originale de son esprit, le charme et la douceur de son caractère. Sans la beauté si accomplie de son aïeule, Henriette d'Angleterre [2], elle gagnait comme elle tous les cœurs [3]. Elle n'appelait jamais madame de Maintenon que ma tante, et lui prodiguait non-seulement ses plus charmants sourires, mais encore ses attentions et même ses services. Un jour que la marquise lui avait préféré pour secrétaire mademoiselle d'Aumale, l'une de ses élèves, la duchesse de Bourgogne lui demanda avec une douce ironie si « Adélaïde de Savoie n'était pas d'assez bonne maison pour la servir [4]? » Louis XIV et madame de Maintenon l'aimaient comme leur fille. Forte de cet amour, la duchesse s'abandonnait à toutes les fantaisies [5], à tous les caprices de l'enfant qui se voit préféré. Au milieu des plus graves

[1] Madame de Maintenon, qui ne l'appelait que *mignonne*, a tracé d'elle un délicieux portrait : « Comment de ces images ridicules, écrit-elle à madame de Dangeau (édition Auger, t. IV, p. 106), passer à notre princesse, elle que les Grâces font incessamment marcher.... Elle court sans cesse, et se plaint de ne pas courir; elle est charmante et ses défauts même sont admirables : on l'aime plus qu'il ne faudrait : on le sent et on ne peut s'en défendre. »

[2] Sa mère, Anne d'Orléans, était fille de Monsieur et de Henriette d'Angleterre; elle avait épousé Victor-Amédée II, en avril 1684.

[3] Dans une chanson du 1710, sur les dames de la cour, elle figure au premier rang sous le nom de *Reine des cœurs*. Recueil de Maurepas, t. XI, p. 481.

[4] *Lettres de madame de Maintenon*, édition Auger, t. II, p. 275. Note.

[5] Si l'on en croit Madame, (correspondance, t. II, p. 346) : « A Marly, la dauphine courait la nuit avec tous les jeunes gens dans le jardin, jusqu'à trois heures du matin; le roi n'a pas su un mot de ces courses nocturnes. »

entretiens, elle s'élançait sur les genoux de Louis XIV ou de madame de Maintenon, passait ses bras autour de leur cou, feuilletait leurs papiers, décachetait leurs lettres et les lisait tout haut en riant aux éclats. Les deux vieillards se laissaient aller à sa gaieté : la duchesse lançait alors les plus incroyables saillies : « Ma tante, disait-elle un jour à madame de Maintenon, ma tante, savez-vous bien pourquoi en Angleterre les reines gouvernent mieux que les rois? C'est que les hommes gouvernent sous le règne des femmes et les femmes sous celui des hommes[1]. » Quelquefois à Marly, quand madame de Maintenon, qui redoutait l'air, se faisait porter dans sa chaise dont les glaces demeuraient soigneusement fermées au milieu des jardins, la duchesse venait se placer sur un des bâtons de la chaise, d'où elle se mêlait à la conversation et l'animait de son babil[2].

Elle jetait sur cette cour déjà vieillie de Versailles l'éclat et la vie de ses vingt ans. Elle était l'âme des bals et des fêtes. Suivie de jeunes femmes, toutes jolies, mesdames de Lambesc, de Nesle, de Tonnerre, de Polignac, de Courcillon, dont la plus vieille avait dix-sept ans[3], elle parcourait à cheval

[1] Saint-Simon, t. X, p. 184.
[2] Saint-Simon, t. XIII, p. 146.
[3] « Nous avons une recrue de jolies femmes dont la cour avoit besoin; voici leurs noms : madame de Lambesc, fille de madame la duchesse de Duras, et femme du fils de M. le comte de Brienne; madame la marquise de Nesle, fille de M. de la Meilleraye; madame de Tonnerre, fille de madame de Blansac; madame de Polignac, fille de madame de Mailly, et madame de Courcillon, qui n'a pas besoin de vous être expliquée; la plus vieille des cinq personnes a dix-sept ans. » *Correspondance de ma-*

les forêts de Compiègne et de Fontainebleau, rappelant les gracieuses fictions de la Diane chasseresse ou ces déesses des poëtes anciens, qui menaient les chœurs des nymphes. La duchesse aimait les plaisirs et s'y abandonnait avec toute la fougue d'une nature ardente. Dans son ivresse, elle oublia malheureusement les impérieuses exigences de son sang, et elle commit plusieurs imprudences semblables à celles qui firent attaquer plus tard une reine infortunée jusqu'au pied de l'échafaud. Les courtisans répétaient à voix basse un double récit d'amour.

Parmi les officiers du duc de Bourgogne, se trouvait un jeune colonel nommé Nangis, beau, voluptueux et discret comme la tombe [1]. Si l'on en croit Saint-Simon, admirateur passionné de la duchesse, elle remarqua Nangis dans les bals. Elle avait alors dix-neuf ans. Cette liaison se borna à des regards, à des entretiens, peut-être à des lettres [2], mais rien ne porte à croire que la duchesse ait jamais oublié, ni ses devoirs, ni l'affection profonde et sincère qu'elle portait à son mari [3]. Ce fut comme une idylle dans les salons dorés de Versailles.

---

dame de Maintenon et de madame des Ursins, t. Ier, p. 454. « Madame la Dauphine relaye une troupe de jeunesse qu'elle a autour d'elle.... Il y a longtemps que je n'ai vu de plus jolies femmes à la cour. » *Ibid.*, t. II, p. 222.

[1] Voici comment le peint Saint-Simon qui ne l'aimait pas: « Nangis, dit-il, n'avoit d'esprit que celui de plaire aux dames, de parler leur langage et de s'assurer les plus désirables par une discrétion qui n'étoit pas de son âge et n'étoit plus de son siècle. » T. VI, p. 261.

[2] « Je suis convaincu que cette intrigue s'est passée en regards et en quelques lettres tout au plus » dit madame de Caylus. *Souvenirs*, p. 514.

[3] « Je ne veux vous parler que de madame la duchesse de Bourgogne,

Mais à cette douce et passagère sympathie s'ajoutait une sombre histoire, pleine de larmes et de sang. Un autre officier, le marquis de Maulevrier, gendre du maréchal de Tessé, ami comme Nangis du duc de Bourgogne, s'éprit violemment de la princesse. Il l'aima d'abord par calcul, puis avec passion, puis avec délire. Maulevrier n'avait ni la beauté ni les séductions de Nangis, il eut l'éloquence de l'amour. Il déclara sa passion en y mêlant des menaces de suicide. Soit effroi, soit pitié, la duchesse prêta l'oreille; elle reçut et rendit des lettres. Pour lui parler secrètement, Maulevrier feignit une extinction de voix. Il s'étudia pendant une année à étouffer ses paroles, et conquit ainsi la faveur de l'entretenir à voix basse devant son mari, la cour et le roi lui-même [1].

Tessé, qui partait alors pour l'Espagne, redouta pour son gendre les suites de cette passion insensée [2], et l'emmena sous prétexte de guérir son extinction de voix. Maulevrier revint d'Espagne plus épris que jamais; l'absence avait irrité l'amour. Pour éviter les soupçons il habitait Paris, mais il continuait avec la duchesse sa mystérieuse correspondance, lorsqu'il devint jaloux de Nangis. Sa tête alors s'exalta; il

---

qui passe mes espérances et même mes souhaits, dans la manière vive et tendre dont elle aime son mari. » *Lettre de madame de Maintenon*, édition Auger, t. III, p. 182. « Elle était profondément touchée, écrit Madame, de la passion qu'il avoit pour elle. » *Lettres de Madame*, t. 1er, p. 224.

[1] *Mémoires de Saint-Simon*, 1705.

[2] « Maulevrier était un fou, » dit madame de Caylus dans ses *Souvenirs*, p. 514.

courut à Versailles, accabla la duchesse de reproches, et, tout bouillant de colère, il raconta cette scène le soir dans un dîner au ministère des affaires étrangères. De retour à Paris, il eut la fièvre et le délire. Il parla de l'Espagne, de la duchesse, du duc de Bourgogne qu'il trompait, de Nangis qu'il voulait faire assassiner. Ses parents, croyant à une feinte exaltation, lui dirent que s'il ne voulait point passer pour fou, il était temps d'y mettre un terme. Ce fut le dernier coup : à ce mot de folie, Maulevrier, déjà troublé par le mal, vit s'évanouir à la fois tous ses rêves ; il ne proféra plus une parole. On le fit surveiller de près ; mais le vendredi saint, comme ses gardes étaient sortis, il se glissa dans un appartement à côté de son cabinet, se jeta dans la cour et resta mort sur le pavé[1]. En apprenant cette nouvelle, la duchesse s'efforça de comprimer ses larmes ; elles coulèrent malgré elle et vinrent trahir son secret. Mais Louis XIV et son mari ignorèrent les causes du suicide ; tous les courtisans gardèrent le silence. Près de cette royauté si enviée, la duchesse n'avait pas un ennemi. C'est là un bien magnifique éloge : « Eh ! mon cher duc, écrivait d'elle madame de Maintenon au duc de Noailles, qui ne l'aurait aimée[2] ? »

Fils de Monseigneur et petit-fils de Louis XIV, le duc de Bourgogne n'avait ni la force de son père ni la beauté de son aïeul. Sa figure était agréable, son regard doux et intelligent ; il avait un charmant sou-

---

[1] 2 avril 1706. Saint-Simon, t. V, p. 60.
[2] *Lettres de madame de Maintenon*, édition Auger, t. III, p. 250.

rire, mais il était pâle, petit, frêle, avait une épaule contournée qui le rendait légèrement boiteux[1], et toute l'apparence d'une nature délicate et maladive. Il était né avec le plus violent caractère, s'irritant contre la pluie et brisant les pendules quand elles sonnaient les heures de travail[2]. Au persiflage, au faste, à l'orgueil, il ajoutait la plus étroite et la plus hargneuse dévotion, blâmait avec aigreur les courtisans sur leur conduite, et n'épargnait au roi lui-même, ni les reproches ni les leçons. Un jour de l'Epiphanie, par exemple, comme il y avait bal à Marly, il s'obstina à n'y point paraître, malgré les prières de Louis XIV, en lui déclarant qu'il ne consentirait jamais à profaner une semblable fête. Son maître, Fénelon, parvint à transformer cette nature farouche. Quelques années après, le prince était doux et poli, tolérant et modeste. On le vit refuser cinquante mille francs par mois que le roi lui donnait pour ses menus plaisirs, et se contenter de douze mille. Plus heureux que Bossuet, qui n'avait pas su faire un homme du père, Fénelon avait fait du fils un prince.

Au milieu de la cour la plus dangereuse, le duc de Bourgogne fuyait les plaisirs pour le devoir. Seul, au bruit des fêtes, il s'efforçait de se rendre digne du trône et méditait des réformes propres à immortaliser son règne. Élevé par un prêtre, Fénelon, et par des

[1] Saint-Simon, t. X, p. 198. « Il devint bossu, mais si particulièrement d'une épaule, qu'il en fut enfin boiteux. »
[2] Saint-Simon, t. VII, p. 223.

gentilshommes, les ducs de Beauvilliers et de Chevreuse, qui gémissaient de l'éloignement systématique de la noblesse par Louis XIV, de la suppression des dernières libertés et de la misère du peuple, sous un règne tout militaire, il projetait une réforme générale de la monarchie, empreinte de l'esprit chrétien et aristocratique de ses maîtres. Le plan de cette réforme était tracé d'avance : l'avénement du duc devait être le signal de son application.

Tous les grands hommes de France, Louis XI et Henri IV, Richelieu et Mazarin, en lutte avec l'aristocratie, s'étaient appuyés pour vaincre sur le tiers état; le duc de Bourgogne répudiait ces traditions, appelait à lui la noblesse et remettait le pouvoir entre ses mains. Pour arriver à une si complète révolution, il sacrifiait les conquêtes et les institutions de la monarchie. Les ministères étaient occupés par des hommes du tiers, bourgeois ou anoblis; le jeune réformateur les supprimait. Il brisait d'une main ennemie ces admirables machines de gouvernement à l'aide desquelles Colbert et Louvois avaient rendu tant de services, pour y substituer des comités ministériels, entièrement composés de gentilshommes n'ayant ni le goût, ni la tradition, ni la science des affaires[1]. Il créait soixante ministres au lieu de six, et enlevait à la monarchie son unité et pour ainsi dire sa tête.

Il lui brisait les bras en frappant ses agents. A côté

---

[1] Semblables à ceux établis plus tard sous la Régence et sous la Convention.

des gouverneurs militaires des provinces, gentilshommes indociles qui s'insurgeaient à chaque règne, Richelieu avait établi des magistrats civils, qui, sous le nom modeste d'*intendants*, réunissaient l'administration, la police et les finances, et, plus absolus que nos préfets, faisaient sentir la main du roi jusque dans le dernier village de France ; d'un trait de plume, le duc de Bourgogne supprimait ces royaux proconsuls, coupables à ses yeux du crime de roture, et il donnait leurs fonctions à des assemblées provinciales, formées également de gentilshommes. On sait que même sous Louis XIV, plusieurs provinces et notamment la Provence, la Bretagne et la Bourgogne conservaient des assemblées dont le principal privilége était de voter l'impôt. Le duc donnait à toute la France de semblables assemblées et leur remettait le pouvoir des intendants. Il abolissait de même les subdélégués [1], et donnait leurs attributions à des diètes cantonales. Pour parler le langage moderne, il supprimait les préfectures et les sous-préfectures et donnait leurs attributions aux conseils généraux et aux conseils d'arrondissement. A tous ces conseils enfin, comités ministériels, assemblées provinciales, diètes cantonales, il donnait pour couronnement les états généraux, oubliés depuis 1614. Il rendait leur convocation sinon périodique, au moins fréquente, en maintenant toutefois le vote par ordre, assurant ainsi la prééminence à la noblesse.

---

[1] Les subdélégués des intendants répondaient à nos sous-préfets.

A la justice, comme dans l'administration, mêmes principes, mêmes réformes. Dans les parlements, le duc de Bourgogne réservait à l'aristocratie les charges de président et de procureur général, et consacrait comme règle, à titres égaux, la prééminence du gentilhomme sur le roturier. Il désorganisait la justice inférieure. Pour effacer les baillis d'épée, vieux juges féodaux hostiles à la royauté, Henri II avait créé les présidiaux, sortes de tribunaux de première instance, composés de plébéiens qui avaient complétement effacé les baillis d'épée ; le petit-fils de Louis XIV supprimait les présidiaux et ressuscitait les baillis d'épée.

Par suite d'anciens abus, les hommes du tiers achetaient les régiments et les gouvernements militaires des provinces et des villes, vénaux alors comme tous les offices ; le prince rachetait ces charges et les donnait aux seuls fils de l'aristocratie. Eux seuls seraient colonels, généraux, maréchaux de France. Pour tracer une limite infranchissable entre le tiers et la noblesse, il interdisait les mariages entre les deux castes. Il rétablissait enfin la féodalité sur la terre, sa base première, et dans toutes les familles nobles il constituait des majorats.

La noblesse reprenait ainsi partout le premier rang. Le duc de Bourgogne renvoyait ces légistes, qui, depuis cinq cents ans, travaillaient et mouraient pour ses pères. Ici les conseillers du prince parlaient en gentilshommes blessés d'une longue abstention. Ils proscrivaient à leur tour ces plébéiens, sans considérer quels hommes ils pourraient mettre à leur place. La noblesse, Saint-Simon le plus ardent ennemi du tiers le reconnaît lui-même, n'était ni assez expérimentée, ni assez instruite pour remplir une mission si difficile. Injustes à l'égard du tiers, les conseillers du duc de Bourgogne étaient insensés à l'égard du roi. Ils lui enlevaient ses ministres et ses intendants, ses tribunaux et ses soldats, et, en face de la monarchie désarmée, ils créaient un gouvernement d'assemblées, sans contrôle et sans accord, sans hiérarchie et sans frein. Souveraine absolue dans les conseils, l'aristocratie devait peu à peu effacer la royauté. Si dans la France nouvelle, en effet, les conseils cantonaux remplaçaient les subdélégués, les assemblées provinciales, les intendants, les comités ministériels et les ministres, dans un prochain avenir, les états généraux devaient fatalement supplanter le roi. Les monarchiques amis du duc de Bourgogne réduisaient la fière royauté de Louis XIV à une sorte de mairie du palais.

Mais si le prince démantelait le pouvoir royal, il montrait pour le peuple l'âme généreuse de Henri IV. Quatre-vingts ans avant la Constituante, il décrétait l'égalité de tous les citoyens devant la loi, et soumettait à l'impôt le clergé et la noblesse, soulageant ainsi le reste de la nation, qui supportait seul les charges du trésor. Il réformait les monstrueux abus du régime financier, dont on verra bientôt toutes les horreurs. Il régénérait l'agriculture et le commerce, devinait le grand rôle de l'industrie et lui frayait la route.

Homme de l'avenir, il comprenait que la paix était la vie des sociétés, et il gémissait de cette longue guerre qui ensanglantait l'Europe depuis dix ans. Ici encore il se rencontrait avec Henri IV, dont il renouvelait la grande idée de la paix universelle entre les nations.

Ce système est, comme on voit, plein de contradictions. Le duc de Bourgogne veut raffermir la royauté et il l'ébranle ; il proscrit la guerre et il établit une noblesse militaire ; il affranchit l'industrie et il reconstitue la féodalité ; il confond le xviie et le xe siècle, Louis XIV et Hugues Capet, l'avenir et le passé. Ces projets contiennent toutefois des pensées et des aspirations qui décèlent une belle âme. La vie du prince est d'ailleurs le meilleur commentaire de son système. Il ne faut pas l'oublier, il l'écrivait à vingt ans, au milieu des séductions de la puissance, au pied du trône, et lui qui n'avait pas souffert, il a travaillé toute sa vie pour soulager ceux qui souffraient. A ce titre seul, titre humain et chrétien, le duc de Bourgogne mérite un pieux souvenir. Enfin il est tombé avant l'heure, et ce travail, interrompu par la mort, a quelque chose d'inachevé qui désarme et qui touche.

CHAPITRE XI

(1706.)

Le parti du duc de Bourgogne.—Fénelon.—Les *Maximes des Saints.*—
Le *Télémaque.*—Exil de Fénelon.—Sa vie et ses promenades à Cambrai.
—Sa correspondance avec les ducs de Beauvilliers et de Chevreuse.—
Leur généreuse et touchante amitié.—Le duc de Saint-Simon.—Son
caractère.—Ses relations à Versailles.—Son attachement à la pairie.
—Son culte pour le duc de Bourgogne.—Les procès.—Mot sévère du
roi.—Catinat.—Boufflers.—Vauban. — La duchesse douairière d'Or-
léans.—Sa vie retirée et ses correspondances. — Le duc d'Orléans.—
Son mariage.—Sa liaison avec mademoiselle de Sery. — Sa disgrâce.
— Sa conduite à Versailles. — Anecdote à ce sujet. — Le prince de
Condé.—Son étrange maladie.—Le duc de Bourbon.—Son triste caractère.—Le grand Conti.—Sa grâce.—Ses talents.—Son amour pour
la duchesse de Bourbon. — Son élection au trône de Pologne et son
retour.—Sa popularité à Paris.—Sa mort.

Après le duc de Bourgogne, venaient ses conseillers. Le premier et le plus illustre d'entre eux,
son précepteur, était Fénelon, alors exilé de Versailles et relégué à Cambrai. Issu d'une noble race,
promu à l'archevêché de Cambrai[1] et élevé à la plus
haute fortune à la cour, Fénelon s'était perdu dans
l'esprit du roi en défendant madame Guyon[2], son

---

[1] En 1695.
[2] Madame Guyon, femme ardente et mystique, prêchait l'extase et
l'amour. Elle a publié plusieurs ouvrages dont le principal a pour titre
les Torrents. Fénelon s'était laissé séduire par ses rêveries. Abandonnée par madame de Maintenon, d'abord sa protectrice, madame Guyon

amie, condamnée par l'Église et enfermée à la Bastille. Le livre des *Maximes des saints* [1], où il reproduisait les idées de madame Guyon, acheva sa disgrâce. Bossuet le dénonça comme entaché de quiétisme ; madame de Maintenon abandonnna l'archevêque, et, sans attendre la décision du pape saisi de cette affaire, Louis XIV renvoya Fénelon dans son diocèse avec défense d'en sortir [2]. Le duc de Bourgogne se jeta vainement aux pieds du roi pour sauver son maître, Louis XIV resta inflexible : « Mon fils, lui dit-il, je ne puis faire de ceci une affaire de faveur ; il s'agit de la pureté de la foi, et monseigneur de Meaux en sait plus sur cette partie que vous et moi. » Le prince obtint seulement que l'archevêque conserverait son titre de précepteur des enfants de France.

Les *Maximes des saints* avaient provoqué l'exil de Fénelon, le *Télémaque* le rendit irrévocable. Ce livre, qui devait immortaliser l'auteur, parut sans son aveu. Un domestique infidèle, chargé de copier le manuscrit, le vendit au libraire Barbin. Déjà le *Télémaque* s'imprimait quand la police vint saisir les épreuves. Mais quelques-unes avaient échappé ; les éditeurs de Hollande réimprimèrent l'ouvrage [3] et en inondèrent l'Europe. Les courtisans ne manquèrent pas de relever les allusions du livre : Télémaque, disaient-ils,

---

fut mise à la Bastille. Elle en sortit en 1702 et mourut oubliée à Blois, sous la Régence, en 1717. Elle était née à Montargis en 1648.

[1] Publié en janvier 1697, et condamné en mars 1699.
[2] Octobre 1698.
[3] Juin 1699.

c'est le duc de Bourgogne ; Mentor, c'est Fénelon ; Tyr, la libre et florissante république, c'est la Hollande ; Protésilas, l'impitoyable ministre, c'est Louvois ; Idoménée, le monarque orgueilleux et conquérant, qui ruine son peuple par des guerres continuelles, c'est le roi lui-même. Louis XIV n'aimait pas déjà Fénelon, qu'il nommait un *bel esprit chimérique*, mais après l'apparition du *Télémaque*, sa froideur se changea en haine. Il raya lui-même l'archevêque de la liste des officiers de sa maison, où il était resté avec le titre de précepteur des enfants de France. La police surveilla ses démarches, intercepta ses lettres, fouilla et arrêta ses gens jusque dans Paris [1]. La correspondance entre le duc de Bourgogne et l'archevêque demeura interrompue. Au bout de quatre ans seulement, le prince put adresser à son maître une lettre dans laquelle il l'assurait que loin d'être refroidie, son amitié avait grandi par le malheur [2].

Relégué à Cambrai, sans espérance d'en sortir, du moins tant que vivrait Louis XIV, Fénelon y mena

---

[1] M. Depping. *Correspondance administrative sous le règne de Louis XIV*. Introduction, t. II.

[2] « Enfin, mon cher archevêque, je trouve une occasion favorable de rompre le silence où j'ai demeuré depuis quatre ans ! J'ai souffert bien des maux depuis, mais un des plus grands a été de ne point vous témoigner ce que je sentois pour vous pendant ce temps, et que mon amitié augmentoit par vos malheurs, au lieu d'en être refroidie. Je ne vous dirai point ici combien je suis révolté moi-même contre tout ce qu'on a fait à votre égard ; mais il faut se soumettre à la volonté de Dieu.... Ne me faites pas de réponse, à moins que ce ne soit par quelque voie très-sûre ».... Lettre du duc de Bourgogne, 22 décembre 1701. *Correspondance générale de Fénelon*.

une vie sobre et laborieuse, conforme à son caractère et à ses goûts. Il se levait de grand matin, s'occupait de son diocèse et donnait le reste du temps au travail et à la nombreuse correspondance qu'il entretenait avec ses amis. Ses seules distractions étaient de longues promenades à pied dans la campagne. Il se plaisait à contempler le calme et la majesté de cette nature dont la vue réveillait dans son âme l'idée du Créateur et lui causait un profond sentiment d'admiration et de reconnaissance. La solitude lui rappelait l'absence des personnes aimées : « Nous avons eu de beaux jours, écrit-il à l'abbé de Beaumont, son neveu, nous nous sommes promenés, mais vous n'y étiez pas... » — « Je fais des promenades, écrit-il au marquis de Fénelon, son autre neveu, toutes les fois que le temps et mes occupations le permettent, mais je n'en fais aucune sans vous désirer... Je me trouve en paix dans le silence devant Dieu ! Oh ! la bonne compagnie ! On n'est jamais seul avec lui [1]. » Si quelques personnes l'accompagnaient, l'archevêque s'entretenait volontiers des graves questions qui troublent les hommes, laissant pour ainsi dire couler ce miel attique, que Dieu avait mis sur ses lèvres. A le voir ainsi dans la campagne, s'entretenant avec les siens, on eût dit un des philosophes du Lycée passant avec ses disciples. Au milieu de la guerre qui ravageait les environs, les alliés lui offrirent plusieurs fois des escortes qu'il refusa. Les Anglais surtout, qui

---

[1] Correspondance de Fénelon.

voyaient en lui un champion de la liberté, lui rendaient un véritable culte. Marlborough pendant toute la guerre, fit respecter ses domaines [1]. Il avait ordonné qu'on le laissât passer librement, et l'archevêque visitait les malades, assistait les pauvres, ramassait les blessés, à travers les armées ennemies, comme un messager de paix et un apôtre de charité.

Malgré ces hommages de l'Europe, une vie si pure et si remplie, Fénelon souffrait cruellement de l'exil. Son corps était à Cambrai, mais son âme, à Versailles, près du duc de Bourgogne, son fils bien-aimé, et de deux hommes éminents et considérables, les ducs de Beauvilliers et de Chevreuse, avec lesquels il correspondait secrètement.

Les ducs de Beauvilliers [2] et de Chevreuse [3] occupaient à la cour les plus hautes fonctions. Le premier était président du conseil des finances, avec l'entrée et le vote au conseil des ministres ; le second était

---

[1] « Les hussards même du prince Eugène respectoient cette défense. » Ramsay, p. 90.

[2] Paul de Beauvilliers, duc de Saint-Aignan, né en 1648, ancien ambassadeur à Londres, était en outre gouverneur de Loches et du Havre, grand d'Espagne de première classe, et premier gentilhomme de la chambre.

[3] Charles de Chevreuse était le fils de ce duc de Luynes, qui s'était fait bâtir un château à Vaumurier, à cent pas de Port-Royal et de cette sainte duchesse de Luynes, janséniste comme son mari, inhumée dans l'église de l'abbaye. On l'appelait le bon duc. C'était un gentilhomme éclairé, instruit, ami des lettres, et très-versé dans les finances et la politique. Il a laissé plusieurs manuscrits, qui ont tous pour but de faciliter le commerce et de diminuer les impôts. M. le duc de Luynes, son digne petit-fils, les conserve encore. Nous avons à ce sujet de doubles remercîments à adresser à M. le duc de Luynes et à M. Huillard-Bréholles.

ministre secret et honoraire ; tous deux anciens gouverneurs des enfants de France, tous deux ducs et pairs, tous deux unis par les liens de la plus étroite amitié, tous deux mariés à des filles de Colbert, qui s'aimaient comme leurs maris. Une grande et légitime réputation de science, de vertu et d'honneur s'attachait à leurs noms et désarmait la malveillance habituelle des courtisans.

Tous les deux avaient donné à l'archevêque les plus éclatantes preuves de leur attachement. Le lendemain de sa nomination au poste de gouverneur des enfants de France, Beauvilliers alla trouver le roi en lui demandant de lui adjoindre Fénelon comme précepteur. Lors de la publication des *Maximes des saints*, le duc de Chevreuse s'établit chez l'imprimeur et y corrigea lui-même les épreuves, ce qui lui attira quelque temps la froideur de Louis XIV. Après la disgrâce de l'archevêque, les ducs seuls lui restèrent fidèles. Le roi pressa vainement Beauvilliers de rompre avec son ami, en le menaçant d'une disgrâce : « Je suis, répondit Beauvilliers, l'ouvrage de votre Majesté ; elle m'a élevé, elle peut m'abattre ; dans la volonté de mon prince je reconnaîtrai celle de Dieu, et je me retirerai, Sire, avec le regret de vous avoir déplu, mais avec l'espérance de mener une vie plus tranquille. » Ces paroles touchèrent Louis XIV. Il ferma les yeux, et Beauvilliers et Chevreuse continuèrent leur correspondance avec l'archevêque.

Ils travaillaient en même temps avec le duc de Bourgogne, écrivant pour lui de nombreux mémoires sur le commerce, l'industrie, les finances, propres à éclairer le règne futur, et s'entretenant sans cesse de leurs espérances, de leurs projets, du maître absent. Ils se réunissaient pour « se parler de lui, pour le regretter, pour le désirer, pour se tenir de plus en plus à lui comme les Juifs pour Jérusalem, et soupirer après son retour et l'espérer toujours » [1]. Ils vivaient, lui, les regards fixés sur Versailles ; eux, sur Cambrai.

Au milieu de ces vieillards, leur ami, leur confident, leur conseil quelquefois, vivait un jeune gentilhomme, duc et pair comme eux, blond, petit, fluet, à la figure fine, à la voix imperceptible [2], qui occupe dans les lettres une plus grande place que dans l'histoire, le duc de Saint-Simon. Elevé par sa mère, Charlotte de l'Aubépine, femme d'un rare mérite, Saint-Simon prit dès l'enfance le goût de l'étude. Il dévorait tous les mémoires qui avaient paru jusqu'alors, et il y recueillait bien jeune encore l'expérience des siècles passés. Il commençait sa philosophie lorsque le duc d'Orléans, son contemporain et son condisciple, partit pour sa première campagne. Le jeune historien, brûlant de voir ces batailles dont il avait lu tant de récits, sollicita la faveur d'accompagner le prince, et fit la campagne comme simple mousquetaire [3].

[1] Saint-Simon, t. XII, p. 63.
[2] Saint-Simon se plaint lui-même plusieurs fois dans ses mémoires de la faiblesse de sa voix.
[3] Louis XIV exigeait alors que l'on servît une année avant de pouvoir acheter un régiment.

Le temps de son noviciat expiré, il acheta le régiment *de Saint-Simon cavalerie* et le suivit sur le Rhin. Ce fut là que livré à l'ennui d'un campement, réduit à une vie d'escarmouches, après avoir lu et relu Bassompierre, il commença dans le plus profond secret la rédaction de ses *Mémoires*. Saint-Simon, comme tous les hommes qui ont consacré leur vie à une œuvre, a marqué avec soin l'époque et le lieu de son origine. « C'était, nous dit-il, au mois de juillet 1694, à Guernsheim, sur le vieux Rhin [1]. » A la paix de Ryswick, le roi supprima plusieurs régiments parmi lesquels était le sien. Il les rétablit à l'ouverture de la guerre d'Espagne, mais il oublia celui de Saint-Simon. Peu après, parut une promotion de brigadiers [2], où le jeune duc n'était pas compris, tandis que plusieurs colonels moins anciens dans le service y figuraient. Il ressentit vivement cette injustice et envoya au roi sa démission, sous prétexte de maladie. C'était là un acte de courage véritable : Louis XIV n'aimait point que l'on quittât le service, et pendant trois ans, il lui témoigna une froideur manifeste. Réduit à vingt-sept ans à la vie oisive de Versailles, Saint-Simon y marqua de suite sa place, et se rangea parmi les partisans du duc de Bourgogne. L'orgueil de sa naissance, qui fut la plus funeste, mais la plus profonde passion de sa vie, le rattachait naturellement au prince qui voulait donner à la no-

---

[1] Né en 1675, il avait alors dix-neuf ans.
[2] Le grade de brigadier était intermédiaire entre celui de colonel et de maréchal de camp.

blesse le premier rang. Il prétendait descendre de Charlemagne par les comtes de Vermandois, et revendiquait avec ostentation les droits de sa race et par-dessus tout les priviléges des pairs de France. Ses prétentions étaient telles, qu'il allait jusqu'à comparer les pairs aux électeurs d'Allemagne, déclarant qu'ils étaient supérieurs aux princes du sang et cotuteurs des rois. On le voyait sans cesse compulser les parchemins, interroger les vieux ducs, les vieilles duchesses, jusqu'aux vieux laquais de la cour, sur les droits et les honneurs de la pairie. Il réclamait pour les pairs le titre de Monseigneur, usurpé d'après lui par les évêques et par les princes, et à l'appui de son opinion il montrait comme de précieuses reliques trois lettres de Colbert, où ce ministre donnait le *Monseigneur* au vieux duc de Saint-Simon, son père.

Intraitable sur ces questions, il refusa même sous la régence de donner ce titre au duc d'Orléans, son ami et alors son souverain. Sous le moindre prétexte, il portait ses prétentions en justice, entraînait ses amis, ses parents devant les tribunaux et rédigeait lui-même leurs plaidoyers. Il se constitua ainsi le chevalier de l'étiquette, apportant dans ce rôle la droiture, mais aussi l'âpreté de son caractère, et il s'attira de la sorte de nombreux ennemis, qui le représentèrent au roi comme un esprit difficile et ombrageux. Louis XIV, déjà prévenu par sa démission, les crut sans peine. Il se plaignit même un jour de ce que le duc, après avoir quitté son service, ne songeait qu'à étudier les rangs et à faire des procès à tout le monde. Saint-Simon se justifia lui-même, mais la mauvaise impression resta. Plus tard, en lui accordant une grâce, le roi ajouta ce sévère conseil : « Mais il faut tenir votre langue [1]. »

Malgré la froideur de Louis XIV. les ministres et les plus grands personnages briguaient l'amitié du jeune duc. On redoutait en lui « son esprit, son instruction [2], » et son penchant à s'expliquer sur les hommes et sur les choses de façon à *emporter la pièce*. On respectait ce caractère qui ne pardonnait ni une usurpation ni une injure ; on estimait son désintéressement et sa franchise, vertus si rares dans les cours. Saint-Simon devint bientôt un des amis les plus ardents du duc de Bourgogne. Il le regardait comme le régénérateur de la France, « comme un autre Esdras, comme le restaurateur du temple et du peuple de Dieu après la captivité [3] », et l'aimait avec une indicible tendresse : « Mon cœur, dit-il, était à cette cabale, qui pouvait compter M. le duc de Bourgogne à elle, envers et contre tous [4]. »

A ce parti, déjà si riche en talents et en vertus, se rattachaient d'autres hommes non moins recommandables par leur mérite ou leur caractère ; c'étaient le chancelier Pontchartrain, zélé gallican comme Saint-Simon, suspecté même de jansénisme, administra-

---

[1] Saint-Simon, t. VIII, p. 350.
[2] Saint-Simon, t. VI, p. 337.
[3] Saint-Simon, t. IX, p. 350.
[4] Saint-Simon, t. VII, p. 288.

teur habile, intègre et infatigable [1]; le ministre des affaires étrangères, M. de Torcy, digne successeur de Lyonne et de Pomponne, secrètement attaché, lui aussi, aux doctrines de Port-Royal ; le brave et honnête Catinat, disgracié depuis sa malheureuse campagne d'Allemagne et vivant dans la retraite, dans son modeste château de Saint-Gratien ; le maréchal de Boufflers, héroïque vieillard immortalisé par le siège de Lille ; le duc de Mortemart, fils de « la disciple sans peur, sans mesure et sans contrainte [2] » ; le duc de Charost, officier d'avenir, d'une probité sévère et scrupuleuse, d'un esprit gai et facile, qui savait allier la droiture d'un chrétien [3] aux qualités aimables du monde ; son père, le duc de Béthune, qui ne figurait dans cette société [4] que comme mari de la duchesse sa femme, fille de Fouquet, ancienne amie de madame Guyon et dernier reste d'un troupeau dispersé, « la grande âme par excellence, devant qui monseigneur de Cambrai même était en respect [5]. »

Venaient ensuite le maréchal de Vauban, non moins admirable par le patriotisme de sa vie que par la grandeur si originale de ses travaux ; le poëte Racine, étendu maintenant sous les dalles de Port-

---

[1] Il y a à la Bibliothèque quinze volumes in-folio de lettres écrites pendant son ministère.

[2] Saint-Simon, t. IX, p. 350.

[3] Le seul peut-être, dit Saint-Simon, « qui ait su joindre une profession publique de dévotion avec le commerce étroit des libertins de son temps. » T. IX, p. 352.

[4] « Le duc de Béthune n'était qu'un frère coupe-choux qu'on toléroit à cause d'elle. » Saint-Simon, t. IX, p. 351.

[5] Saint-Simon, t. IX, p. 351.

Royal, avait figuré autrefois dans les rangs de ce parti qui comptait encore un nombre considérable de jansénistes. Ces derniers devaient à la mansuétude de Fénelon de circuler et de vivre dans son diocèse sans avoir à craindre ses persécutions [1]; en haine des jésuites livrés à madame de Maintenon, des sceptiques attachés au dauphin, ils préféraient le duc de Bourgogne, dont la foi si éminemment gallicane se rapprochait davantage de leurs opinions.

Resserrés et renfermés entre eux, tous ces hommes formaient à la cour comme une corporation sévère et inaccessible, « avec une discrétion et une fidélité merveilleuses, sans faire ni admettre aucun prosélyte dans la crainte de s'en repentir [2]. » Tous n'avaient qu'un cœur et qu'une âme et ne tendaient qu'à un seul but, « qu'aucune disgrâce ne put déranger. » Ils voulaient le rappel de Fénelon à Versailles, le consultaient et recevaient ses avis « comme les oracles de Dieu même ; » en l'amour de ce maître, ils faisaient consister « piété, vertu, gloire de Dieu, soutien de l'Église et le salut particulier de leurs âmes [3]. »

Après les enfants de Louis XIV venaient les maisons d'Orléans, de Condé et de Conti, issues toutes trois du sang royal. Le chef de la maison d'Orléans, Philippe, frère de Louis XIV et mari de cette belle Henriette d'Angleterre, immortalisée par

---

[1] Saint-Simon, t. IX, p. 348.
[2] Saint-Simon, t. IX, p. 348.
[3] Saint-Simon, t. IX, p. 348-349.

l'éloquence de Bossuet, était mort depuis quelques années, mais il laissait sa seconde femme, Élisabeth de Bavière et son jeune fils, déjà connu en France et en Europe par sa brillante conduite dans la malheureuse campagne de Turin.

Madame, duchesse douairière d'Orléans, résidait d'habitude à Saint-Cloud, qui appartenait à son fils. Enlevée à son pays comme une conquête, brusquement convertie au catholicisme, mariée à un prince qu'elle n'aimait pas, elle était venue à dix-neuf ans à Versailles, seule, étrangère, parlant à peine le français, et sans mérites pour la cour, n'ayant ni intrigue, ni beauté. La franchise de son caractère compromit sa position dès ses premiers pas. Toutes les princesses fléchissaient le genou devant madame de Maintenon ; la duchesse d'Orléans, qui apportait d'Allemagne le religieux respect de la famille, refusa d'adorer cette reine apocryphe, attachée à Louis XIV par un mariage douteux et assurément clandestin, et elle s'attira ainsi la haine d'une femme implacable, qui la perdit rapidement dans l'esprit du roi.

Madame supportait courageusement cette disgrâce. Elle menait à Versailles une vie isolée, mais libre, faisant de longues promenades dans les jardins, et suivant avec une infatigable ardeur les chasses à courre, où, pour plus d'aisance, elle portait une perruque courte et des habits de cavalier. La duchesse aimait avec passion ces belles chasses royales dans les forêts de Compiègne et de Fontainebleau, et quand, aux derniers jours de l'automne, Louis XIV revenait à Versailles, elle quittait avec tristesse la campagne pour le monotone séjour du château. Elle passait la plus grande partie de son temps à écrire en Allemagne, où elle racontait dans un style libre, facile et plaisant, les nouvelles de France. Veuve et délaissée, entourée d'espions et d'ennemis, elle demandait à son pays et à sa famille l'affection qui lui manquait à Versailles. Elle avait avec ses parentes une correspondance régulière dont la langue maternelle augmentait la douceur. La cour l'oubliait, mais elle oubliait la cour.

Le duc d'Orléans [1] restait isolé comme sa mère. Malgré elle [2] et malgré lui-même, Louis XIV l'avait marié à l'une de ses bâtardes, mademoiselle de Blois [3]. Cette union n'était pas heureuse. La jeune duchesse était grande et belle, bien qu'elle eût une épaule un peu plus haute que l'autre [4]; elle avait l'esprit, les grâces de sa mère, madame de Montespan ; mais, en dépit de ses charmes, le duc d'Orléans ne l'aimait pas. Il regardait, non sans raison, ce mariage comme une mésalliance. Des propos empoisonnés, répandus par ses familiers sur l'honneur de la princesse, l'avaient éloigné dès les pre-

---

[1] Né en 1674, mort en 1723.

[2] « Si j'avais pu donner mon sang pour empêcher le mariage de mon fils, écrivait Madame, je l'aurois fait. » *Correspondance de Madame.*

[3] Françoise-Marie de Bourbon, fille de Louis XIV et de madame de Montespan (la seconde demoiselle de Blois), née en 1677, morte en 1749.

[4] Saint-Simon, t. XII, p. 202.

miers jours. La duchesse était, par sa nature, indolente et orgueilleuse, moins sensible à la tristesse qu'au dépit de l'abandon ; elle laissa s'éloigner son mari, sans tenter un effort pour le retenir. Depuis plusieurs années déjà les deux époux vivaient dans une froideur polie, mais publique.

Une fille d'honneur de Madame, mademoiselle de Sery [1], vive, piquante et jolie, toucha bientôt le cœur du prince par les qualités qui manquaient à sa femme. Philippe l'aima avec toute l'ardeur d'un premier amour, lui donna la terre d'Argenton, et obtint de Louis XIV, fort indulgent pour ces faiblesses, des lettres patentes qui lui accordaient le titre de comtesse. Mademoiselle de Sery, pleine de charmes et d'artifices, témoignait au prince la plus tendre affection. A son retour d'Italie, d'où il revenait blessé, elle l'alla voir à Grenoble, au risque d'encourir la colère du roi. Le temps et la naissance d'un fils [2] avaient resserré cette union, et depuis huit ans déjà le duc d'Orléans abandonnait sa femme, qui vivait délaissée et vertueuse.

L'oisiveté, jointe à cette union malheureuse, acheva de perdre le jeune duc. Louis XIV, qui n'était pas un homme de guerre, redoutait la présence des princes aux armées ; il l'avait donc rappelé des champs de bataille après deux campagnes en Belgique, où il avait déployé la bravoure d'un soldat et

[1] Marie-Louise-Madeleine-Victoire Lebel de Laboissière de Sery.
[2] Né en 1702, reconnu et légitimé en juillet 1706, connu sous le nom de chevalier d'Orléans, mort en 1748.

le sang-froid d'un général[1]. Depuis cette époque jusqu'à la campagne d'Italie, pendant treize ans, le prince demeura à Saint-Cloud, subjugué par mademoiselle de Sery et par un misérable précepteur, l'abbé Dubois, qui remplissait près de son élève les plus viles fonctions des affranchis. La tristesse acheva l'œuvre de Dubois. Désespéré de perdre ses plus belles années, tandis qu'on se battait aux frontières, le duc s'abandonna publiquement aux plaisirs, et, l'amertume dans le cœur, il demanda l'oubli à l'ivresse et à la volupté : « Ainsi il s'accoutuma à la débauche, plus encore au bruit de la débauche, jusqu'à n'avoir pu s'en passer, et qu'il ne s'y divertissait qu'à force de bruit, de tumulte et d'excès[2]. »

Le scandale devint pour lui un moyen d'opposition, de blâme et de critique[3]. Il espérait ainsi braver le roi dans sa toute-puissance, le blesser et se venger enfin de n'avoir ni armée ni gouvernement.

Louis XIV aimait d'abord son neveu, à cause de la franchise et de la hardiesse de son caractère ; mais sa conduite avec sa femme et l'éclat de ses plaisirs l'éloignèrent sans retour. Madame de Maintenon excita sous main ce mécontentement, et le prince perdit l'amitié de son oncle, alors qu'il avait le plus

[1] A la bataille de Nerwinde, en 1693, il avait tué de sa main un officier ennemi qui le retenait prisonnier. Voltaire, *Siècle de Louis XIV*, p. 351. Il avait alors dix-neuf ans.
[2] Saint-Simon, t. XII, p. 192.
[3] Dans le ruineux dessein, dit Saint-Simon, de se moquer du roi, de lui échapper, de le piquer à son tour et de se venger ainsi de n'avoir ni gouvernement, ni armée à commander. » Saint-Simon, t. XII, p. 188.

besoin de ses conseils. Monseigneur, qui haïssait toute supériorité, montrait pour lui un éloignement manifeste. Le duc de Bourgogne seul accordait à son cousin l'affection que lui refusaient son aïeul et son père.

Dans cette situation difficile, Philippe conservait heureusement un ami, suspect il est vrai lui-même, le duc de Saint-Simon : le jeune pair le vengeait bravement par ses sarcasmes, et l'avertissait des manœuvres de ses ennemis. Pendant toute la guerre d'Italie, il entretenait avec lui une correspondance chiffrée, où il lui racontait les intrigues de la cour ; plus tard il le supplia de se rapprocher de sa femme. Le prince était touché de ses conseils, sans pouvoir se résoudre à les suivre. Il restait à Paris [1], sous le joug de sa maîtresse, au milieu de ses joyeux compagnons, et ne venait à Versailles que lorsque la bienséance l'exigeait. Il y apportait alors le laisser-aller des soupers du Palais-Royal. Pour n'en citer qu'un trait, il arriva un jour à la chapelle avec un livre où il lut assidûment durant tout l'office. Comme on le félicitait sur sa dévotion, il ouvrit le livre et montra les œuvres de Rabelais [2]. Louis XIV l'appelait un fanfaron de crimes ; c'était fanfaron de vices qu'il fallait dire.

Après la maison d'Orléans, venait celle de Condé. Le grand Condé en avait emporté la gloire dans la

---

[1] « ... Ce qui blessoit singulièrement le roi, qui ne pouvoit souffrir que l'on se plût à Paris. » Saint-Simon, t. XIII, p. 76.
[2] Saint-Simon, t. XII, p. 201.

tombe. Son fils Henri-Jules de Bourbon [1], qu'on nommait *monsieur le Prince* comme son père, traînait le beau nom de ses aïeux. Le grand Condé s'était vainement efforcé de lui enseigner la guerre ; il y avait renoncé devant l'inutilité de ses efforts. Une maladie nerveuse, qui se manifestait par d'étranges manies, paralysait les forces du prince. Un jour, dans une visite à la duchesse de Noailles, il se roula tout à coup sur son lit disant qu'il n'avait jamais vu de lit si bien fait [2]. Un autre jour, il déclara qu'il était mort et qu'il ne voulait plus manger ; son médecin effrayé lui affirma que certains morts mangeaient, et fit venir plusieurs personnes qui se dirent mortes et mangèrent : leur seul exemple put décider le prince à prendre des aliments [3]. Le plus souvent il se croyait transformé en chien et il aboyait, et cela jusque dans la chapelle et jusque dans la chambre du roi [4].

Son fils, le duc de Bourbon [5], ou, comme on l'appelait, *monsieur le duc*, non moins dégénéré que lui-même, était le mari de cette belle duchesse de Bourbon, si célèbre par l'amour du grand Conti, et souveraine absolue de Monseigneur et de Meudon. Le duc de Bourbon était d'une laideur repoussante :

[1] Henri-Jules de Bourbon, prince de Condé, né en 1643, avait épousé en 1663 Anne de Bavière, fille de l'Electeur palatin. Mort en avril 1709.
[2] En s'écriant, dit Saint-Simon : « Ah ! le bon lit ! ah ! le bon lit ! » Saint-Simon, t. VI, p. 124.
[3] Saint-Simon, t. VI, p. 125-126.
[4] « Il avoit l'air d'un petit singe. Feu la reine avoit deux perroquets : l'un étoit le portrait vivant de Monsieur le Prince... » V. *Correspondance de Madame*, t. 1er, p. 400.
[5] Louis III, duc de Bourbon-Condé, né en 1668. Mort le 3 mars 1710.

il avait la tête monstrueuse, les yeux hagards, le teint jaune, le ventre énorme, la taille et l'aspect d'un nain. Son caractère était en harmonie avec sa figure : il était le tyran de sa famille, le fléau de ses voisins, l'épouvantail des courtisans, qui redoutaient ses cruelles fantaisies. Dans une discussion avec le comte de Fiesque, il lui jeta une assiette à la tête et le chassa de sa table [1]. Un autre jour, il empoisonna le poëte Santeuil en versant une tabatière dans son vin [2]. Amoureux de sa femme, qui le trompait, il était jaloux jusqu'à la rage, et son impuissante jalousie s'exhalait dans des scènes brutales et furieuses. Le duc de Bourbon n'avait qu'un seul mérite : le courage de Condé. A la bataille de Nerwinde, il avait chargé seul en avant de l'armée, entre le feu de l'ennemi et le nôtre, et n'était revenu que par miracle. Louis XIV n'accordait aucun crédit au père ni au fils. Il ne les estimait pas assez pour les consulter ou pour les craindre.

Il n'en était pas de même du dernier des princes du sang, Louis de Conti [3], chef de la maison de Conti, branche cadette des Condé. *Le grand Conti* méritait ce glorieux surnom, qui rappelait le prince de Condé son oncle. La nature, avare envers ses cousins,

---

[1] Saint-Simon, t. III, p. 231.

[2] Saint-Simon, t. II, p. 46. V. dans les *Mémoires de Maurepas*, t. Ier, p. 266, d'autres traits de folie de M. le duc.

[3] François-Louis de Conti, d'abord prince de la Roche-Guyon, puis prince de Conti à la mort de son frère aîné, en 1685, épousa Adélaïde de Bourbon, sa cousine, fille de Monsieur le Prince. Né le 30 avril 1664, il était fils de Armand de Bourbon, prince de Conti et de la pieuse et respectable Anne-Marie Martinozzi, nièce de Mazarin.

avait réservé pour lui tous ses dons, le génie militaire et l'éloquence, l'esprit et la beauté [1]. A Marly, lorsque le prince causait, les femmes et les courtisans se pressaient autour de lui pour l'entendre, désertant le cercle du roi. Le maréchal de Luxembourg et Condé, les ducs de Chevreuse et de Beauvilliers, Fénelon et Bossuet avaient brigué l'honneur de sa bienveillance. Les contemporains admiraient la prodigieuse diversité de ses mérites, et le comparaient à César. Louis XIV était jaloux de ce prince dont le génie l'effaçait.

Cette jalousie se révéla par une disgrâce qui l'atteignit dès ses premiers pas. A la bataille de Nerwinde, la plus sanglante du XVIIe siècle [2], Conti avait mené les troupes comme un vieux capitaine, emporté le village dont il était revenu couvert de sang; le roi le laissa l'année suivante à Versailles, sans lui confier une compagnie. Découragé par cette injustice et voyant sa carrière fermée, Conti s'abandonna aux plaisirs, puis à une violente passion, qui remplit sa vie entière. Il aima sa belle cousine, la duchesse de Bourbon, et il en fut tendrement aimé [3].

---

[1] Madame de Caylus, dans ses *Souvenirs* (p. 511), a tracé de lui un portrait aussi vrai que charmant.

[2] V. le magnifique récit qu'en a fait M. Macaulay (*Hist. de Guillaume III*). Le village de Nerwinde ne fut emporté qu'à la troisième charge.

[3] « Conti charma une personne (la duchesse de Bourbon) qui, sans être cruelle, ne fut jamais prise que pour lui. C'est ce qui le tenait sur la Pologne, et cet amour ne finit qu'avec lui. Il dura même longtemps après dans l'objet qui l'avait fait naître, et peut-être y dure-t-il encore après tant d'années, au fond d'un cœur qui n'a pas laissé de s'abandonner ailleurs. » V. Saint-Simon, t. VII, p. 62-63.

Cette liaison durait depuis plusieurs années lorsque le trône de Pologne étant devenu vacant, notre ambassadeur à Varsovie, l'abbé de Polignac, à force d'intrigues et de promesses, parvint à faire proclamer roi Louis de Conti[1]. Louis XIV « qui ne demandait pas mieux que de se défaire d'un prince de ce mérite, si universellement connu [2], » donna l'ordre à Jean-Bart de l'escorter jusqu'à la rade de Dantzick, d'où il devait aller se faire reconnaître par ses sujets.

Conti n'obéit qu'avec une répugnance marquée; il lui coûtait de quitter une position où il s'était concilié l'estime et l'affection publiques, plus encore d'abandonner la duchesse, qu'il aimait jusqu'à la passion, pour aller courir les hasards d'une couronne qu'il n'avait jamais désirée. Arrivé en Pologne, à travers mille dangers, il se trouva dans l'impossibilité de payer dix millions que l'abbé de Polignac avait promis aux seigneurs polonais pour prix de son élection. Ces derniers, se voyant trompés dans leurs espérances, reportèrent leurs voix sur l'électeur de Saxe, et le prince de Conti se trouva fort heureux d'acheter au prix d'un trône le droit de revenir auprès de celle qu'il aimait.

Il retrouva avec elle les convives de Meudon et les libertins du Temple et les rassembla de nouveau dans son hôtel, sur le quai qui a retenu son nom. Il de-

---

[1] Juin 1697.
[2] Saint-Simon, t. 1er, p. 436.

vint l'idole du Parlement, l'admiration de la Sorbonne et de l'Académie [1], l'hôte des libres penseurs, et l'un des chefs de cette opposition silencieuse, qui se manifestait déjà à Paris contre Versailles. Il mourut à quarante-cinq ans [2], au moment où Louis XIV, revenu enfin de ses préventions, songeait à lui confier l'armée du Nord.

Tels étaient les princes et les partis qui les divisaient. Le premier, celui de madame de Maintenon, s'appuyait sur l'Église et la tradition et gouvernait au nom du maître, suivant les usages despotiques et la seule nécessité des circonstances. Celui du Dauphin qui venait ensuite, voulait la guerre pour soutenir Philippe V, le fils préféré de Monseigneur, mais il souhaitait en outre l'éloignement de madame de Maintenon et la liberté absolue des consciences et des mœurs. Celui du duc de Bourgogne, allant plus loin encore, réclamait avec la paix une réforme générale de la monarchie, l'affranchissement du commerce et de l'agriculture, et le soulagement du peuple écrasé sous les impôts. L'un représentait le passé, l'autre le présent, le dernier l'avenir. On retrouvera désormais ces trois partis à toutes les époques qui vont suivre, sous la Régence, sous Louis XV et sous Louis XVI. Ils rappellent les trois âges de l'homme : la vieillesse, la maturité, l'adolescence ; les trois modes éternels des gouvernements : la routine, la réforme, la révo-

[1] Saint-Simon, t. VII, p. 59.
[2] Le 22 février 1709.
[3] Saint-Simon, t. XIII, p. 161.

lution. Lorsqu'un monde nouveau naîtra, on les retrouvera rangés face à face dans les assemblées, les uns à droite, les autres au centre, les derniers à gauche.

CHAPITRE XII.

(1700-1707.)

État des finances. — Moyens extraordinaires. — Quels sont-ils ? — Réformes de Colbert.—Honnêteté et sévérité de son administration.—Son horreur des emprunts. — Anecdote à ce sujet. — Nombreux impôts établis par les successeurs de Colbert.—Énormes créations de charges. —Loteries.—Ventes de titres de noblesse, — de croix de Saint-Louis. Etablissement et chute des papiers royaux.—Conséquences économiques de la révocation de l'édit de Nantes.—Tarif de 1699.—Funestes décrets de Chamillart sur l'industrie. — Taxes innombrables et ruineuses sur les objets de consommation.—Augmentation des aides.— Nature et iniquité de cet impôt. — Augmentation des droits de traite ou des douanes intérieures.—Effroyables effets de ces douanes.—La douane de Valence. — Élévation de la gabelle. — Contrebande du sel faite à main armée. — Impôt sur les naissances, les mariages et les sépultures.—Révolte des paysans du Quercy.

Après avoir étudié les hommes et les opinions de la cour, il faut maintenant sortir de Versailles, promener ses regards sur Paris et les provinces, parcourir les diverses branches de l'administration, les revenus, les champs et les ateliers de la vieille France, dresser l'inventaire d'une société qui n'est plus, et considérer de près les rouages de ce gouvernement dont on a vu au loin les efforts. Cet examen malheureusement trop rapide aura du moins quelques enseignements, les abus d'une centralisation effrénée, les vices des réglementations appliquées à l'industrie, le danger de ces mesures qui grèvent l'avenir pour dégager le présent, l'impérieuse urgence des réformes invoquées par le duc de Bourgogne, la misère des populations sous le grand roi. Ces temps si éloignés de nous par les révolutions semblent aujourd'hui reculés de plusieurs siècles, et l'on peut parler de ces institutions surannées sans prévention ni merci. Et d'abord il faut examiner les finances, bases de tout gouvernement, remonter un instant jusqu'à l'administration du grand Colbert, et dire en quelques mots quelle fut sa tâche.

Il y avait avant Colbert toute une tradition d'emprunts usuraires, flétris, par ceux-mêmes qui les employaient, du nom de *moyens extraordinaires*. Le premier et le plus légitime, s'il eût été fait à un taux modéré, était la création des rentes sur l'hôtel de ville, où le prévôt des marchands et les échevins[1] les achetaient en gros pour les revendre en détail. Les rentes étaient constituées, non sur les revenus de la ville, mais sur ceux de l'Etat. Celui-ci malheureusement les concédait presque toujours à vil prix, puis, le besoin passé, réduisait leur intérêt en supprimant franchement le capital. C'était, on le voit, comme une banqueroute périodique[2].

---

[1] Aujourd'hui les maires et les adjoints. Ces rentes vendues à l'hôtel de ville étaient de véritables rentes sur l'État, et non ce que nous appellerions aujourd'hui des obligations de la ville de Paris. V. à ce sujet le *Mémoire concernant le contrôle des rentes*, où il est parlé de l'origine et des progrès des différentes natures des rentes. Paris, 1717, in-8º.

[2] « Une partie considérable des citoyens a toute sa subsistance assignée sur une maison qui n'a rien ; et cent personnes ont acheté, cha-

Un autre moyen non moins onéreux, non moins répréhensible, était la création de charges nouvelles, charges de cour, charges de justice, charges de finances, auxquelles on attachait des traitements considérables et disproportionnés avec leur prix d'achat. On créait, par exemple, mille charges rapportant par an vingt mille livres, et on les vendait chacune deux cent mille livres. Outre le traitement, ces offices donnaient droit à des avantages à la fois pécuniaires et honorifiques. Ils exemptaient de la taille, qui était l'impôt foncier, alors réputé indigne, et égalaient le traitant au gentilhomme. En achetant une charge, le financier plaçait son argent à gros intérêts, il affranchissait ses terres, et il avait la satisfaction de s'entendre nommer M. le secrétaire ou M. le conseiller du roi. L'Etat imposait ainsi la vanité nationale à des sommes immenses[1]. On comptait à cette

cune cent mille écus, le droit de recevoir et de payer l'argent dû à ces citoyens sur cet hôtel imaginaire; droit dont ils n'usent jamais, ignorant profondément ce qui est censé passer par leurs mains. Quelquefois on entend crier par les rues une proposition faite à quiconque a un peu d'or dans sa cassette, de s'en dessaisir pour acquérir un carré de papier admirable, qui vous fera passer sans aucun soin une vie douce et commode. Le lendemain on vous crie un ordre qui vous force à changer ce papier contre un autre qui sera bien meilleur. Le surlendemain on vous étourdit d'un nouveau papier qui annulle les deux premiers. Vous êtes ruiné; mais de bonnes têtes vous consolent, en vous assurant que dans quinze jours les colporteurs de la ville vous crieront une proposition plus engageante. » *V.* Voltaire, édition Beuchot, t. XXX, p. 100, au mot GOUVERNEMENT.

[1] C'est à quoi fait allusion Montesquieu, lorsqu'il dit dans sa XXXIVe Lettre persane: « Le roi de France est le plus puissant prince de l'Europe. Il n'a point de mines d'or comme le roi d'Espagne son voisin, mais il a plus de richesses que lui, parce qu'il les tire de la vanité de ses sujets, plus inépuisable que les mines. On lui a vu entreprendre et sou-

époque plus de cent mille emplois de cette nature, créés sur le pied de vingt, de quarante, et même de quatre-vingts pour cent. Il y en avait même, suivant Boisguillebert, dont le revenu a presque égalé le prix d'achat dès la première année[1], c'est-à-dire que vendus, par exemple, cent mille livres, ils rapportaient, à peu de chose près, cent mille livres. Quarante mille offices nouveaux et inutiles furent ainsi créés durant le règne de Louis XIV, qui empruntait de la sorte à cent pour cent[2]. « Il se trouve que pour dix mille écus que le roi reçoit d'une nouvelle charge, il amène trois articles : les droits de la nouvelle charge à prendre sur le peuple, la décharge des nouveaux officiers, qui retombe encore sur le peuple à cause des priviléges attachés aux officiers créés, et le tort enfin que cela fait aux anciennes charges, dont la valeur diminue d'autant[3]. »

Un autre moyen était l'établissement de nouveaux impôts, le plus souvent sur des objets de consommation. Ici l'imagination des financiers se donnait libre carrière. Dès qu'ils entrevoyaient un nouveau droit, ils couraient chez le ministre les mains pleines d'argent, lui comptaient d'avance le revenu de l'impôt,

---

tenir de grandes guerres, n'ayant d'autres fonds que des titres d'honneur à vendre. »

[1] Boisguillebert. *Détail de la France*, p. 325. *Collection des Économistes*, t. Ier, édition Guillaumin, 1843.

[2] Il y avait alors quarante-cinq mille offices dont Forbonnais estime le capital à huit cents millions. V. *Recherches sur les finances*. T. Ier, p. 328.

[3] V. *Détail* de Boisguillebert, p. 240. « Pour une pistole que le roi reçoit, il en coûte dix-neuf en pure perte au peuple. V. *Ibid.*, p. 257.

puis, munis de la patente royale, allaient s'abattre sur les provinces. Ils en rapportaient des fortunes immenses, semblables à ces préteurs romains qui revenaient à Rome chargés de l'exécration et des dépouilles de l'Asie ou de l'Afrique.

Venaient ensuite d'autres moyens non moins misérables et non moins ruineux, les altérations des monnaies, les émissions de papiers royaux, les loteries, les ventes de décorations et de titres de noblesse. Les agents de toutes ces affaires étaient des hommes spéciaux, durs et rapaces, stigmatisés plus tard dans le *Turcaret*[1] ; on les appelait maltôtiers ou traitants[2]. Le besoin passé, le roi les livrait à des chambres de justice qui leur faisaient rendre gorge par l'appareil des supplices et les menaces de confiscation et de mort. On leur enlevait quelquefois leur liberté, quelquefois leur vie; c'était la barbarie financière du moyen âge.

Colbert réforma tous ces abus. Il supprima les loteries, les ventes de noblesse, les papiers royaux,

---

[1] Joué en 1709.

[2] Sully les déclarait les plus dangereux ennemis de l'État: il ne les employa pas une seule fois durant son long ministère. « Ce qui étoit la même chose à l'arrivée de M. de Sully au ministère, lequel disoit au roi Henri IV que les traitants, qui sont la ruine d'un État, n'avoient été inventés par les ministres que pour prévariquer, leur étant impossible de rien prendre dans les tributs réglés passant droit des mains des peuples dans celles du prince, comme il se pratique dans tous les pays du monde; au lieu que par les partisans ils sont les maîtres absolus des biens de tout le monde et ne sont privés pour leur particulier de recevoir quelques sommes que ce puisse être, qu'autant qu'ils les veulent refuser, n'y ayant d'autres bornes que celles que l'on peut attendre de leur modération. » V. Boisguillebert. *Détail de la France*, p. 204.

les altérations des monnaies, réduisit, mais conserva les rentes achetées à vil prix pendant la Fronde, arracha cent dix millions aux traitants enrichis sous le facile Mazarin. Il revint aux véritables principes de Sully, l'honnêteté et l'économie ; régla le royaume comme une maison de banque, et à force d'ordre et de travail, il arriva à ce magnifique résultat de diminuer l'impôt et d'augmenter les revenus. Il réduisit les aides de trente pour cent, la taille de vingt millions [1], porta le revenu de quatre-vingt-quatre à cent douze millions, et ramena la dette d'un milliard à cent soixante millions. Colbert préférait l'impôt qui gêne le présent à l'emprunt qui engage l'avenir. Il avait une telle répulsion contre les emprunts, qu'il fit, dit-on, rendre un décret portant peine de mort contre ceux qui prêteraient au roi [2]. La tradition nous a conservé à ce sujet une anecdote caractéristique. Au sortir d'un conseil où M. de Lamoignon [3] venait de faire voter un emprunt, Colbert l'apostropha avec colère : « Vous triomphez, monsieur, lui dit-il, mais vous n'avez pas fait l'action d'un homme de bien !

---

[1] Il affranchit de la taille les ouvriers qui n'avaient que leur bras pour vivre.

[2] *Mémoires de Gourville.*

[3] Guillaume de Lamoignon, né en 1617, mort en 1677. Conseiller au parlement de Paris en 1635, maître des requêtes en 1644, il fut nommé premier président en 1658. C'est à lui que Louis XIV adressa ces paroles remarquables, qui contiennent tout l'éloge que l'on en peut faire : « Si j'avais connu un plus homme de bien et un plus digne sujet, je l'aurais choisi. » C'est à son fils Chrestien-François (président à mortier en 1690) que la sixième épître de Boileau est adressée. Le trop fameux Nicolas Lamoignon *de Bâville* était son cinquième fils.

Croyiez-vous que je ne susse pas comme vous qu'on pouvait trouver de l'argent à emprunter? Je le savais, mais connaissez-vous comme moi, ajouta-t-il, en faisant allusion à Louis XIV, l'homme auquel nous avons affaire, sa passion pour la représentation, pour les grandes entreprises, pour tout genre de dépenses? Voilà maintenant la carrière ouverte aux emprunts et aux impôts illimités! Vous en répondrez, monsieur, à la nation et à la postérité [1]! » Que l'on se représente, en lisant ces paroles, Colbert tel que le peignent les contemporains, avec ses sourcils épais [2], son œil dur, sa voix rauque, ses brusques abords, l'homme de marbre enfin [3], si redouté des solliciteurs, si impitoyable pour les traitants, et l'on comprendra quel dut être l'effet d'un tel discours.

Les faibles successeurs de Colbert, Pontchartrain, Lepelletier et Chamillart, n'eurent ni le courage, ni l'habileté, ni la force de se maintenir dans cette route étroite. Avec eux, le merveilleux ordre introduit dans les finances disparaît : ils reviennent aux déplorables expédients de Mazarin. Ils vendent à des taux ruineux des rentes de toute nature, viagères ou

---

[1] M. Pierre Clément. *Histoire de la vie et de l'administration de Colbert.*

[2] V. la belle gravure de Nanteuil et le buste de Girardon à Versailles.

[3] C'est le nom que lui donne Guy-Patin. On sait que madame de Sévigné l'appelait *le Nord*, et qu'elle tremblait comme les courtisans à la pensée de lui demander une audience. Ce même homme, si avare de l'argent de la France, fut surpris un jour à pleurer en regardant à Sceaux les campagnes, et en songeant au bien qu'il ne pourrait faire. V. D'Aubigny, *Vie des hommes illustres de la France*, t. V, p. 576, et Henri Martin, édition de 1848, t. XV, p. 520.

perpétuelles, puis des charges vexatoires ou ridicules, pour des sommes incalculables. Ils créent des conseillers du roi inspecteurs des veaux et des cochons, des volailles et des perruques [1]. Ils instituent à la fois plusieurs dignitaires d'une même charge, qui exercent celui-ci une année, celui-là une autre, sous le plaisant nom d'officiers alternatifs, tous deux ayant les priviléges, tous deux le titre, tous deux l'argent. En huit années, le seul contrôleur général Pontchartrain vendit pour cent cinquante millions d'offices. Ainsi se vérifiait ce mot d'un des ministres de Louis XIV : « Sire, dès que Votre Majesté crée une charge, Dieu crée un sot pour l'acheter. » Tous ces offices furent supprimés sous la Régence. « Ils font rire aujourd'hui, s'écrie Voltaire, alors ils faisaient pleurer. »

Les successeurs de Colbert créaient en même temps de nouveaux impôts : la capitation, taxe personnelle, qui frappa tous les Français d'après leur revenu présumé, depuis les princes jusqu'aux mendiants [2], et le contrôle, sorte de droit d'enregistre-

[1] V. dans Voltaire la longue et curieuse nomenclature des charges et dignités instituées pour la plupart sous le ministère de Pontchartrain. T. XXXI, *Dictionnaire philosophique*, art. POURQUOI (LES), p. 493, édition Beuchot.

[2] La capitation, établie en 1695, comprenait vingt-deux classes de contribuables. La première, où étaient les princes, payait deux mille livres; la dernière vingt sous. Elle rapporta vingt-cinq millions. Cet impôt manquait d'une base certaine d'évaluation, et on avait eu le tort en l'établissant de confondre la parité de position avec la parité de fortune. Supprimée après la paix de Ryswick, sur les réclamations des classes élevées, la capitation fut rétablie en 1701, et finit insensiblement par se confondre avec la taille.

ment, trop élevé pour les petites affaires et que les contribuables évitèrent en contractant sous seing privé[1]. En huit ans, Chamillart altéra cinq fois les monnaies[2]. Il établit d'interminables séries de loteries à vingt francs et à vingt sous le billet. Il vendit des titres de noblesse, jusqu'à cette croix de Saint-Louis, que Louis XIV venait de créer. On l'achetait cent cinquante livres dans les bureaux du ministère de la guerre. Il épuisa enfin le papier monnaie, dernière ressource des gouvernements aux abois.

Dans la refonte de 1701, comme l'État manquait d'argent pour avoir des lingots, Chamillart les acheta à crédit et donna en échange des billets à terme, dits *de monnaie*, payables au porteur et produisant sept pour cent. Ces billets, d'abord soigneusement acquittés, furent reçus avec une grande faveur. Encouragé par le succès, Chamillart créa une caisse d'emprunt[3], donna aux dépositaires huit pour cent, et émit une seconde série de billets, sous le nom de billets de la *Caisse d'emprunt*[4]. Mais ce papier, qui devait conjurer la crise, il le donna et le refusa en payement; il ne sut point surveiller son émission, maintenir son crédit, assurer surtout son remboursement. Les billets de caisse tombèrent les premiers.

---

[1] Forbonnais, *Considérations sur les finances*.
[2] En 1700, 1701, 1704, 1705 et 1706.
[3] Les particuliers venaient déposer leur argent dans cette caisse d'emprunt ou de dépôt, qui leur donnait cinq pour cent, et d'où ils retiraient leurs fonds à volonté.
[4] 1702.

Un décret du 17 septembre 1704 ajourna leur payement au 1er avril 1705, et, ce terme arrivé, Chamillart ne put tenir sa parole. Il essaya de sauver ces billets en élevant leur intérêt à dix pour cent ; mais les porteurs demandèrent des espèces. Le ministre paya une moitié en écus et l'autre en billets de monnaie, dont le crédit s'était maintenu jusque-là, remboursant ainsi du papier avec du papier. Malgré l'ignorance économique de l'époque, les porteurs s'alarmèrent et les billets de caisse et de monnaie tombèrent ensemble de vingt-cinq pour cent. Chamillart s'efforça vainement de les relever par des décrets. Il prescrivit de les couper en fractions de deux cents livres ; il ordonna de fournir dans tous les payements au moins un quart en billets ; il défendit à peine de carcan, de bannissement et de trois mille livres d'amende de percevoir plus de six pour cent en changeant ces billets contre espèces ; leur chute continua en raison même de ces mesures. Indépendamment de ces bons royaux, Chamillart autorisait les principaux fonctionnaires à payer en papier. Sur tous les points du royaume, les fermiers et les administrateurs de l'Etat émettaient sans contrôle des billets, qui, sous les noms les plus bizarres, billets des trésoriers généraux, des sous-fermiers, des subsistances, de l'ustensile, de l'extraordinaire des guerres, couvrirent en quelques années la France. L'agiotage le plus effréné s'établit sur tous ces papiers, dont le gouvernement ne payait plus ni capital, ni revenu. Bientôt la même dépréciation les enveloppa tous : ils perdirent quatre-vingts pour cent [1].

Le commerce et l'industrie dépérissaient comme les finances dans les mains incapables de Chamillart.

La révocation de l'édit de Nantes, survenue deux ans après la mort de Colbert, avait porté le premier coup à l'industrie que le grand ministre avait toujours protégée. Ce coup frappait à la fois les banquiers et les capitaux, les fabricants et les ouvriers. Sur les côtes de la Manche et de l'Océan, les armateurs et les marins, nos meilleurs matelots les Normands et les Rochelois, la plupart réformés, s'enfuirent sur leurs vaisseaux. La Normandie et le Dauphiné, la Touraine et les Pyrénées perdirent le quart et jusqu'au tiers de leur population. De cinquante mille âmes, Troyes descendit à vingt mille. Lyon, qui comptait cent mille habitants et dix-huit mille métiers, se trouva réduite à soixante mille âmes et à quatre mille métiers. Tours, sa rivale en population, en industrie, et en richesses sous Colbert, perdit cinquante mille habitants ; des rues restèrent désertes ; elle ne s'est pas relevée depuis cette époque. Un faubourg entier de Londres se peupla d'ouvriers français, qui allaient porter en Angleterre, en Hollande, en Prusse, en Danemark et jusqu'en Russie, les dessins et les secrets de nos manufactures. Dans le Midi, les paysans du Languedoc vont prendre les armes et commencer une guerre où cent

[1] 1706-1707.

mille hommes doivent périr. Il faudrait un livre pour énumérer tous ces désastres[1]. Quatre guerres civiles n'auraient pas causé dans le royaume une si grande ruine et un si terrible ébranlement[2].

Le ministère atteignit encore l'industrie en touchant d'une main maladroite aux règlements de Colbert. En faveur de notre industrie naissante, Colbert avait établi le tarif protecteur de 1664, puis celui plus rigoureux encore de 1667 ; Chamillart y substitua le tarif de 1699, qui tenait le milieu entre les deux précédents et ouvrait le royaume aux salaisons et aux produits des manufactures étrangères. Pour protéger notre marine marchande, qui construisait à grands frais, Colbert avait maintenu avec la dernière énergie le droit de cinquante sous par tonneau, établi par Fouquet[3], sur tous les navires étrangers qui entraient en France. Chamillart à la paix de Ryswick[4] sacrifia ce droit à la Hollande et à l'Angleterre. C'était réduire au cabotage nos marins, qui ne pouvaient soutenir au delà des mers la concurrence des puissances maritimes. De tous les ports s'élevèrent des cris de détresse[5].

Par l'intervention tracassière, brutale et ignorante de l'État, Chamillart acheva les funestes effets du

---

[1] Ce livre existe. Nous ne saurions mieux faire que de renvoyer les lecteurs au récent ouvrage de M. Charles Weiss : *Histoire des réfugiés protestants*. Paris, 1853. Charpentier, 2 vol. in-12.

[2] Claude. *Plaintes des Protestants*, p. 87.

[3] En 1659.

[4] 1697.

[5] Forbonnais, t. II, p. 59. — Bailly, t. II. — M. Charles Gouraud, t. Ier, p. 98.

tarif de 1699, et pour n'en citer que deux faits, en réglementant mal à propos la fabrication des bas au métier et des fils de lin et de chanvre. La France possédait alors des quantités considérables de bas grossiers qu'elle écoulait à l'étranger et principalement en Amérique. Chamillart régla la qualité de la laine et le nombre de fils, de manière à permettre la seule fabrication des bas de luxe [1]. En dépit de ses décrets, les manufacturiers continuèrent à faire de gros bas et à les vendre ; mais les agents du fisc entravaient de mille façons leur travail par des saisies et des procès. Cette guerre brutale se prolongea jusque sous la Régence, époque à laquelle le duc d'Orléans rapporta l'inepte décret de Chamillart.

Par un autre règlement, non moins absurde, mais d'une portée bien plus grave, le ministre ruina toute une province. La Bretagne produisait alors beaucoup de lins et de chanvres, qui alimentaient ses manufactures de câbles et de toile, et elle exportait des quantités considérables de fils écrus ou blanchis ; Chamillart défendit tout à coup cette exportation. Les habitants, qui ne pouvaient plus écouler leurs denrées, abandonnèrent la culture du lin et du chanvre. Bientôt la Bretagne ne récolta plus assez de fils pour ses manufactures, et ses fabricants achetèrent à l'étranger les matières textiles qui abondaient autrefois dans leur pays. Ses marins allèrent chercher

---

[1] Mars 1700. Forbonnais, t. II, p. 109.

en Hollande les voiles et les câbles de leurs vaisseaux[1].

Le ministère ruinait en même temps le commerce de détail en créant de nouveaux impôts de consommation sur le poisson et la viande, les cuirs et les œufs, les bois et les draps. Il vendit aux traitants les monopoles du tabac, du thé, du café, du chocolat, de la vanille, des cartes à jouer, jusqu'au monopole de la glace qui se consommait dans Paris. Il augmenta enfin les trois grands fléaux de l'époque : les aides, la traite et la taille.

Les aides, qui correspondent à notre taxe moderne des boissons, étaient le plus impopulaire des impôts. Elles méritaient cette réprobation par les vexations et les injustices qu'elles entraînaient à leur suite. Les aides étaient affermées à des traitants, qui les sous-affermaient à des agents subalternes, lesquels, servis par sept mille commis, rançonnaient le contribuable sans pudeur et sans quartier. Comme cet impôt variait de province à province et même de ville à ville, les agents taxaient suivant leur caprice les tonneaux de cidre et de bière comme le vin, sans aucune déduction pour la lie. Ils imposaient la boisson sur les pressoirs, aux portes des villes, et la poursuivaient sur les chemins et les rivières, dans la cave du cultivateur et sur la table de l'ouvrier. Sous le moindre prétexte, à toutes les heures, quelquefois

---

[1] Forbonnais, t. II. La Bretagne fournissait alors à elle seule presque le tiers de nos matelots ; dix-sept mille sur soixante mille.

trois et quatre fois par jour, ils fouillaient les maisons et les caves, infligeaient des amendes et faisaient des procès [1]. L'énormité des droits plaçant les hôteliers dans l'alternative ou de frauder le fisc, ou de cesser leur commerce, ils ruinaient ceux qui leur déplaisaient, ceux qui refusaient de leur acheter en gros des liqueurs, ceux qui se trouvaient dans des endroits écartés dont la surveillance était trop difficile, de sorte que si on quittait les grandes routes, on faisait quelquefois sept ou huit lieues sans trouver un cabaret [2].

Malgré l'impopularité avérée de cet impôt, Chamillart augmenta les aides dans des proportions insensées. Elles s'élevèrent peu à peu du quart au tiers, puis à la presque totalité du prix de la marchandise vendue en détail [3]. Dans quelques provinces même, le droit de sortie sur le muid de vin de la dernière qualité qui valait vingt francs, monta jusqu'à vingt-cinq francs. Dans plusieurs villes, il y eut cinq, six et jusqu'à onze droits sur la même boisson, onze bureaux, onze brigades de commis. Ces bureaux n'ouvraient qu'à certains jours et à certaines heures, et s'il arrivait que l'un d'eux fût fermé

---

[1] Boisguillebert, *Détail de la France*, p. 199.
[2] Id., *ibid.*, p. 194.
[3] Le droit variait d'abord du douzième au quart du prix de la vente en détail des liqueurs, puis avec les droits nouveaux il s'éleva au tiers; mais à ces droits il fallait ajouter les taxes municipales, celle des hospices et autres, de sorte que l'impôt excédait le prix de la marchandise en gros dans certaines années, ce qui ruinait la consommation. V. Boisguillebert. *Détail de la France*, p. 194.

au moment du passage du contribuable, et que ce dernier, voulant éviter les frais de séjour, négligeât d'acquitter les droits, aussitôt les agents confisquaient à leur profit les voitures et les marchandises [1]. Le débiteur contestait vainement la contravention : par une redoutable fiction de la loi, la parole des commis faisait foi contre lui. Comme ceux-ci percevaient à leur profit le tiers des amendes et des confiscations prononcées par suite de leurs procès-verbaux, ils avaient de la sorte dans leurs mains la fortune et la liberté des citoyens. Quand la marchandise ne suffisait pas pour acquitter la taxe, ils saisissaient au milieu de la route les chevaux et les voitures, comme des voleurs de grand chemin [2].

Les effets d'une semblable législation se firent bientôt sentir : la consommation baissa de moitié ; les traitants eux-mêmes se plaignirent, et leur rapace ignorance réclama de nouveaux droits. Dans l'impossibilité de vendre leurs récoltes, les propriétaires laissaient leurs vignes en friche ; l'Etat, qui ne pouvait imposer un terrain vague comme une terre cultivée, diminuait la taille, et cette diminution générale dans le royaume causait des pertes énormes au Trésor. Un savant économiste du xviiie siècle, estime que les aides, qui rapportaient trente millions, coûtaient soixante millions de frais et causaient au pays quatre-vingts millions de préjudice ; en d'autres

---

[1] Boisguillebert, *Détail de la France*, p. 236-237.
[2] Id., *ibid.*, p. 194 et 236-237.

termes, l'Etat perdait cent quarante millions pour en gagner trente. Dans la moitié des provinces les vignes étaient arrachées, et, disait l'écrivain du temps, si l'on en demandait le motif, il n'y avait pas d'enfant à la mamelle qui ne bégayât que ce ne fût l'œuvre des traitants [1].

Avec les aides, Chamillart augmentait un impôt plus absurde et plus barbare encore, celui de la traite ou des douanes intérieures. Outre les douanes nationales situées à la frontière, il y avait alors au cœur du royaume, de département à département, nous pourrions dire d'arrondissement à arrondissement, un nombre infini de douanes appartenant à l'Etat, aux provinces ou aux seigneurs. Les ponts et les gués, les fleuves et les routes semblaient chargés de barrières. Pour passer en Artois et en Bretagne, en Saintonge, en Périgord, en Auvergne, en Dauphiné, en Languedoc, en Provence, en Franche-Comté, il fallait séjourner et payer. Ces provinces conservaient leurs douanes comme avant leur réunion à la France ;

---

[1] Boisguillebert (*Factum de la France*, p. 273) compte dix millions de perte pour le Trésor dans la seule élection de Mantes. Le résultat le plus caractéristique de la misère des temps, suivant le même auteur, c'est la diminution des procès dans la province de Normandie : « à tel point, s'écrie-t-il, que bien qu'en Normandie le naturel du pays rende la plaidoirie la dernière chose susceptible des effets de la misère, cependant, aux lieux dont la principale richesse consistait en vins et en boissons, toutes les charges de judicature et leurs dépendances ne sont pas à la sixième partie de ce qu'elles étaient autrefois, ce qui diminuant la part que le roi prend dans ces sortes de fonctions, comme le papier timbré, les amendes et les contrats d'exploits, amène à dire qu'il rachète au triple l'augmentation qu'on a cru lui procurer dans celle des droits d'aides, qui sont presque la seule cause de la ruine générale. »
V. *Détail de la France*, p. 195.

la loi les réputait étrangères ! Il y avait douze cents lieues de ces douanes intérieures, qui, suivant l'expression d'un député de Lyon aux états du Dauphiné, rompaient les veines et les artères de la France [1]. Une armée entière, cinquante mille hommes dans la force de l'âge, y veillaient jour et nuit, arrêtant le travail à main armée. Sur la Loire, de Saint-Rambert [2] jusqu'à Nantes, on comptait vingt-huit bureaux. De toutes ces douanes, celle de Valence, établie par Lesdiguières de sa propre autorité, durant les guerres religieuses, et maintenue depuis lors, était la plus redoutée. Les marchands des provinces voisines faisaient de longs détours pour fuir ce coupe-gorge. Les commis les y retenaient des semaines entières, et leur extorquaient chaque fois des valeurs ou de l'argent. On a peine à comprendre aujourd'hui un tel mépris de la fortune et de la liberté des citoyens, et la douane de Valence a duré jusqu'en 1789 !

Comme on se l'imagine aisément, ces péages intérieurs suspendaient les transactions, quintuplaient le prix des denrées et ruinaient les marchands et les producteurs. Pour n'en citer que quelques traits, en Normandie, dans les années abondantes, les cidres se perdaient faute d'acheteurs. Les propriétaires jetaient la moitié de leurs récoltes, et, pendant ce temps, les laboureurs de la Picardie et de la Bretagne

---

[1] Forbonnais. *Recherches sur les finances*.
[2] En Forez, aujourd'hui dans le département de la Loire.

buvaient de l'eau. Les vins de l'Anjou et de l'Orléanais, qui se vendaient un sou la mesure dans le pays, valaient vingt-quatre sous dans les provinces les plus rapprochées. Il en était de même en Bourgogne : ses vins, qui sont « sa manne nourricière[1], » restaient arrêtés sur ses frontières par l'exagération des droits. En Provence, les fermiers laissaient leurs raisins, leur figues ou leurs olives sur les arbres, ou les jetaient le plus souvent au rebut[2]. Ils les auraient vendus facilement à Paris, mais pour les conduire, il fallait franchir tant de lignes de douanes, que les frais du voyage dévoraient le profit du marchand et jusqu'à la valeur de la denrée. Il fallait trois mois et demi, suivant Boisguillebert, pour se rendre de Paris à Marseille[3]. Les marchandises du Japon, venues de quatre mille lieues, à travers les mers et les tempêtes, coûtaient quatre fois seulement leur valeur, et les marchandises de France, portées d'une province à l'autre, coûtaient vingt fois leur valeur[4]. La terre semblait frappée de stérilité par la main de l'Etat. Elle se couvrait en vain de pampres et de fruits, le fisc dévorait tout. Chaque contrée végétait de la sorte faute de pouvoir échanger ses produits contre ceux des contrées limitrophes, et la France était misérable au milieu même de l'abondance[5].

---

[1] Boisguillebert, *Factum de la France*, p. 328.
[2] Id., *ibid.*,, p. 343.
[3] Id., *Détail de la France*, p. 233.
[4] Id., *Factum de la France*, p. 312.
[5] Id., *Détail de la France*, p. 207.

Comme les aides, les douanes provinciales étaient affermées à des traitants qui les sous-affermaient à des financiers, qui, pour gagner sur leur marché, pressuraient jusqu'au sang les provinces. Un écrivain du temps nous raconte à ce sujet un trait bien caractéristique : « En 1677, année d'abondance, des marchands ayant voituré des vins par une rivière à une grande foire, et la quantité excédant la consommation, ces marchands ne trouvant pas à beaucoup près le prix de l'impôt qu'il avait fallu garantir par avance voulurent laisser aux traitants leurs denrées, ne demandant qu'à s'en retourner libres de toute obligation ; mais ceux-ci déclarèrent que ce marché leur serait trop préjudiciable, et que tout ce qu'ils pouvaient faire était de retenir en gage les bateaux, en relâchant les personnes [1]. »

Tous ces hommes, traitants ou sous-fermiers, fermaient les yeux sur les exactions de leurs commis et partageaient ensuite avec eux. La confusion des règlements assurait leurs brigandages. Les droits de la traite étaient si compliqués, qu'à peine deux hommes par génération pouvaient les saisir et les posséder complétement [2]. La loi investissait tous ces agents de pouvoirs draconiens. Ils avaient des recors et des juges, des soldats et des bourreaux. En lisant de telles choses, on ne sait en vérité si l'on doit s'éton-

---

[1] Boisguillebert, *Factum de la France*, p. 311-312.
[2] Necker, *Administration des finances*. 1784. T. II, p. 173.

ner le plus ou de la tyrannie des gouvernants ou de la patience de nos pères !

Chamillart augmenta encore un nouvel impôt, non moins haïssable que les précédents et qui soulevait des résistances continuelles et sanglantes. Nous voulons parler de la gabelle [1].

Comme tous les impôts de cette époque, la gabelle n'était pas également répartie sur toutes les provinces de France. Sans parler des priviléges en vertu desquels la noblesse, le clergé et un grand nombre de couvents et de cours de justice en étaient exempts, on distinguait alors les pays de *franc salé*, où le sel était à bas prix, et ceux de *grande gabelle*, où il se vendait au poids de l'or. Cette différence, qui devait son origine à la division de la France en pays d'états et en pays d'élection, avait donné lieu à une contrebande des plus actives et des plus populaires. Des hommes intrépides, le plus souvent d'anciens déserteurs, connus sous le nom de *faux sauniers*, nom bien oublié de nos jours mais bien connu au XVIIe siècle, se réunissaient par bandes de deux ou trois cents et transportaient des provinces de *franc salé* dans celles de *grande gabelle* le sel que parfois ils avaient pillé dans les greniers royaux et qu'ils vendaient publiquement aux paysans. Malgré la protection que leur assuraient ces derniers [2], ils avaient souvent des luttes terribles à soutenir contre les douaniers qui

---

[1] Du vivant de Colbert, l'impôt du sel rapportait trente millions à l'Etat.
[2] Le gouvernement vendait le sel douze fois sa valeur.

voulaient s'opposer à leur coupable industrie, et, quand il leur fallait céder à la force, ils recouraient à la ruse et confiaient à d'énormes chiens dressés à l'avance les marchandises qu'ils ne pouvaient introduire par les voitures ou par les chevaux. Le gouvernement essaya à plusieurs reprises d'obvier à ces désordres en portant des peines très-sévères contre ceux qui s'en rendraient coupables. En mai 1680 parut une ordonnance punissant de trois cents livres d'amende les faux sauniers qui seraient pris sans armes; une déclaration du 18 mai 1706 ajoutait à cette pénalité trois ans de galères et la peine de mort contre ceux qui seraient armés et en troupes. Ces rigueurs furent inutiles; la contrebande continua, et, en 1707, un an après cette déclaration, il fallut envoyer des soldats pour soumettre les délinquants [1].

Pressé par une détresse toujours croissante, Chamillart descendit jusqu'à la plus basse simonie. Il établit un impôt sur les baptêmes, les mariages et les sépultures. Cette nouvelle taxe souleva les populations : écrasés par tant de charges, les paysans se marièrent sans prêtres, ensevelirent leurs morts et baptisèrent eux-mêmes leurs enfants. Ils les emportaient au fond des bois, et là, au milieu des assistants

---

[1] Saint-Simon, t. VI, p. 52. Suivant M. Eugène Daire, auquel nous empruntons la plupart de ces détails, on arrêtait chaque année deux mille hommes, dix-huit cents femmes, six mille enfants, mille chevaux, et environ cinquante voitures qui faisaient la contrebande du sel. Les tribunaux envoyaient en moyenne trois cents hommes par an aux galères.

découverts, le plus âgé, comme s'il eût été consacré par sa vieillesse, versait l'eau sur la tête du nouveau-né. Les traitants dénoncèrent ces baptêmes clandestins ; le gouvernement arrêta les coupables, mais alors éclatèrent des séditions. Dans le Périgord et le Quercy, contrées montueuses et pauvres, les paysans se levèrent en armes, forçant les gentilshommes à marcher à leur tête, et pillèrent les bureaux des collecteurs. Ils déclaraient qu'ils étaient bons sujets du roi, qu'ils payaient la taille, la capitation, la dîme à leurs seigneurs et à leurs curés, mais qu'ils ne payeraient pas davantage [1]. Une de leurs bandes enleva Cahors, malgré deux bataillons qui l'occupaient [2], et resta maîtresse de la ville pendant plusieurs jours. Chamillart y envoya des troupes qui se rendaient en Espagne, ce qui retarda leur départ de huit jours [3]. Elles reprirent la ville, mais le sang coula [4].

Ainsi s'est écroulé peu à peu l'édifice de Colbert. En vingt années les courtisans ont dissipé son héritage. Il faut ici citer des chiffres, ils tiendront lieu de toutes réflexions. La France de Colbert rapporte cent douze millions, dépense cent dix-neuf millions, doit cent soixante millions ; la France de Chamillart rapporte cinquante millions, dépense deux cent vingt millions, doit quinze cents millions. Chamillart a dévoré d'avance les revenus de cinq ans, de 1708 à

---

[1] Saint-Simon, t. V, p. 282.
[2] Lemontey. *Essai sur la monarchie de Louis XIV*, p. 432.
[3] Avril 1707. Saint-Simon, t. V, p. 329.
[4] Dangeau. *Article inédit cité par Lemontey*, p. 182-184.

1712, et vingt millions seulement restent libres sur l'année 1708 qui va s'ouvrir. Quatre cents millions de billets discrédités couvrent la France. La source impure des moyens extraordinaires elle-même est tarie, et les traitants désertent un ministère qui n'a plus d'impôts à vendre. Telle est la situation du royaume, que les ennemis comptent plus sur sa misère que sur le succès de leurs armes. Ils calculent que l'heure est proche où la France ne pourra plus nourrir ses habitants, ni payer ses soldats [1].

[1] C'est Vauban lui-même qui l'atteste dans sa *Dîme Royale*.

CHAPITRE XIII

(1700-1707.)

Détresse de l'agriculture. — Défense d'exporter les blés. — Rigueurs de la taille.—Son injuste répartition.—Misère des laboureurs. — Aspect des campagnes. — Nécessité de réformer les finances et le système d'impôts.— Projets de Boisguillebert.— Son entrevue avec Pontchartrain.— Il publie le *Détail de la France*. — Insuccès du livre. — Boisguillebert écrit le *Factum de la France*. — Réponse de Chamillart. — Vive brochure de Boisguillebert commençant par ces mots : « Faut-il attendre la paix pour....? »—Exil de Boisguillebert en Auvergne.—Son retour à Rouen. — Vauban. — Sa vie, ses voyages, ses travaux.—Système de la *Dîme royale*. — Vauban réfute d'avance les objections. — Touchant caractère du livre et de l'auteur. — Mécontentement de Louis XIV.—Disgrâce et mort de Vauban.

Les fautes et les malheurs du temps, la guerre, la révocation de l'édit de Nantes, la rareté des capitaux, la vicieuse organisation des charges publiques, accablaient l'agriculture comme l'industrie. Le premier fléau des campagnes était la loi. Colbert, et c'est le seul reproche que l'on puisse adresser à sa mémoire, subissant sous ce rapport les préjugés de son temps, avait entravé le libre commerce des grains. Ses successeurs rendirent la situation pire, en grevant de soixante-six francs tout muid de blé qui passerait la frontière. Un droit aussi énorme arrêta brusquement l'exportation dans un pays qui fournissait autrefois à l'Europe des quantités considérables de grains. Les étrangers, qui remplissaient nos ports, les désertèrent pour aller chercher dans la Baltique des farines allemandes. Loin de comprendre sa faute et suivant des errements déplorables, le ministre interdit la circulation des blés de province à province, décrétant ainsi la ruine des pays agricoles. La Beauce, la Touraine, regorgèrent de grains qui ne trouvaient pas d'acheteurs, tandis que les contrées voisines mouraient de faim. Vainement les agriculteurs vendaient leurs récoltes aux manufactures ou aux brasseries [1], le prix des céréales subit une telle dépréciation qu'il ne suffit plus au remboursement des frais de culture. Les fermages baissèrent de moitié [2]. Dans l'impossibilité de payer les propriétaires, les fermiers renvoyèrent leurs ouvriers et résilièrent leurs baux déjà trop courts [3], désertant une terre ingrate qui ne récompensait plus leur travail. Mais le plus grand fléau de l'agriculture était l'impôt foncier. Indépendamment de la capitation, des corvées et des dîmes, le laboureur était soumis à la taille, qui comprenait nos deux

[1] Où on les employait à la confection des bières et des amidons. Boisguillebert. *Factum de la France*, t. 1er de la *Collection des Economistes*, édition Guillaumin, 1843, p. 286.

[2] « Une ferme, écrivait Boisguillebert, baillée aujourd'hui à mille livres, et dont on est souvent mal payé et le fermier obligé de faire banqueroute, était autrefois à deux mille livres. »

[3] En 1693, défense avait été faite de faire des baux de neuf ans, dans le but de faire passer des actes plus fréquemment, c'est-à-dire, comme dit Forbonnais, que l'on défendit aux fermiers de s'attacher à la terre. En Angleterre, dès cette époque, les baux étaient de quatorze, vingt-un et vingt-huit ans. V. Henri Martin, *Histoire de France*, édition 1848, t. XVI, p. 161.

taxes modernes de la contribution foncière et de la cote personnelle et mobilière. La taille ne frappait pas également toutes les provinces. Les *pays d'états* payaient la *taille réelle*, impôt équitable, établi sur la terre, base immuable, visible et sûre. Les pays d'*élection*, au contraire, c'est-à-dire les deux tiers du royaume payaient la *taille personnelle*, qui portait sur la personne et sur la fortune présumée du contribuable. Cet impôt, déjà si élevé, ne frappait pas tous les citoyens. Les nobles et les ecclésiastiques, les officiers de justice et de finance en étaient affranchis. Les propriétaires aisés du tiers état achetaient à prix d'argent leur exemption, et la taille retombait exclusivement sur les marchands, les laboureurs et les ouvriers, c'est-à-dire sur tous ceux qui, vivant de leur travail, ressentaient le plus de besoin de la protection et de la sauvegarde de la loi.

La répartition de cet impôt ne se faisait même pas également. Chaque année, quand le chiffre de la taille avait été fixé dans le conseil, le ministre des finances la partageait entre les vingt-cinq généralités [1] du royaume, les intendants entre les élections [2], les élus [3] entre les paroisses, les collecteurs [4] entre les

---

[1] Les généralités étaient les divisions financières : elles comprenaient environ quatre départements.

[2] Les élections étaient les subdivisions financières : elles comprenaient à peu près notre arrondissement.

[3] Les élus étaient des receveurs de finances, qui avaient quelque rapport avec nos receveurs particuliers. On les appelait ainsi parce qu'ils étaient autrefois élus par le peuple.

[4] Les collecteurs étaient une sorte de percepteurs municipaux. C'é

divers habitants de chaque paroisse. Une injustice révoltante présidait à toutes ces opérations, depuis le cabinet du ministre jusqu'à la chaumière du paysan. A Versailles, les intendants exaltaient les ressources de leurs provinces et les accablaient à l'envi. Dans la province, les propriétaires seigneuriaux ou ecclésiastiques obtenaient de l'intendant la décharge de leur élection, et cette décharge retombait fatalement sur les élections voisines. Dans la paroisse même [1], les personnages influents obtenaient des répartiteurs le dégrèvement de leurs fermiers et de leurs protégés. Il en était ainsi de paysan à paysan, de misérable à misérable ; chacun luttait pour arracher au fisc son bien et sa personne. La partialité de l'impôt était flagrante. Il était fort ordinaire de voir une ferme de quatre mille livres de revenu payer cinquante francs, tandis qu'une autre de cinq cents livres payait cent francs[2]. L'incertitude de la taille[3], qui variait suivant

---

taient des habitants chargés de répartir et de lever l'impôt, à leurs risques et périls, moyennant le léger bénéfice de deux centimes par franc.

[1] « Les collecteurs élus en plus ou moins grande quantité, suivant que la paroisse est forte, y en ayant jusqu'à sept dans les lieux considérables, se font faire la cour à leur tour pour l'asseoir sur leurs concitoyens.... On commence par se venger de ceux de qui on croit être blessé.... Après quoi on a soin de ses parents ou amis riches ou pauvres.... On épargne les fermiers du seigneur de la paroisse.... On a le même égard pour les gentilshommes qui sont de quelque considération.... jusqu'à des procureurs et des sergents. » V. *Factum* de Boisguillebert, p. 284-285.

[2] Vauban, *Dîme royale*. T. Ier de la *Collection des Économistes*, édition Guillaumin, p. 51.

[3] « L'*incertitude* qui commence la danse met dans l'obligation tous les sujets qui y sont exposés de s'abstenir de toutes sortes de dépenses, et même de trafic qui fasse bruit ; il n'y a qu'un ordinaire de pain et

la fortune présumée du contribuable et le caprice d'un collecteur vénal ou ennemi, démoralisait et décourageait les paysans et les commerçants[1]. Pourquoi, dès lors, acheter un petit troupeau, tenter un petit commerce, et engraisser ou retourner trois fois laborieusement son champ[2]? le collecteur comptait les bêtes de bétail, estimait sur pied la moisson, et le fisc seul profitait des améliorations que le travail avait pu produire[3]. Il en résulta que les laboureurs en

d'eau qui puisse faire vivre un homme en sûreté de n'être pas la victime de son voisin, s'il lui voyait acheter un morceau de viande ou un habit neuf. S'il a de l'argent, par hasard, il faut qu'il le tienne caché, parce que pour peu qu'on en ait le vent, c'est un homme perdu. —L'*injustice*.... il est fort naturel de voir une grande recette (ferme) ne pas contribuer d'un liard pour livre, pendant qu'un malheureux qui n'a que ses bras pour vivre, lui et toute sa famille, est à un taux qui excède tout ce qu'il a vaillant, en sorte qu'après la vente de quelques chétifs meubles, comme paillasse, couvertures et ustensiles propres seulement au travail manuel, on procède à la vente des portes, des sommiers et de la charpente des maisons.» V. *Factum* de Boisguillebert, p. 282-283.

[1] « Il n'y a pas cinquante ans qu'au bourg de Fécamp, en Normandie, il y avait cinquante bâtiments terre-neuviens qui allaient à la pêche de la morue en Terre-Neuve, et faisaient par conséquent, chacun sur le lieu, pour sept à huit mille livres de consommation; ils n'avaient d'autre occupation qu'une simple maison pour leurs femmes et pour leurs enfants et pour eux lorsqu'ils n'étaient point en mer: cependant on les a si bien fatigués par des tailles exorbitantes.... qu'ils se sont tous retirés, et il n'en restait pas trois avant le commencement de la guerre: les uns ont tout à fait quitté le commerce, et la plus grande partie étant de la nouvelle religion a passé en Hollande, où ils ont acquis des richesses immenses. » V. Boisguillebert, *Détail de la France*, p. 185.

[2] .... « Si les démons avaient tenu conseil pour aviser au moyen de damner et de détruire tous les peuples du royaume, ils n'auraient pu rien établir de plus propre à arriver à pareille fin. » V. Boisguillebert, *Factum de la France*, p. 270.

[3] « Enfin considérant la manière dont la taille se départit, s'impose et se paye..., il faut demeurer d'accord qu'elle est également la ruine des biens, des corps et des âmes. » V. Boisguillebert, *Détail de la France*, p. 187.

haine d'une peine inutile, ne demandèrent à la terre que le pain qui devait les nourrir. Ceux qui, plus actifs ou plus avides, voulaient s'enrichir malgré la loi, cachaient leur aisance comme un crime, évitaient d'améliorer leurs terres, d'acheter des bestiaux, et, se refusant toute jouissance qui aurait pu les trahir, enfouissaient leur argent, portaient des haillons et laissaient s'écrouler leurs demeures [1].

Injuste dans son établissement, la taille était ruineuse par sa perception. Les traitements des nombreux receveurs et des juges établis pour la juridiction particulière des tailles dévoraient le quart de l'impôt. Tous ces officiers vivaient des atermoiements et des procédures intentées aux retardataires, et ils augmentaient l'année suivante la quote-part du contribuable qui avait eu la maladresse de s'acquitter au jour fixé. Les huissiers qui partageaient avec eux leur faisaient des remises : tant pour la contrainte, tant pour la saisie, tant pour la vente du mobilier. Ils remplissaient leur ministère avec une rigueur impitoyable. Colbert avait défendu de saisir les outils et les bestiaux du paysan [2], mais Colbert était mort, et les recors sûrs de l'impunité saisissaient les meubles, les semences, les lits des enfants du débi-

---

[1] « Comme il faut éviter toute montre de richesses.... et que l'âme de l'agriculture et du labourage est l'engrais des terres qu'on n'obtient pas sans bestiaux, on n'oserait presque en avoir la quantité nécessaire, quand même on le pourrait, de peur de le payer au double par l'envie des voisins. » V. Boisguillebert, *Détail de la France*, p. 190.

[2] Par une disposition formelle du code Louis, Colbert avait défendu de saisir les bestiaux pour assurer le payement des dettes, et avait prescrit de laisser aux saisis une vache, trois brebis ou deux chèvres.

teur, et jusqu'au linge déchiré qui séchait sur les buissons d'alentour. Quelques-uns poussaient la cruauté jusqu'à démonter les portes, arracher les poutres des maisons[1], et laissaient la famille du laboureur nue et désolée, dans une maison ouverte à tous les vents [2].

Épuisée par tant d'exactions, l'agriculture dépérissait chaque année. Depuis un demi-siècle, les bestiaux avaient diminué de plus des trois quarts [3]. La terre ne donnait plus que le tiers ou le quart de ses anciens produits. En Languedoc, lors de l'établissement du dixième, les États offrirent au roi leurs domaines s'il voulait leur assurer le dixième net du revenu. En Flandre, à l'autre extrémité du royaume, les propriétaires ne touchaient pas même cette minime fraction. Les famines étaient périodiques : en 1679, en 1693, en 1694, en 1696[4]. Les contrées les plus fécondes étaient couvertes d'épines et de chardons; d'immenses territoires restaient en friche, la France avait l'aspect d'un pays ravagé par la peste ou par l'invasion.

Dans la plupart des provinces, à défaut des hommes que la guerre enlevait à leurs travaux, les femmes elles-mêmes labouraient la terre[5] pour donner

---

[1] Boisguillebert, *Factum de la France*, p. 283.
[2] Forbonnais, t. II, p. 183. Vauban, *Dîme royale*, p. 51.
[3] « Il n'y a pas dans le royaume la quatrième partie des bestiaux qui s'y trouvaient il y a quarante-cinq ans. » Boisguillebert, *Factum de la France*, p. 347.
[4] Boisguillebert, *Traité sur les grains*.
[5] « Combien de lieux déserts en France, combien d'endroits où les

du pain à leurs enfants. La misère des populations agricoles et industrielles était indicible et effrayante.

Dans la généralité de Rouen, sur sept cent mille habitants, plus de six cent mille couchaient sur la paille[1]. On rencontrait à chaque pas des maisons en ruine, des hommes aux vêtements en lambeaux, à

femmes sont obligées de suppléer à l'absence des hommes et de labourer les terres pour ne pas les laisser en friche, et pourvoir à la nourriture de leurs enfants ! » *Plaintes des protestants.* Préface de Basnage, p. XX.

[1] Boulainvilliers, *État de la France.*—Vauban, *Dîme royale*, p. 106.

Boisguillebert cite dans le *Détail de la France* un exemple frappant des effets désastreux que la taille personnelle avait produits dans un pays qui réunissait pourtant toutes les conditions désirables de prospérité, et il suffira de citer, pour faire ressortir d'une manière palpable les avantages de la taille réelle : « .... par ce qui se passe en France aux lieux où la taille n'est point arbitraire, et où pareillement les aides et droits sur les passages n'ont point encore eu lieu, on verra la différence de ces contrées avec les autres. — La généralité de Montauban ne vaut pas la sixième partie de la généralité de Rouen, soit pour la situation, qui n'a ni mer ni rivières pour voisins, au lieu que la généralité de Rouen a Paris d'un côté et la mer de l'autre, qui est la plus avantageuse situation du monde; son terroir n'a point son pareil en fécondité; les villes et les bourgs y sont sans nombre et peuplés à proportion; et cependant, avec tous ces avantages, elle ne rapporte au roi qu'un tiers de plus que celle de Montauban, qui, en taille seule, qui est réelle, rapporte trois millions quatre cent mille livres; tandis que tout ce que le roi a jamais tiré de la généralité de Rouen en revenus ordinaires n'a jamais été à plus de six ou sept millions tout compris. *Mais la différence à l'égard des peuples est encore bien plus grande :* dans la généralité de Montauban, il est impossible de trouver un pied de terre auquel on ne fasse rapporter tout ce qu'il peut produire; il n'y a point d'homme, quelque pauvre qu'il soit, qui ne soit couvert d'un habit de laine d'une manière honnête; qui ne mange du pain et ne boive de la boisson autant qu'il lui en faut, et presque tous usent de la viande, tous ont des maisons couvertes en tuiles, et on les répare quand elles en ont besoin. Mais dans la généralité de Rouen, *les terres qui ne sont pas du premier degré d'excellence sont abandonnées ou si mal cultivées qu'elles causent plus de perte que de profit à leurs maîtres. La viande est une denrée inconnue par les campagnes, ainsi qu'aucune sorte de liqueur pour le commun peuple ; la plupart des maisons sont presque en totale ruine, sans qu'on prenne la peine de les réparer.... et avec tout*

l'œil hagard, des femmes pâles de faim qui se traînaient plutôt qu'elles ne marchaient, des enfants demi-nus qui se sauvaient à la vue des étrangers. Parlant des paysans du Berry, l'intendant de Bourges écrit : « Il n'y a pas de nation plus sauvage que ces peuples : on en trouve quelquefois des troupes à la campagne, assis au milieu d'une terre labourée et toujours loin des chemins, mais si l'on en approche, cette bande se dissipe aussitôt[1]. » En lisant les documents économiques ou officiels de l'époque, on comprend ces lignes de La Bruyère, dont la cruelle ironie serre le cœur : « L'on voit certains animaux farouches, des mâles et des femelles, répandus par les campagnes, noirs, livides et tout brûlés du soleil, attachés à la terre qu'ils fouillent et qu'ils remuent avec une opiniâtreté invincible. Ils ont comme une voix articulée ; et quand ils s'élèvent sur leurs pieds, ils montrent une face humaine, et en effet ce sont des hommes. »

Tant d'abus, tant de souffrances émurent deux hommes de profession différente, mais brûlant tous deux du même amour de l'humanité, Boisguillebert et Vauban. Boisguillebert, lieutenant général au bailliage de Rouen[2], était un magistrat laborieux et

---

cela *les peuples s'estimeraient heureux s'ils pouvaient avoir du pain et de l'eau à peu près leur nécessaire, ce qu'on ne voit presque jamais.* » V. p. 217 et 218.

[1] Boulainvilliers, *État de la France*, t. V.
[2] Pierre le Pesant, seigneur de Boisguillebert, né vers 1650. Les fonctions de lieutenant général au bailliage correspondaient à celles de juge d'instruction au tribunal de 1re instance.

instruit, qui imagina d'abord un nouveau système d'impôts pour remplacer les aides et les tailles. Avec la confiance d'un réformateur et l'inexpérience d'un homme de bien, il se rendit à Versailles et demanda au contrôleur général des finances, Pontchartrain, une audience qu'il obtint. Il lui dit qu'il s'attendait bien au premier abord à passer pour un fou, mais qu'après quelques moments d'attention, ses projets de réforme seraient certainement goûtés par le ministre. Pontchartrain, dont la malice égalait la vivacité, profita du prétexte pour éconduire un *donneur d'avis* : « J'aime mieux, lui dit-il, m'en tenir à votre première parole, » et il lui tourna le dos [1].

Sans se décourager, Boisguillebert revint à Rouen, où il exposa ses idées dans un livre qu'il publia en 1697, sous ce titre un peu merveilleux : *Détail de la France, la cause de la diminution de ses biens et la facilité du remède, en fournissant en un mois l'argent dont le roi a besoin et en enrichissant tout le monde* [2]. Boisguillebert avance dans cet ouvrage que le revenu de la France a diminué depuis l'année 1660 de cinq ou six cents millions, sans que depuis cette époque le chiffre de l'impôt ait augmenté dans les mêmes proportions que précédemment. La raison de cette

---

[1] Saint-Simon, t. V, p. 285.

[2] « .... Ce sont les peuples mêmes qui parlent dans ces *Mémoires*, au nombre de quinze millions contre trois cents personnes au plus, qui s'enrichissent de la ruine du roi et des peuples, lesquels ne demandent que la publication de *deux édits*, pour être au bout de deux heures en état de labourer leurs terres en friche et de vendre leurs denrées perdues, ce qui doublerait sur-le-champ et le revenu de leurs terres et celui du roi. » V. Boisguillebert, *Détail de la France*, p. 218.

diminution du revenu public, il l'attribue à l'énorme dépression survenue dans la consommation et l'échange des denrées pendant les trente dernières années. L'incertitude et l'injustice qui président au mode de répartition de la taille, la responsabilité écrasante imposée aux collecteurs, l'augmentation incessante des droits sur les boissons et sur les céréales, les vexations intolérables des commis, sont autant de causes qui ont réduit le cultivateur aux abois. Celui-ci voyant chaque année le prix de la main d'œuvre dépasser le prix de vente de ses produits, qui ne peuvent plus trouver à s'écouler, certain d'ailleurs, s'il paye régulièrement l'impôt, ou s'il s'efforce d'étendre son exploitation, de voir plus tard le fisc lui imposer une augmentation en dehors de toutes proportions avec le faible bénéfice qu'il aura pu réaliser, préfère restreindre sa culture aux terres les plus fertiles et laisser en friche celles dont le produit ne lui assure pas un prix rémunérateur de son travail. S'il a pu amasser péniblement quelques économies, il fait mille efforts pour les soustraire à l'insatiable avidité des gens du roi, et les réserve pour des temps meilleurs. Partant de là, Boisguillebert entre dans des considérations qui étonnent chez un écrivain de cette époque, sur la nature de la richesse et sur les véritables fonctions que les métaux précieux sont appelés à remplir dans la vie des nations [1]; on trouve

---

[1] « Dans la richesse.... l'argent n'est que le moyen et l'acheminement, au lieu que les denrées utiles à la vie sont la fin et le but; et qu'aussi un pays peut être riche sans beaucoup d'argent, et celui qui n'a que de

en germe les belles idées que développeront plus tard les grands économistes de la fin du xviii° siècle.

Passant à l'examen des mesures qui lui semblent indispensables pour ramener le bien-être dans la nation, l'aisance dans les campagnes et l'argent dans les caisses de l'Etat, il réclame avant toutes choses la stricte exécution des édits sur la taille ; il rappelle la teneur de l'édit rendu par Charles VII, qui impose la taille à tous les sujets du royaume, sans distinction aucune entre les nobles et les roturiers, entre les laïques et les prêtres, « sans ombre de privilége ni de cléricature. » Pour couper court à tous les abus qu'entraînent les aides et les douanes, qui ne rapportent pas au roi la vingtième partie de ce qu'elles coûtent aux peuples ; il propose de les supprimer et de leur substituer un impôt fixe sur les cheminées, « payable par privilége sur les loyers et portable à la récolte des tailles, » qui présenterait le double avantage d'avoir une base certaine d'évaluation des fortunes et de passer immédiatement des mains des contribuables dans celles du roi sans le ruineux intermédiaire des agents.

L'adoption de son système doit produire une soudaine métamorphose : la consommation, débarrassée

l'argent très-misérable, s'il ne le peut échanger que difficilement avec mêmes denrées.... Et quand l'argent produit de l'utilité, ce n'est point dans le coffre, mais en le gardant le moins qu'il est possible ; et comme c'est la consommation dont il n'est que l'esclave qui mène sa marche, du moment qu'elle cesse, il s'arrête aussitôt et demeure comme immobile dans les mains où il se trouve, lorsque le désordre commence à se faire sentir. » V. le *Détail de la France*, p. 210 et 211.

de ses entraves, reprendra son cours normal; les denrées, paralysées jusqu'alors dans les mains des producteurs, retrouveront leurs débouchés naturels; les vignes se replanteront rapidement; les terres, désormais cultivées, atteindront bientôt leur valeur primitive, et le laboureur ne sera plus obligé « de cacher ses richesses et de se refuser des dépenses de peur d'être augmenté. » Enfin les classes privilégiées comprendront que leur fatale obstination à se faire exonérer des charges publiques n'a eu jusqu'à ce jour d'autres conséquences que de contribuer à l'enrichissement des traitants, à la dépréciation progressive de leurs propriétés, et se soumettront sans résistance à un ordre de choses aussi favorable à leurs intérêts; quant au roi, en quinze jours il sera à même d'apprécier l'efficacité des nouvelles mesures : « Pour Sa Majesté, il est inconcevable l'utilité qu'elle en retirera, puisque la plus grande partie de ses revenus étant attachée à ceux de ses sujets, les uns haussant, nécessairement il en sera de même des autres, et le roi aura deux cents millions de rentes, parce que les terres qui étaient baillées à mille livres seront affermées deux mille. »

Dans son livre, Boisguillebert opposait sans cesse Sully à Colbert. Tout en rendant justice à son intégrité, il haïssait Colbert, sans doute comme protecteur de l'industrie, et il lui imputait la ruine du royaume. Ici Boisguillebert parlait le langage du passé. C'était un homme du XVIe siècle, qui se préoccupait trop des intérêts agricoles. Il exaltait avec raison Sully, mais il oubliait que l'industrie, naissante sous Henri IV, était pleine de vie sous Louis XIV ; qu'il fallait la soutenir et non l'étouffer, et qu'on devait à l'avenir développer en même temps l'agriculture et l'industrie, sœurs ennemies mais inséparables.

Le *Détail de la France* était passé inaperçu. Plein de confiance en lui-même, Boisguillebert publia un second livre intitulé le *Factum de la France*.

Dix années se sont écoulées depuis l'époque où il publiait son premier ouvrage ; dix années de sinistre mémoire, pendant lesquelles toutes choses sont allées de mal en pis ; ses sombres prévisions ne se sont que trop bien vérifiées : la diminution dans les revenus publics a atteint en 1707 le chiffre de quinze cents millions. A quelle cause attribuer cette énorme misère, sinon à cette routine fatale qui consiste à suivre les chemins frayés, si mauvais qu'ils soient, et contre laquelle il s'est élevé de toutes ses forces dans son premier ouvrage? A quelles causes, sinon à l'injustice et à l'incertitude de la taille, à l'avilissement des grains [1], aux aides, aux

---

[1] Boisguillebert insiste longuement sur cette cause, dont il n'avait pas parlé dans le *Détail*, et qui selon lui fait perdre trois cents millions de revenus à l'Etat. Dans un traité spécial il examine la question plus à fond et se montre ardent partisan de la libre exportation des grains, comme étant le seul moyen de maintenir un équilibre salutaire entre la trop grande cherté et le trop grand avilissement des blés : « Si le laboureur vend son blé trop cher, voilà une famine qui fait périr une infinité de monde, dont on n'a fait que trop d'expérience ; et, par fait contraire, le blé étant à vil prix comme aujourd'hui, ne pouvant atteindre non-seulement au payement du propriétaire, mais même aux frais de la culture,

douanes[1] ? Il tonne avec une brûlante indignation, qui trouve son excuse dans l'accroissement des fléaux et dans la conviction d'une âme honnête, contre cet odieux système « qui n'a pu se maintenir jusqu'à ce

---

le canal nécessaire pour faire passer cette manne aux mains des ouvriers qui n'ont d'autre revenu que leurs bras, est coupé, savoir : le maître qui n'est point payé. Et voilà deux cents professions (qui composent aujourd'hui les états polis et opulents) à sec ; leur travail leur devient infructueux, comme les grains en perte à ce laboureur ; en sorte qu'il est par là mis hors de pouvoir, non-seulement de payer son propriétaire, mais même de continuer à cultiver la terre : ce qui en fait demeurer quantité en friche, négliger les engrais des meilleures et prodiguer les grains à des usages étrangers, comme nourriture de bestiaux, surtout les chevaux, et confections de manufactures, savoir les bières et amidons.... Le mal est que MM. les ministres qui se sont mêlés de cette direction depuis 1660 ont cru que cette manne coûtait aussi peu à percevoir et faire venir que celle que Dieu envoya dans le désert aux Israélites, ou tout au plus qu'elle était comme des champignons ou comme des truffes; qu'elle croissait en tout son contenu à pur profit au laboureur, et qu'à quelque bas prix qu'elle pût être, il gagnait moins, mais ne pouvait jamais perdre; et qu'ainsi il fallait qu'une autorité supérieure empêchât que les pauvres ne fussent victimes de son avidité. C'est néanmoins cette autorité qui a tout gâté, ayant également ruiné les riches et les pauvres, dans l'une et dans l'autre extrémité de cherté et d'avilissement qui se sont enfantées et s'enfantent même toujours réciproquement. » V. *Factum de la France*, p. 285 et 286.

[1] Cela a été si loin pour les droits de sortie, quoiqu'on sache que la richesse d'un Etat consiste dans les envois au dehors, qu'il s'en trouve jusqu'à vingt-six dans un seul port de mer, c'est-à-dire vingt-six droits ou déclarations à passer à diverses personnes ou différents bureaux avant qu'un seul vaisseau puisse décharger ou mettre à la voile et emporter ou débarquer les marchandises chargées. Il n'y a pas un de ces receveurs de droits ou déclarations qui ne veuille faire sa fortune : ils savent bien tous que ce ne peut être par le moyen de leurs gages, qui sont souvent très-médiocres ; ce n'est donc que par les vexations.... Qui est-ce qui n'eût point pensé que c'est la même chose, sans aucune différence, que si un prince ayant à recevoir cent mille livres par an, son intendant commettait dix personnes avec mille livres de gages chacune pour percevoir dix mille livres chacune, bien qu'une seule faisant toute la recette, n'eût pas de quoi s'employer en ne donnant que la vingtième partie de son temps. » V. *Factum de la France*, p. 314 et 316.

jour que comme celui de l'Alcoran, c'est-à-dire par la défense de parler et la menace d'être empalé si l'on désobéissait. »

Les réformes qu'il propose sont pour la plupart empruntées au *Détail de la France* : il réclame de nouveau la mise en vigueur des belles ordonnances de Sully sur les tailles ; il abandonne toutefois son projet, qui consistait à imposer les cheminées, et, reprenant un à un tous les impôts qu'il a précédemment flétris, il discute les inconvénients inhérents à chacun d'eux, dont le moindre est de ruiner les intérêts du pays sans nul profit pour le roi. Pour les boissons, au lieu de ces droits multiples « revêtus d'un nom de guerre [1], et qui sont autant de piéges tendus à des malheureux qui ne savent ni lire ni écrire, il demande l'établissement d'une taxe uniforme et invariable, facile à percevoir et destinée par cette raison même à favoriser la circulation des denrées. Pour les douanes il réclame dans le plus bref délai leur suppression complète dans tout l'intérieur du royaume, la liberté absolue d'exportation comme étant le seul moyen de relever la valeur des produits nationaux ; s'il consent au maintien des droits d'entrée sur les marchandises étrangères, c'est à la condition qu'on fera disparaître toutes les entraves dont le payement de ces droits a été accompagné jusqu'à ce jour, et qui ont éloigné de nos ports tous les étran-

---

[1] Tels que « parisis, sou denier, traverse, resve, haut passage, grand, petit et nouveau droit, jauge, passe-debout, etc. » V. *Factum de la France*, p. 331.

gers qui les encombraient naguère. Il termine par la capitation qu'il propose d'établir au dixième de la valeur de tous les biens, meubles et immeubles ; bien appliquée et bien entendue, la capitation est l'impôt le plus raisonnable et le plus juste, en ce sens qu'il atteint chaque contribuable dans la proportion de ce qu'il possède ; ce dixième, payable en argent, pourra produire chaque année environ quatre-vingts millions qui, ajoutés aux autres droits, devront suffire aux terribles exigences du moment.

Telles étaient en abrégé les idées du réformateur ; pleines de justice, inspirées par l'étude approfondie d'une organisation défectueuse, basées sur une logique irréfutable, elles auront cependant à lutter pendant tout un siècle pour se faire jour et triompher des passions égoïstes d'un petit nombre d'hommes dans les mains desquelles s'est concentrée toute la fortune publique. Toutefois le cri de détresse poussé par Boisguillebert fut si perçant que l'écho en retentit jusqu'à Versailles. Ce livre reproduisait avec une vérité si saisissante[1] toutes les misères de l'époque,

[1] Dès le début de son livre, Boisguillebert, mettant en opposition l'état de la France avant et après l'adoption de son système, déclare que la situation de son pays serait celle d'un condamné qui, après avoir été menacé du dernier supplice, recevrait sa grâce du roi et passerait dans un instant du dernier malheur à une très-heureuse situation, « ou bien encore celle d'une place assiégée dont il suffit d'ouvrir les portes pour faire cesser les rigueurs exceptionnelles qu'elle a dû subir pendant tout le temps qu'a duré l'investissement. La ville de la Rochelle, lors de sa prise par le roi Louis XIII, ne fut qu'un moment à acheter le pain cent sous la livre, c'est-à-dire à voir tous les jours cent ou cent vingt de ses habitants mourir de faim, et puis, les portes ouvertes par sa reddition, elle se procura ce même pain à moins d'un sou la livre. » V. p. 320. Il conclut en s'écriant qu'il présente ses *Mémoires* au public « à une con-

que Chamillart, alors ministre des finances, désira connaître l'auteur et le fit venir à son château de l'Étang ; il l'accueillit avec bienveillance mais il lui représenta que le moment était mal choisi, et qu'il serait impossible de mettre son système à exécution avant la fin de la guerre.

Cette objection plusieurs fois répétée excita l'impatience de Boisguillebert. Il répondit par une brochure courte et virulente, où il prenait le ministre à partie. Elle commençait par ces mots : *Faut-il attendre la paix pour......*[1], qui revenaient sans cesse et frappaient par leur répétition. Boisguillebert y représentait Sully réformant les finances au milieu de la guerre étrangère et de la guerre civile ; il montrait l'augmentation croissante du déficit, l'encombrement des papiers royaux, les ravages des taxes, les dilapidations des traitants, l'altération des monnaies, dix fois changées depuis vingt ans, les usines fermées, les campagnes désertes, les paysans fuyant dans les bois, les générations fauchées dans leur fleur, et trois cent mille enfants mourant chaque année

dition qui ne sera pas enviée par les contredisants, savoir, celle qui était pratiquée par les Athéniens. Ce peuple avait établi que tout porteur de nouveaux règlements serait tranquillement écouté, quel qu'il fût, mais qu'il fallait commencer par avoir une corde au cou, afin que si l'exécution, loin de se trouver avantageuse, se trouvait dommageable à l'Etat, l'auteur fût étranglé immédiatement. » V. p. 350.

[1] « Faut-il attendre la paix pour faire labourer les terres dans toutes les provinces, où la plupart demeurent en friche ?... pour faire payer les propriétaires des fonds par ceux qui les font valoir ? Faut-il attendre la paix pour faire cesser d'arracher les vignes ?... — pour ordonner que les tailles seront justement réparties dans tout le royaume ?..., etc., etc. » V p. 359 et suivantes.

dans leurs berceaux. La guerre étrangère, s'écriait-il, coûte vingt fois moins au royaume que les désordres intérieurs, provoqués et entretenus par les impôts, « qui mettent l'incendie dans toutes les contrées de la France. » Il supplie qu'on arrête sur-le-champ « des manières qui font horreur au ciel et à la terre. » Soulevant, comme il le disait lui-même avec une sombre énergie, le cadavre de la France, il le jetait aux pieds du ministre et demandait s'il était possible d'attendre encore. Il ajoutait ces paroles cruelles pour Chamillart : « L'esprit le plus borné et le plus rempli de ténèbres qui fut jamais ne peut-être assez aveuglé pour produire de pareils soutiens. »

Le nom de Sully si souvent invoqué, le ton et les allusions de cette brochure blessèrent Chamillart. Il défendit le *Factum de la France* et répliqua par une lettre de cachet qui suspendait Boisguillebert de ses fonctions et l'exilait en Auvergne [1]. Le courageux magistrat s'y rendit sans une plainte. Mais après deux mois d'exil, comme il n'avait d'autre fortune que sa place, ses parents sollicitèrent et obtinrent son pardon. Boisguillebert revint à Rouen, où ses concitoyens honorèrent son retour par un hommage solennel : le jour de son arrivée, ils se portèrent tous ensemble à sa rencontre [2].

Précisément à la même époque, le maréchal de

---

[1] Mars 1707.
[2] *Mémoires de Saint-Simon*, t. V, p. 291, et *Vie de Boisguillebert*. — Boisguillebert rentra ensuite dans l'obscurité ; on pense qu'il mourut en 1714.

Vauban, ami de Catinat et de Fénelon, et attaché comme eux au parti du duc de Bourgogne, étudiait lui aussi les redoutables questions de l'existence des sociétés, dont les hommes d'État se préoccupaient alors pour la première fois. La vie de Vauban est assez belle pour nous arrêter quelques instants. Au milieu des grandes figures du règne, celle du maréchal est un peu restée dans l'ombre. On a célébré l'ingénieur, on a trop oublié le citoyen [1]. Il y a là une injustice: ce noble front mérite plus d'une couronne.

Vauban est né près d'Avallon [2], au milieu des montagnes du Morvan [3], contrée dure et froide, sur les confins du Nivernais et de la Bourgogne, non loin de la patrie d'un autre réformateur, Théodore de Bèze [4]. Sa famille possédait la terre de Vauban [5] depuis deux siècles; mais son père en mourant laissait une fortune compromise; sa mère ne lui survécut pas longtemps; des créanciers saisirent le domaine et l'enfant resta seul, pauvre et abandonné.

Un bon prêtre de Semur, nommé Fontaine, le recueillit et lui enseigna l'écriture et quelques éléments de géométrie. Il lui donna en outre la saine et forte éducation de la liberté, le laissant courir avec

---

[1] Voltaire a dit de lui qu'il était le premier des ingénieurs et le meilleur des citoyens.

[2] En 1633, à Saint-Léger-du-Fougeret (Nièvre).

[3] « Dans ce pays bossillé et montagneux, dit-il dans son style pittoresque, frontière de Morvan et faisant partie de la Bourgogne et du Nivernais. » *Dîme royale*, p. 93.

[4] Né à Vézelay.

[5] Le château de Vauban existe encore.

les enfants de son âge, comme Henri IV et Duguesclin. L'orphelin apprit ainsi à partager les plaisirs et les douleurs des enfants des pauvres : il parlera tout à l'heure en leur nom. A dix-sept ans, au milieu des guerres de la Fronde, Vauban quitta son maître. Malgré son excessive jeunesse, il se sentait déjà assez fort pour tenir une épée, il alla trouver le grand Condé et lui demander du service. Condé l'accueillit et Vauban fit ses premières armes sous les drapeaux de la Fronde. Il y étudiait avec ardeur l'art des fortifications, lorsqu'il tomba dans un parti de troupes royales, qui le conduisent à Mazarin : le cardinal, qui se connaissait en hommes, devine sa valeur, l'attache au service du roi, et à vingt-six ans Vauban dirige en chef les siéges d'Ypres et d'Oudenarde. Il fortifie ensuite les conquêtes de Louis XIV en Flandre et en Franche-Comté, creuse le magnifique bassin de Dunkerque, qui contiendra trente vaisseaux, et devient le premier ingénieur de l'époque. Louis XIV l'emmène avec lui dans toutes ses campagnes ; Louvois lui écrit que la conservation de sa personne est considérée comme une affaire d'État. Cinq fois blessé, Vauban expose partout sa vie, et se montre avare du sang de la France. Au siége de Cambrai, il s'opposa à l'attaque d'un fort avancé que Louis XIV voulait prendre. « Vous perdrez, lui dit-il, tel homme qui vaut mieux que le fort. » Le roi ne tint pas compte de ses conseils, et fut repoussé avec une perte considérable. « Une autre fois, dit-il à Vauban, je vous croirai. » A ce même siége, Louis XIV voulait donner l'assaut, Vauban s'y oppose encore : « J'aime mieux, dit-il, garder cent soldats à Votre Majesté que d'en ôter trois mille à l'ennemi. — Versons moins de sang, répétait Vauban, et brûlons plus de poudre. » Dans une autre circonstance, au siége de Luxembourg, il montra toute l'ardeur d'un officier de fortune ; toutes les nuits, il s'avançait sous les murs suivi de quelques grenadiers qu'il faisait coucher à plat ventre le mousquet à la main. Une nuit, s'apercevant qu'il est découvert, sans songer à la retraite il fait signe aux ennemis de ne pas tirer; ceux-ci, trompés par sa hardiesse, le prennent pour un de leurs généraux et le laissent examiner les glacis et les fortifications. Vauban ayant fini sa reconnaissance revient à pas lents sous les canons des forts, sous les fusils des sentinelles, et rapporte au camp des informations précises qui lui assurent la prise de la place. Enfin, non moins courageux dans la vie civile que sur les champs de bataille, il osa demander à Louis XIV le rappel des huguenots quatre ans après la révocation de l'édit de Nantes, alors que les plaies étaient encore saignantes, les passions excitées, et que les applaudissements des courtisans avaient à peine cessé de se faire entendre.

En récompense de ses services, le roi le nomma successivement commissaire général des fortifications et maréchal de France. Louis XIV dut lui enjoindre d'accepter le bâton : Vauban refusait en disant que cette dignité l'empêcherait peut-être de servir sous de simples lieutenants généraux. Le désastre de

Turin ne justifia que trop ses appréhensions : en apprenant la fatale nouvelle, le vieillard ne put retenir ses larmes.

Au milieu de travaux qui l'appelaient dans toutes les provinces et sur toutes les frontières, Vauban examinait le pays, interrogeait les habitants et s'informait avec soin du prix des denrées, de l'élévation des salaires, du revenu des propriétés, « détails, dit Fontenelle, misérables en apparence et qui appartiennent cependant au grand art de gouverner. » Il payait un nombre considérable de correspondants et de copistes qui recueillaient ou transcrivaient de semblables renseignements. Dans toutes les provinces il constatait la ruine et l'appauvrissement. Ce désastre ayant excité sa compassion, il en chercha les causes[1], et, après quarante ans de travail, il publia le fruit de ses études, sous le titre de : *Dîme royale*. « Je ne suis ni lettré, ni homme de finances, disait-il en commençant, et j'aurais mauvaise grâce à chercher de la gloire et des avantages pour des choses qui ne sont pas de ma profession, mais je suis Français et très-affectionné à mon pays.... [2] » L'amour de la patrie avait inspiré l'ouvrage.

---

[1] « La vie errante que je mène depuis quarante ans et plus m'ayant donné occasion de voir et de visiter plusieurs fois et de plusieurs façons la plus grande partie des provinces de ce royaume, tantôt seul avec mes domestiques, tantôt en compagnie de quelques ingénieurs, j'ai souvent eu occasion de donner carrière à mes réflexions et de remarquer le bon et le mauvais du pays, d'en examiner l'état et la situation, et celui des peuples, dont la pauvreté ayant excité ma compassion m'a donné lieu d'en rechercher les causes. » *Dîme royale*. Préface.

[2] *Dîme royale*. Préface.

Mû par les mêmes pensées que Boisguillebert, Vauban se rencontrait avec lui sur plusieurs points. Il supprimait comme lui les affaires extraordinaires, la traite, les aides ; mais, allant plus loin encore, il frappait la taille, que Boisguillebert avait épargnée, et de tous les impôts il ne conservait que la taxe du sel, en la réduisant de moitié, les postes, le timbre, le tabac et les légers monopoles de l'eau-de-vie, du chocolat et du café, alors exercés par l'Etat. En y ajoutant le revenu du domaine royal, il estimait le produit de ces impôts au chiffre bien modéré de quarante millions.

Pour remplacer les droits abolis, Vauban créait une contribution unique, la *Dîme royale*, qui ressemblait à l'impôt sur le revenu de Boisguillebert, avec cette différence que le premier se payait en nature et le second en argent. Le maréchal établissait cette dîme sur tous les fruits de la terre et tous les biens du royaume, terres, rentes, usines, capitaux et traitements, depuis les pensions des princes jusqu'aux gages des domestiques[1]. La dîme nouvelle atteignait même les dîmes ecclésiastiques et seigneuriales. Vauban partait de ce principe, que le contribuable donne plus volontiers des marchandises que de l'argent, et il demandait au laboureur du blé, au vigneron du vin, au négociant des denrées, à l'industriel des produits. Il expliquait que l'Etat ne recevrait pas lui-même ces marchandises, mais qu'à l'exemple du clergé, il affermerait sa dîme à des

---

[1] *Dîme royale*, p. 57.

spéculateurs qui lui compteraient en échange des espèces. Vauban prenait pour modèle la dîme ecclésiastique, « celui de tous les impôts qui emploie le moins de gens à sa perception, qui cause le moins de frais et qui s'exécute avec le plus de douceur[1]. » Il estimait le revenu de l'agriculture à douze cents millions, celui de l'industrie à trois cents, ce qui donnait quinze cents millions, dont le dixième était de cent cinquante millions, ajoutés aux quarante millions des impôts conservés. Ces cent cinquante millions, lesquels devaient s'accroître encore en raison même de leur abaissement, donnaient environ deux cents millions, somme qui suffisait alors et au delà à tous les besoins du Trésor.

Le roi devait, suivant les exigences du moment, prendre du vingtième au dixième des revenus, mais Vauban conseillait de ne jamais lever plus du dixième, parce que cela retirerait le tiers de l'argent monnayé du royaume[2], que cela ruinerait le commerce, et que « l'argent le mieux employé est celui qui reste dans les mains du peuple[3]. » Homme d'ordre, d'économie et de rigide probité, Vauban estimait que même en temps de guerre, cent quatre-vingts millions, bien administrés et bien employés, devaient parer à toutes les éventualités ; qu'au contraire, un impôt plus considérable, s'il était livré à la rapacité de col-

---

[1] *Dîme royale.*
[2] Il estimait donc à environ cinq cents millions le total des espèces françaises. *Dîme royale,* p. 104.
[3] *Dîme royale,* p. 47.

lecteurs concussionnaires, aux brigandages des traitants et des administrateurs, ne ferait qu'appauvrir le peuple sans soutenir l'État [1].

Vauban ajoutait ce conseil, aussi large en matière d'impôts qu'élevé et humain, que les rois avaient un intérêt réel et très-essentiel à ne pas surcharger leurs peuples jusqu'à les priver du nécessaire. A l'appui de son opinion, il rapportait une anecdote aussi honorable pour Henri IV que malsonnante pour les oreilles de Louis XIV. « Le feu roi, Henri le Grand, de glorieuse mémoire, disait-il, se trouvant dans un besoin pressant, sollicité d'établir un nouvel impôt qui l'assurait d'une augmentation considérable à ses revenus et qui paraissait d'un établissement facile, ce bon roi, dis-je, après y avoir pensé quelque temps, répondit à ceux qui l'en sollicitaient : « Qu'il « était bon de ne pas toujours faire ce que l'on pou- « vait, » et n'en voulut pas entendre parler davantage : parole de grand poids et vraiment digne d'un roi, père de son peuple, comme il l'était [2]. »

A la faveur de cet impôt unique, le maréchal licenciait ces armées de commis, qui obstruaient les routes et les rivières. Il fermait les tribunaux et les

---

[1] « Eh ! pourquoi pousser la chose plus loin ? Et que voudrait-on faire d'un revenu qui pourrait monter à plus de cent quatre-vingts millions ? S'il est bien administré, il y en aura plus qu'il n'en faut pour subvenir aux besoins de l'Etat, quels qu'ils puissent être. S'il l'est mal, on aura beau se tourmenter, tirer tout ce que l'on pourra des peuples et ruiner tous les fonds du royaume, on ne viendra jamais à bout de satisfaire l'avidité de ceux qui ont l'insolence de s'enrichir du sang des peuples. » V. Dîme royale, p. 128.

[2] Dîme royale, p. 147.

prisons des tailles, et brûlait les gibets des collecteurs. Il rendait aux populations le vin et le blé, le sel et le fer, dons que de sa main libérale le ciel a répandus sur notre pays. Les propriétaires retrouveraient ainsi la valeur de leurs biens ; les paysans, qui ne craindraient plus d'être augmentés en raison de leurs richesses, l'énergie et l'activité de leur travail; leurs femmes, leurs enfants seraient mieux nourris, mieux vêtus ; le royaume se repeuplerait par des mariages ; les villages répareraient leurs ruines ; les champs se couvriraient de moissons, les prés de troupeaux, les coteaux de vignes [1]. Chaque paroisse nourrirait ses pauvres ; les provinces échangeraient librement leurs produits: la Provence donnerait ses fruits; la Bourgogne, ses vins ; la Flandre, ses toiles ; la Beauce, ses blés ; la Bretagne, ses chanvres; la Normandie, ses draps. Les bateaux, chargés de richesses, vogueraient jusqu'à l'Océan, sur les fleuves affranchis. Grâce à l'augmentation du revenu public, on défricherait les landes, on dessécherait les marais, on reboiserait les montagnes et on arroserait les pays arides et desséchés [2].

Enfin, s'il y a quelques divergences entre Boisguillebert et Vauban, ils se retrouvent d'accord quand il s'agit de flétrir les traitants, ces *harpies* qui oppriment leur patrie. « Les peuples, s'écrie Vauban, ne seront plus exposés aux *mangeries* des traitants, à la taille arbitraire, aux aides, aux douanes, aux fripon-

---

[1] *Dîme royale*, p. 106.
[2] *Dîme royale*, 2ᵉ partie, ch. II.

neries des gabelles, et à tant d'autres droits onéreux qui ont donné lieu à des vexations infinies, lesquelles ont mis une infinité de gens à l'hôpital et sur le pavé, et en partie dépeuplé le royaume ; le tout pour nourrir des armées de traitants et de sous-traitants avec leurs commis de toute espèce ; sangsues d'État dont le nombre serait suffisant pour remplir les galères, mais qui, après mille friponneries punissables, marchent la tête levée dans Paris, parés des dépouilles de leurs concitoyens, avec autant d'orgueil que s'ils avaient sauvé l'État[1]. »

A ce sombre tableau devait succéder une riante perspective ; la France allait retrouver du soleil et de l'espace. Elle allait briser ses entraves et étendre ses bras jusqu'aux frontières. Vauban estimait que dans quinze ans, la dîme mettrait le royaume dans une parfaite abondance d'hommes et de biens, et dans son âme religieuse, il ajoutait qu'il n'y avait qu'à prier Dieu de bénir cet ouvrage et d'inspirer au roi d'en faire l'expérience pour être assuré du succès [2].

Bien convaincu de l'excellence d'un système qui pouvait se prouver aussi clairement qu'une *proposition de géométrie*[3], il le soumettait toutefois à la sanction de l'expérience, désirait qu'il fût appliqué d'abord dans deux ou trois élections, et étendu successive-

---

[1] *Dîme royale*, p. 150.

[2] « Je n'ai plus qu'à prier Dieu de tout mon cœur que tout soit pris en aussi bonne part que je le donne ingénument, et sans autre passion ni intérêt que le service du roi, le bien et le repos de ses peuples. » *Dîme royale*, p. 150.

[3] *Dîme royale*, p. 107.

ment à tout le royaume, si les populations en étaient satisfaites. Pour éclairer par avance les esprits timides et rebelles aux innovations, il allait lui-même au-devant des critiques. On objectait, disait-il, que les citoyens dissimuleraient leur revenu pour payer une dîme moins forte. Vauban citait l'exemple de la Hollande et de l'Angleterre, où les contribuables déclaraient leur fortune, la main sur l'Évangile, et demandait qu'il en fût de même chez nous, affirmant que la majorité des Français reculerait devant un parjure. Quant à ceux qui essayeraient de frauder le roi, il proposait de les punir par la confiscation du revenu caché ou par le payement d'un double droit. On objectait encore qu'il faudrait d'immenses bâtiments pour contenir ces produits payés en nature ; Vauban répondait que les fermiers de la dîme royale trouveraient aussi bien des granges que les fermiers de la dîme ecclésiastique [1] ; que dans la moitié de la France on serrait les récoltes en plein air ; qu'après tout, l'État pourrait obliger ses fermiers à bâtir, sauf à les rembourser dans la suite. On objectait enfin qu'il serait difficile de rencontrer des fermiers solvables ; Vauban répliquait que si l'on admettait, comme il le conseillait, tous les concurrents, les curés, les gros bourgeois, les paysans, les gentilshommes même, que si tous pouvaient y faire un gain honnête, ils se présenteraient en foule, et que le royaume y trouverait son compte [2], que les gentils-

---

[1] *Dîme royale*, p. 67.
[2] *Dîme royale*, p. 133.

hommes eux-mêmes afflueraient, si le roi voulait bien déclarer que les receveurs de sa dîme ne dérogeraient pas [1] ; que ces fermiers payeraient facilement, si on leur accordait quelques avantages ; que la perception de cet impôt ne coûterait rien au Trésor, tandis que celle des impôts existants entraînait tout un épouvantable cortége d'extorsions et de violences qui, tout en écrasant les populations, n'apportaient à l'État que ruine et que misère.

Vauban ne se faisait pas illusion sur l'opposition que soulèveraient les réformes proposées : en effet, tous les éléments constitutifs de ce qui s'appelait alors la classe privilégiée, c'est-à-dire la noblesse, le clergé, la finance et la magistrature étaient également intéressés à voir se perpétuer des abus qui ne les atteignaient pas directement. Les gentilshommes tenaient à honneur de ne devoir à l'État que leur sang et considéraient comme une humiliation toute participation aux charges publiques ; se verraient-ils sans déplaisir assimilés au dernier des paysans ? Les prêtres étaient habitués à faire au roi des dons prétendus gratuits, en échange desquels ils obtenaient des concessions d'autant plus importantes qu'ils savaient mieux se faire prier ; consentiraient-ils de bonne grâce à voir disparaître tout leur crédit, et se laisseraient-ils enlever en outre une partie de leurs revenus sans aucune compensation ? Les fermiers généraux, gens de finances, traitants et receveurs de

---

[1] *Dîme royale*, p. 67.

tailles remplissaient des fonctions qui flattaient leur amour-propre tout en satisfaisant leur rapacité; accepteraient-ils sans murmurer un ordre de choses qui devait rendre leurs services inutiles et tarir la source de leurs richesses? Les gens de robe enfin, et tous ceux qui avaient acheté des offices à des prix souvent fort élevés, dans le seul but de se faire exonérer de la taille, se voyant frustrés dans leurs espérances, payeraient-ils sans contestations le dixième du revenu de leurs charges? L'auteur de la *Dîme royale*, qui traduisait en quatre mots : *intérêt, timidité, ignorance* et *paresse* ce qu'il appelait les *raisons secrètes contre son système* [1], n'attendait d'approbation que des « véritables gens de bien et d'honneur, » et se contentait d'opposer à tous ceux qui se prétendaient lésés « l'obligation naturelle qu'ont tous les sujets d'un État, de quelque condition qu'ils soient, de contribuer à le soutenir, à proportion de leur revenu ou de leur industrie, sans qu'aucun d'eux s'en puisse raisonnablement dispenser, tout privilége qui tend à l'exemption de cette contribution étant injuste et abusif; s'ils sont raisonnables, ils s'en contenteront ; et s'ils ne le sont pas, ils ne méritent pas que l'on s'en mette en peine, attendu qu'il n'est pas juste que le corps souffre pour mettre quelques-uns de ses membres plus à leur aise que les autres. »

[1] V. dans l'édition Guillaumin un chapitre supplémentaire qui est intitulé : *Raisons secrètes contre la Dîme royale*, que Vauban n'avait pas osé livrer à l'impression et qui est resté inédit jusqu'en 1843, époque à laquelle M. Eugène Daire l'a retrouvé joint à l'un des manuscrits que possède la Bibliothèque impériale.

Vauban réfutait ainsi les objections, en causant avec le lecteur et faisant pénétrer doucement la conviction dans son esprit. Son style est clair, pur, simple, élevé par sa simplicité même. Il n'a pas la passion, la fougue, la rudesse de Boisguillebert, mais il n'a pas non plus ses inexactitudes, sa prolixité incorrecte et confuse. Son éloquence est contenue, et sa parole grave et douce est souvent triste et comme échauffée par son cœur. Il justifie le mot si vrai de Buffon : « Le style c'est l'homme » ; en le lisant on retrouve toujours l'homme de bien. Le maréchal, comme tous ceux qui ont vécu au dehors, emprunte volontiers ses images à la vie des champs, et son livre a comme une saveur agreste; il reporte sans cesse la pensée vers la création et vers Dieu.

Ce livre pourtant causa sa mort. Les ministres et les intendants, les courtisans et les financiers, tous ceux qui vivaient des abus se déchaînèrent à l'envi contre Vauban, le représentèrent comme un républicain qui voulait diminuer l'autorité de la couronne, et réussirent à prévenir le roi contre lui. Louis XIV n'était ni assez curieux pour le lire, ni assez instruit pour le juger; il écouta ces calomnies, accueillit très-froidement l'auteur quand celui-ci lui présenta ses œuvres, et après en avoir parlé en fort mauvais termes, il ordonna la saisie et la mise au pilori du livre [1]. Cette injuste condamnation d'un ouvrage destiné à enrichir la France frappa Vauban lui-même:

---

[1] Février et mars 1707.

le noble vieillard, alors âgé de soixante-quatorze ans, ne put supporter cette flétrissure. Il quitta Versailles et se retira dans sa terre de Bazoches, au milieu du Morvan, où il refusa de voir personne. Au bout de quelques semaines il tomba malade, et le chagrin termina ses jours[1]. Telle fut la fin du plus honnête du royaume, suivant le propre témoignage de Saint-Simon, juge sévère et incorruptible. L'éclat de sa vertu frappait tous ses contemporains, les indifférents eux-mêmes. Elle arracha au sceptique Fontenelle un magnifique éloge : il raconte que visitant un jour le maréchal, il aperçut en entrant Vauban et Catinat qui causaient ensemble. « Je refermai, dit-il, la porte avec respect, honteux d'avoir pu déranger un tête-à-tête si précieux pour la France[2] ». On a dit avec raison de Vauban qu'il avait montré sous une monarchie les vertus des républiques.

Ainsi, par l'exil et par la mort, échouèrent les généreuses tentatives de Boisguillebert et de Vauban. Leurs réformes étaient assurément très-praticables : l'impôt sur le revenu existait déjà en Angleterre et en Hollande; la dîme royale était justifiée par la dîme ecclésiastique ; mais l'égoïsme des privilégiés et l'avarice des traitants l'emportèrent. Le déplorable système de Chamillart prévalut, et les impôts exécrables et exécrés, la traite et les aides, la gabelle et la taille, continuèrent à épuiser la France pendant quatre-vingts ans. Il faut attendre pour les voir dis-

---

[1] 30 mars 1707.
[2] *Mémoires de Catinat*, t. 1er, p. 36. Note.

paraître les premières paroles et les premiers actes de la Constituante.

Telles sont les plaies du royaume, à l'époque où nous sommes arrivé. Notre tâche pourtant n'est pas finie et le tableau n'est pas complet. Sous ce règne qui semble si fort, l'anarchie n'est pas seulement dans les finances et dans l'industrie, dans les ports et dans les campagnes, elle est encore dans les consciences. Il faut raconter maintenant les querelles religieuses qui déchirent l'Église et l'État et parler du jansénisme.

CHAPITRE XIV

(1604-1643.)

Jansénius et Duvergier de Hauranne à l'université de Paris. — Leurs caractères.—Leur étroite amitié.—Leurs infatigables travaux.—Leurs projets de réforme.—L'Eglise.—Duvergier obtient l'abbaye de Saint-Cyran, dont il prend le nom. — Départ de Jansénius qui retourne en Belgique, où il est promu à l'évêché d'Ypres. — Correspondance chiffrée de Jansénius et de l'abbé de Saint-Cyran.—Leurs secrètes entrevues. — Ils exécutent leurs projets de réforme. — Jansénius écrit l'*Augustinus*.—Saint-Cyran propage les idées nouvelles à Paris.—Ses liaisons avec la noblesse, le parlement, la famille Arnauld.—Arnauld d'Andilly.—La mère Angélique Arnauld, abbesse de Port-Royal-des-Champs.—La vallée et le monastère de Port-Royal.—Légende et histoire du monastère. — Réformes de la mère Angélique et augmentation considérable de ses religieuses. — Abandon de Port-Royal-des-Champs devenu trop étroit et fondation de Port-Royal-de-Paris.—Saint-Cyran, directeur de la mère Angélique et des religieuses de Port-Royal.—Succès des prédications et renommée de Saint-Cyran.—Eclatante conversion des trois Le Maistre et de Lancelot.—Leur retraite à Port-Royal-des-Champs. — Les premiers solitaires de Port-Royal. — Leur vie, leurs travaux, leur réputation.—Retour de la mère Angélique à Port-Royal-des-Champs. — Inquiétudes et jalousie du cardinal de Richelieu.—Incarcération de Saint-Cyran à Vincennes.—Mort de Jansénius à Ypres.—Publication de l'*Augustinus*.—Doctrines du jansénisme.—Appréciation de cette doctrine.

A l'université de Paris, au commencement du xviie siècle [1], étudiaient deux jeunes hommes, l'un Français, Jean Duvergier de Hauranne ; l'autre Hollandais, Corneille Janssen, ou, pour parler le scolas-

[1] En 1605.

tique langage du temps, Cornélius Jansénius. Malgré la différence d'origine, une sérieuse et profonde affection, qui devait remplir toute leur existence, lia les deux étudiants en théologie dès ces premières années. Les contrastes plus que les ressemblances les unissaient. Né au pied des Pyrénées [1], Duvergier avait l'intelligence et la fougue du Midi, la finesse du Béarnais et l'impétuosité du Basque. A un esprit puissant, à une probité antique, il unissait une foi ardente, une charité à toute épreuve, une rigidité de mœurs exemplaire [2]. Bien que d'une humeur naturellement gaie et agréable, il parlait peu et en peu de mots. Il semblait toujours absorbé par ses pensées. Un jour qu'il causait avec ses amis, il entra tout à coup dans ce recueillement qui lui était propre, et le feu qui l'embrasait au dedans étant venu à éclater au dehors, il s'écria : « *Que votre volonté soit faite*, voilà une belle parole ! » Puis, se voyant découvert, il se leva et sortit [3]. Doué d'une connaissance profonde des hommes, il montrait avec eux toute la souplesse de Luther. Rude et violent avec les forts, avec les faibles il était indulgent, affectueux, tendre jusqu'aux larmes [4]. S'il parlait, s'il écrivait à des femmes, il retrouvait les pures et

---

[1] A Bayonne, en 1581, d'une ancienne famille de Toulouse.
[2] *Mémoires de Lancelot*, t. Ier, p. 412.
[3] Lancelot, t. II, p. 3 et 4.
[4] Lancelot, t. II, p. 155. Pour juger Duvergier, voyez l'ouvrage intitulé : *Lettres chrétiennes et spirituelles de messire Jean Duvergier de Hauranne*. 1744, 2 vol. in-12. Une des plus caractéristiques est celle écrite sur la mort d'une de ses petites-nièces.

touchantes paroles de saint François de Sales, son contemporain [1]. La douceur de son regard et de son sourire, l'expression de bonté répandue sur tous ses traits, aidaient merveilleusement son langage et relevaient jusqu'à ses moindres discours [2]. Il étonnait lorsque, même sans y être préparé, il se laissait entraîner à commenter l'Écriture sainte. Sa parole chaleureuse et vibrante était alors chargée de pensées et d'images, et semblait déborder en onction. Il appliquait alors son précepte favori, « qu'il faut parler de Dieu, non de mémoire, mais du cœur. »

Avec l'austérité, la foi, le zèle infatigable de Duvergier, Jansénius [3] n'avait ni l'éloquence, ni l'entraînement, ni l'onction de son ami. Il avait moins encore ses grâces. Amer et absolu, sans délicatesse et sans mesure, d'une brutalité de langage qui allait jusqu'au cynisme [4], d'une ambition profonde et froide, il disait de lui-même avec raison qu'il n'était pas fait pour adoucir les choses en y mettant un peu de sucre. Il avait adopté cette impitoyable opinion de saint Augustin, que les petits enfants morts sans

---

[1] Mort en 1620.
[2] Les portraits de Duvergier nous le présentent tous dans un âge avancé. Il a le front entièrement chauve et très-ridé, l'œil vif et petit, le sourire fin et bon, quelque ressemblance avec saint Vincent de Paul, son contemporain et son ami. Il porte comme lui toute sa barbe.
[3] Il était né au village d'Ackoy, près de Leerdam, en Hollande, le 23 octobre 1585, de parents catholiques. Son père se nommait Jean Otto. Il prit à l'université le nom de *Janssen*, fils de Jean, d'où on fit Jansénius, qui lui est resté.
[4] V. à ce sujet une curieuse lettre de lui, rapportée par M. Sainte-Beuve, *Histoire de Port-Royal*, t. 1er, p. 310.

baptême sont livrés aux feux éternels. Il montrait la plus extrême méfiance des hommes et poussait la crainte et le mépris des femmes jusqu'à l'horreur. Duvergier lui découvrant un jour les projets qu'il fondait sur la direction d'un monastère de filles, Jansénius lui répond durement que ces directions de filles le détourneront de son travail et qu'elles ne causent jamais que des embarras [1] : « J'en connais ici, dit-il, de ceux qui étant capables de gouverner des évêchés et le témoignant tous les jours sont tombés en désordre, pour avoir eu affaire à dix ou douze de cette race [2]. » Malade de la peste et couché sur son lit de mort, il repoussa deux sœurs grises qui venaient lui offrir leurs soins, en s'écriant que depuis quinze années il n'avait pu souffrir le service d'aucune femme.

Mais à ce caractère triste et soupçonneux il joignait la passion des grandes âmes, celle de la vérité. On lui demandait un jour quel attribut de Dieu le frappait davantage : « La vérité, » répondit-il. Il la recherchait avec ardeur dans l'Écriture et la demandait avec effusion à Dieu dans ses prières. On le surprit plusieurs fois se promenant dans son jardin, levant les yeux au ciel et s'écriant avec de profonds soupirs : « O vérité ! vérité [3] ! » Il apportait dans cette recherche l'esprit vaste, l'imagination puissante, la foi tenace et l'énergique volonté des hommes

---

[1] *Mémoires de Lancelot*, t. 1er, p. 277-78.
[2] M. Sainte-Beuve, *Port-Royal*, t. 1er, p. 250.
[3] Id., *ibid.*, p. 315.

du Nord. Il y a dans sa pâle et longue figure hollandaise, au front saillant, aux traits anguleux, à la moustache relevée, quelque chose de Richelieu [1]. Un dernier trait peindra l'énergie de son caractère : il a consacré quarante ans à un livre. Si Duvergier rappelle Luther, Jansénius rappelle Calvin. Tous deux réunissaient les qualités nécessaires à l'établissement d'une doctrine : Duvergier était l'apôtre et Jansénius l'écrivain ; l'un le bras, l'autre la tête.

Ces deux hommes si divers avaient pourtant une passion commune : l'amour du travail. Courbés sur les Écritures et sur les Pères, ils étudiaient nuit et jour et apprirent ainsi les faiblesses de leurs maîtres. Les plus célèbres professeurs n'enseignaient alors que suivant les cahiers de leurs devanciers. Les plus consciencieux et les plus doctes ignoraient les propres textes de l'Écriture [2]. Les deux jeunes prêtres sentirent le vide et le danger de ces leçons, et la décadence des études leur révéla d'abord celle de l'Église. Ils s'indignèrent contre ces *sophistes* et ces *clabaudeurs d'école* [3], qui corrompaient la théologie, et, dédaignant les livres de leur temps, ils s'appliquèrent

---

[1] V. le portrait de Jansénius à Versailles. Nous avons trouvé à la Bibliothèque impériale plusieurs portraits de Jansénius dans un âge avancé. Tous conservent la même expression de hauteur et de ténacité.

[2] Nous avons à ce sujet un bien piquant et bien précieux témoignage de Lancelot : « Pour le Nouveau Testament, dit-il, j'avois été jusqu'à l'âge de vingt ans sans qu'on nous en eût fait lire une seule ligne, au moins en particulier. Nos maîtres étoient si peu instruits là-dessus, que l'un d'eux me dit un jour que l'*Introduction à la vie dévote* était plus utile à beaucoup de gens que l'Evangile.

[3] Ce sont les propres paroles que Jansénius écrivait à Duvergier.

de toutes leurs forces à l'étude des textes sacrés.

Bientôt, à l'affection qui les unissait, s'ajouta la plus entière communauté de sentiments, lien si puissant pour de telles âmes. Ils se sentirent entraînés ensemble vers saint Augustin, l'éloquent défenseur de la grâce contre le libre arbitre. Ils répétèrent avec lui que l'homme était incapable de faire le bien sans le secours de la Providence, et, jetant leurs regards sur l'Église, alors courbée sous le joug des Jésuites, ils s'écrièrent qu'il fallait l'affranchir et la retremper aux sources vives et salutaires de l'Évangile. « Il n'y a plus d'Église depuis six cents ans, disait Duvergier; autrefois l'Eglise était comme un grand fleuve qui roulait des eaux claires et pures; mais aujourd'hui ce qui nous semble l'Eglise n'est plus que de la bourbe; le lit de cette belle rivière est encore le même, mais ce ne sont plus les mêmes eaux. » Bien différents des Jésuites qui célébraient la liberté de l'homme pour le conduire, les nouveaux réformateurs exaltèrent sa faiblesse pour le sauver. Dès les bancs de l'école, ils rêvèrent une réformation générale du catholicisme, et ils appliquèrent leur jeunesse, leurs forces, leur amitié toute chrétienne, à rechercher, pour les rétablir, les véritables traditions de l'Église [1].

A l'expiration de leurs études, ils ne se quittèrent pas. Comme Jansénius était sans fortune, Duvergier, noble et riche, le fit entrer chez un magistrat de ses

---

[1] Lancelot, t. Ier, p. 102.

amis en qualité de précepteur. Puis ils continuèrent leurs travaux pendant plusieurs années[1]. Le père de Duvergier étant venu à mourir sur ces entrefaites, sa mère rappela son fils auprès d'elle, à Bayonne. Duvergier s'arrache à la Sorbonne, mais il emmène Jansénius. Il s'établit avec lui dans une campagne de sa mère, sur les bords de l'Océan, et là, sous le doux ciel du Béarn, ils reprennent leurs travaux avec une nouvelle ardeur. Duvergier dévore les livres saints pour y chercher des arguments et des armes, écrivant, annotant sans cesse et couvrant de ses observations plus de trente énormes in-folio. « J'ai trouvé un passage, s'écrie-t-il un jour, que je ne donnerais pas pour dix mille écus[2]. » Jansénius s'attache à saint Augustin : il lit dix fois ses œuvres complètes, trente fois ses traités contre les Pélagiens, « suçant ainsi tout saint Augustin, » comme il le dit lui-même. Tous deux travaillent quinze heures par jour, et souvent la plus grande partie des nuits[3]. Quelquefois, tandis que veille Duvergier, Jansénius, moins robuste, tombe endormi dans son fauteuil. Madame Duvergier est effrayée de leur zèle : elle déclare à son fils, non sans un secret orgueil de mère, qu'il tuera « ce bon Flamand à force de le faire étudier[4]. »

Après six ans de séjour à Bayonne[5], les deux prêtres reviennent à Paris, où ils se séparent pour

---

[1] De 1606 à 1611.
[2] *Mémoires de Lancelot*, t. 1er, p. 45.
[3] *Ibid.*, t. II, p. 308.
[4] *Ibid.*, t. 1er, p. 102.
[5] De 1611 à 1616.

suivre leurs carrières. Jansénius retourne dans les Pays-Bas[1], où il devient principal au collége de Louvain, puis évêque d'Ypres ; Duvergier obtient l'abbaye de Saint-Cyran, dans le Berry[2], sur les confins de l'Orléanais et de la Touraine. Nous le désignerons à l'avenir sous ce nom de Saint-Cyran, qui est celui de l'histoire. Avant de se quitter, les deux amis s'embrassent en versant des larmes, mais sans abandonner leurs projets, et en se séparant ils se partagent la tâche. Suivant les traditions de la scolastique, toutes vivantes encore, Jansénius écrira l'ouvrage latin qui contiendra la doctrine ; et à Paris, de son côté, Saint-Cyran préparera le succès du livre. Malgré l'absence, leurs âmes restent étroitement unies. Une correspondance chiffrée, remplie de noms supposés et de mots à double entente, remplace les entretiens. Jansénius s'y nomme *Sulpice*, Saint-Cyran, *Rangeart* ; les Jésuites, *Chimier* ; la réformation, l'*Affaire de Pilmot*. Établi dans un pays espagnol et inféodé aux Jésuites, Jansénius dissimule et attend avec patience l'heure de l'attaque, comme le mineur attaché à la muraille[3]. Pendant un voyage que fait Jansénius en Espagne pour son collége, les

---

[1] En 1617.

[2] En 1620. Dans la Brenne, pays pauvre et malheureux. L'abbaye de Saint-Cyran relevait à la fois de Bourges et de Tours, et ne rapportait que dix-huit cents livres.

[3] « Je n'ose dire à personne du monde ce que je pense d'une grande partie des opinions de ce temps, et particulièrement de celles de la grâce et de la prédestination, de peur qu'on ne me fasse le tour à Rome qu'on a fait à d'autres, *devant que toute chose soit mûre et en son temps.* » Lettre de Jansénius du 5 mars 1621.

deux amis ont de mystérieuses entrevues sur la frontière et à Paris même. Les circonstances sont favorables : l'opinion, par une réaction naturelle, se tourne peu à peu contre les Jésuites, qui gouvernent l'Église depuis soixante ans[1], et la grande œuvre de la réforme s'élabore en silence.

A Paris cependant, tandis que Jansénius écrit l'*Augustinus*, Saint-Cyran sème adroitement les nouvelles doctrines. Dans la chaire et dans le confessionnal, il insinue la prééminence de la grâce sur la liberté, les misères de l'homme, la décadence de l'Église, la nécessité d'une réforme dont l'Evangile serait la base. Son austérité, son éloquence, l'étendue de son savoir frappent les hommes ; l'enthousiasme de ses brûlantes paroles, le mystère de cette foi naissante à peine murmurée, attirent et exaltent les femmes. Bientôt Saint-Cyran dirige les plus grands seigneurs et les plus grandes dames de France. Il recherche les plus vertueuses et les plus pures, celles surtout qui appartiennent à ces vieilles familles du Parlement, où la haine des Jésuites se transmet comme un héritage. Il devient ainsi le confesseur d'Arnauld d'Andilly[2], ancien secrétaire du surinten-

---

[1] « Je suis merveilleusement aise que l'affaire de Pilmot (le jansénisme) s'avance tellement en dormant, ce qui montre que Dieu y veille, car cette disposition de plusieurs hommes vers la vérité, ou bien cette inquiétude à ne la trouver point, est très-importante à leur faire embrasser, comme à des affamés, ce qui les assouvira. » Lettre du 16 avril 1622.

[2] Arnauld d'Andilly était le fils aîné d'Antoine Arnauld, célèbre avocat dont la plaidoirie avait fait chasser les Jésuites sous Henri IV. Antoine Arnauld avait laissé vingt enfants, parmi lesquels étaient, outre d'Andilly, la mère Angélique Arnauld et le grand Arnauld. Né en 1589,

dant des finances Schomberg, ministre désigné lui-même par Louis XIII [1] et l'un des hommes les plus influents de l'époque, des Arnauld, des Lemaistre, et des religieuses de Port-Royal-des-Champs, gouvernées par une sœur de d'Andilly. Ici apparaissent, pour la première fois, les deux grandes familles dans lesquelles pendant cinquante ans s'incarne le jansénisme et la célèbre abbaye, qui va devenir sa métropole.

A six lieues de Paris, entre Versailles et Chevreuse, un chemin tortueux et rapide comme le lit desséché d'un torrent menait à une vallée étroite, ouverte d'un seul côté sur la campagne, et resserrée entre un étang [2] et des collines couvertes de bois. Suivant la tradition, Philippe-Auguste, égaré à la chasse au milieu de ces bois, avait retrouvé sa suite dans ce vallon, et de là son nom de *Port-du-Roi, Port-Royal*. Du fond de la vallée s'élevait une vieille église du XIII° siècle, magnifique monument de l'art et de la foi du moyen âge [3]. Une touchante légende s'y rat-

et mort en 1674, à l'âge de quatre-vingt-cinq ans, Arnauld d'Andilly eut lui-même quinze enfants, parmi lesquels on remarque M. de Luzancy, qui fut page de Richelieu, et l'abbé Arnauld, qui a laissé des Mémoires.

[1] *Mémoires de d'Andilly*.

[2] L'étang est desséché, mais la chaussée existe encore. V. pour la description de l'abbaye l'*Histoire abrégée de Port-Royal* en tête des *Mémoires de Fontaine*, l'*Essai de Racine*, les *Mémoires de Lancelot*, l'ouvrage de Grégoire, celui de Fouillou, un curieux petit livre de gravures intitulé : *Tableaux historiques de Port-Royal-des-Champs*, sans date, ni nom d'auteur, les gravures de mademoiselle Hortemel, etc....

[3] Le chœur était surtout remarquable par la beauté des stalles : il fut acheté, lors de la démolition de l'abbaye, par les Bernardins de Saint-

techait : on la disait bâtie par une châtelaine, Mathilde de Gharlande, pour l'heureux retour de son mari [1], parti pour la terre sainte. Près de l'église était un couvent de religieuses de l'ordre de Citeaux. Ce cloître était, suivant les règles sévères de Saint-Bernard, caché au milieu des bois, confiné au fond d'une vallée, d'où l'on ne voyait que le ciel. C'était un vaste édifice carré, entouré d'arceaux, comme tous les cloîtres de l'époque. Au milieu se trouvait le cimetière rempli de tombes, dont une petite croix de fer marque encore la place; d'autres tombes gisaient sous les arceaux, sous les dalles et jusque dans le chœur de l'église; les religieuses les voyaient de leurs fenêtres et les foulaient chaque jour. Elles semblaient vivre avec les morts. Cette pensée de la divine récompense soutenait leur courage : aujourd'hui la terre, demain le ciel.

A côté du cimetière s'étendait le jardin des sœurs, puis une prairie arrosée par les eaux de l'étang, puis les bâtiments néessaires à la vie d'une communauté d'autrefois, le moulin, la forge, les fours, les buanderies, les étables, puis un mur d'enceinte couvert de lierre et flanqué de tourelles, que les religieuses ne devaient jamais franchir. Au delà du mur d'enceinte, sur le coteau qui domine le chemin de Chevreuse, se trouvait cachée au milieu des arbres la ferme du monastère, appelée les Granges. Là étaient les bâti-

---

Nicolas-du-Chardonnet, qui en ornèrent leur église. *Mémoires de Duossé*, p. 32.

[1] Mathieu de Marly, de la maison de Montmorency.

ments d'exploitation et plus loin les terres de l'abbaye. Cette humble ferme des Granges aura tout à l'heure son histoire : nous y retrouverons les pas des plus grands hommes du XVIIe siècle.

L'aspect de l'abbaye, resserrée entre des eaux et des bois, était triste et désolé. Le bruit monotone du moulin, les sifflements du vent, les cris des oiseaux sauvages qui remplissaient les bois d'alentour [1], troublaient seuls le silence de la vallée. Humide en hiver, ce séjour était tour à tour brûlant et glacé pendant l'été ; il y gelait au mois de mai. Pendant la canicule, l'étang exhalait des miasmes putrides qui décimaient chaque année les religieuses. Mais, en dépit de son insalubrité et par cette tristesse même, Port-Royal attirait les âmes froissées. Saint-Cyran chérissait ce vallon sauvage ; il devait plaire à celui qui préférait les feuilles sèches de l'automne aux verts bourgeons du printemps [2].

Comme toutes les abbayes, Port-Royal avait eu sa splendeur et sa décadence. Elle était tombée au XVIIe siècle dans le plus triste relâchement et le plus complet abandon [3], lorsqu'une abbesse de dix-sept ans, la mère Angélique Arnauld [4], femme d'une rare

---

[1] Il y a surtout un nombre considérable de ramiers dans les bois de Port-Royal. L'évêque Grégoire l'a remarqué avec raison. Nous avons fait la même remarque dans une excursion à Port-Royal au printemps.

[2] C'est lui-même qui le déclare dans une lettre du 9 mai 1624.

[3] Elle ne comptait plus que onze sœurs, dont trois idiotes et deux novices. La plus âgée avait trente-trois ans. *Histoire abrégée de Port-Royal*, p. 7.

[4] Elle était fille d'Antoine Arnauld, comme d'Andilly, et sœur du grand Arnauld. Née en 1591, elle mourut en 1661.

vertu et d'une incomparable énergie, entreprit la réforme du monastère [1]. Malgré la résistance des sœurs, elle fit relever le mur d'enceinte, rétablit la clôture, la communauté des biens, l'abstinence de la viande, la régularité des jeûnes et des offices, le silence, les veilles de la nuit, toutes les austérités de saint Benoît [2], et rendit à Port-Royal son honneur et sa puberté. Le bruit de ses réformes ayant rappelé des religieuses, l'abbaye compta bientôt quatre-vingts sœurs, et, comme elle ne pouvait les contenir, la mère Angélique acheta dans le faubourg Saint-Jacques une seconde maison, plus saine et plus spacieuse. Elle abandonne ensuite Port-Royal des Champs, où elle ne laisse qu'un chapelain pour desservir l'église, et se transporte avec toutes ses filles au nouveau monastère, qui prend le nom de Port-Royal de Paris [3].

A Paris, la mère Angélique retrouve son frère Arnauld d'Andilly, qui lui fait connaître Saint-Cyran. La jeune et rigide abbesse embrasse aussitôt la nouvelle doctrine, dont la pureté charme son cœur. Elle remet sa conscience à Saint-Cyran et lui confie la direction de ses religieuses. Saint-Cyran lui découvre peu à peu ses secrets et ses espérances, les travaux de Jansénius, et ce livre formidable qui va paraître. Une correspondance mystique et voilée s'établit entre

---

[1] De 1608 à 1613.
[2] Racine, *Histoire de Port-Royal*, p. 91, 92. Edition stéréotypée.
[3] En 1625 et 1626. C'est aujourd'hui l'hospice de la Bourbe. Il y avait alors quatre-vingt-quatre religieuses. *Histoire abrégée de Port-Royal*, p. 9. — *Mémoires de Lancelot et de Fontaine*.

l'abbesse et l'apôtre, qui lui recommande de brûler ses lettres et de garder le plus rigoureux secret. Les religieuses de Port-Royal apportent à la secte naissante comme un relief de sainteté. La renommée de Saint-Cyran s'accroît d'heure en heure : avocats et savants, officiers et médecins, prêtres et gentilshommes accourent près de lui, tombent à ses genoux et versent dans son sein le secret de leurs souffrances. A sa voix, plusieurs personnages renoncent brusquement au monde. Trois éclatantes conversions frappent surtout les esprits.

Il y avait alors au Palais un jeune avocat de la famille des Arnauld, nommé Antoine Lemaistre[1]. Il possédait toutes les qualités qui font les grands orateurs, une parole facile et pure, ardente et colorée, une irréprochable diction, un son de voix admirable, et il charmait à la fois la cour, l'Église et le barreau[2]. La grand'chambre était trop étroite, chaque fois qu'il devait porter la parole; les prédicateurs désertaient leurs chaires pour l'entendre. Il effaçait le glorieux souvenir de son aïeul, Antoine Arnauld, et tel était l'éclat de son éloquence, qu'un de ses auditeurs s'écria un jour après l'avoir entendu : « Une telle gloire est préférable à celle de M. le cardinal[3] ! » On croyait voir revivre en lui, raconte Dufossé, quel-

---

[1] Il était fils d'Isaac Lemaistre, riche conseiller à la Cour des comptes, mort en 1640, et de Catherine Arnauld, l'un des vingt enfants de M. Antoine Arnauld. Il était donc neveu de d'Andilly, de la mère Angélique et du grand Arnauld.
[2] *Mémoires de Dufossé*, p. 156.
[3] Richelieu, qui gouvernait alors.

ques-uns de ces anciens orateurs qui avaient fait céder les Césars à la force de leurs paroles et de leurs raisons [1].

Agé de vingt-neuf ans à peine, Lemaistre était en outre conseiller d'État. Il avait refusé une place d'avocat général, et sa naissance et son mérite l'appelaient aux plus hautes fonctions, lorsqu'on le vit renoncer tout à coup à l'avenir de gloire et de fortune qui s'ouvrait devant lui. Une scène de deuil détermina le sacrifice. Il se trouvait au lit de mort de madame d'Andilly, sa tante, que Saint-Cyran assistait, s'efforçant d'adoucir par ses exhortations l'angoisse du dernier passage. C'était la nuit : Lemaistre suivait chaque détail avec une émotion contenue, mais quand, l'agonie commencée, Saint-Cyran s'écria : « Partez, âme chrétienne, au nom du Dieu tout-puissant qui vous a créée ! » Cette parole, qui retentit dans la nuit, l'accent du prêtre, la vue de la malade qui rend les derniers soupirs, portent à son comble l'émotion de Lemaistre. Sa poitrine se soulève, il suffoque et se précipite hors de la chambre. Il marche à grands pas dans le jardin, où la lune éclairait la plus magnifique des nuits d'été [2], et devant le ciel, et comme en présence de Dieu, il jure de renoncer au monde. Quelques semaines après, il renvoie en effet son brevet de conseiller d'État, abandonne le Palais et se retire dans un

---

[1] *Mémoires de Dufossé*, p. 41.
[2] Nuit du 24 août 1637. Il faut lire dans Lancelot ce beau récit, t. I*er*, p. 308 et suiv.

petit bâtiment élevé à la hâte, à côté de Port-Royal de Paris, près de sa grand'mère, madame Antoine Arnauld [1], près de sa mère madame Lemaistre [2], près de sa tante la mère Angélique, et près de Saint-Cyran, directeur de la communauté.

Sur ces entrefaites, un de ses frères, M. Lemaistre de Sericourt, officier dans l'armée du Rhin, pris par les Impériaux, et échappé d'une manière miraculeuse, après les plus incroyables hasards, à travers l'Allemagne et l'Italie, arrive à Paris, va voir son frère et le trouve dans sa petite cellule, dont les murs, à peine finis, ruisselaient d'humidité [3]. L'aspect de ce tombeau, où le jeune orateur semble enseveli, touche son âme déjà préparée par les merveilleuses circonstances de son évasion. Il embrasse le solitaire et lui déclare qu'il veut vivre et mourir avec lui [4].

Le plus jeune et le plus célèbre des trois frères, Lemaistre de Sacy, le futur traducteur de la Bible, qui étudiait alors pour entrer dans les ordres, quitte à son tour la Sorbonne et vient rejoindre ses aînés. Trois jeunes prêtres, tous trois destinés à de brillantes

---

[1] Madame Antoine Arnauld, fille de M. Marion, célèbre avocat du xvie siècle, s'était faite religieuse en 1629, à la mort de son mari. Morte en 1641.

[2] Madame Lemaistre avait pris le voile en 1619, des mains de saint François de Sales, et du vivant de son mari, mort en 1640. Les deux époux du reste vivaient séparés. Tous les torts étaient du côté de M. Lemaistre.

[3] « On les recouvrit de planches de sapin pour arrêter l'humidité. » *Mémoires de Lancelot*, t. Ier, p. 13 et suiv.

[4] Il y a dans Fontaine un touchant récit de cette entrevue. T. Ier, p. 80-81.

carrières, suivent ses pas : Singlin, le second directeur de Port-Royal après Saint-Cyran ; l'Oratorien Desmarest, un des meilleurs prédicateurs de l'époque[1] ; Lancelot, le patient et naïf auteur des *Racines grecques*, et le bon précepteur des petits enfants. Entendant parler de Saint-Cyran, Lancelot s'écrie : « Voilà un homme semblable aux saints, il faut tout quitter pour l'aller joindre, fût-il au bout du monde, » et il court se jeter à ses pieds. Saint-Cyran, qui se méfie des vocations enthousiastes, hésite et l'observe ; il lui ouvre enfin ses bras et l'introduit près des Lemaistre[2]. Suivant les conseils de l'abbé, les solitaires abandonnent leur réduit et se retirent à Port-Royal des Champs.

Ils y trouvèrent la désolation et la ruine. Depuis le départ des sœurs, l'église s'était enfoncée de neuf pieds dans les terres. Le cloître, sans réparations depuis douze ans, s'écroulait de toutes parts. Les jardins restaient en friche, couverts de ronces et d'orties, et remplis de vipères[3]. Le canal qui desservait l'étang s'était obstrué ; les eaux des grandes pluies débordaient par-dessus la chaussée, remplissaient de sable les jardins et les prairies, et y formaient des mares noires et fétides[4]. Les solitaires

[1] On connaît le vers de Boileau :

Desmarets dans Saint-Roch n'aurait pas mieux prêché.

[2] Janvier 1638.

[3] « L'église était très-spacieuse, mais très-humide ; elle était enfoncée dans les terres, et il fallait descendre dix marches pour y pénétrer. » *Mémoires de Dufossé*, p. 32.

[4] *Mémoires de Fontaine*, t. 1er, p. 50. — Racine, *Histoire de Port-Royal*.

laissèrent les bâtiments ruinés du cloître et s'établirent dans la ferme des Granges [1].

Peu à peu leur ermitage se peupla, et des points les plus reculés du royaume accoururent des prosélytes, semblables à des matelots qui avaient fait naufrage et qui venaient aborder au port [2]. C'étaient Arnauld d'Andilly, ce premier ami de Saint-Cyran ; l'un de ses fils, M. de Luzancy, ancien page du cardinal de Richelieu ; M. de La Rivière, cousin-germain de Saint-Simon, officier brave, instruit et pieux, dont la sobriété effrayait ses compagnons ; M. de Bascle, gentilhomme du Béarn, perclus de corps, mais d'une âme héroïque et résignée ; M. de Pontis, gentilhomme provençal, rude et infatigable vieillard qui devait mourir à Port-Royal à quatre-vingt-sept ans [3]; M. de Saint-Gilles, gentilhomme du Poitou, grand, robuste et intrépide chasseur ; M. Charles Duchemin, savant et excellent prêtre, qui cachait avec la même modestie son savoir et son sacerdoce [4]; M. de Beaumont, ancien officier de la cavalerie vénitienne à Candie ; M. de la Petitière, terrible duelliste, qui passait pour la meilleure épée de France [5], et sur lequel Richelieu se reposait du soin de sa per-

---

[1] Leur maison existe encore. Elle est petite, coupée à angles droits, et les fenêtres sont revêtues de briques, comme du temps de Louis XIII. On y montre la chambre de Racine et de Pascal. Les noms des solitaires sont inscrits sur le mur.
[2] *Mémoires de Dufossé*, p. 32.
[3] L'auteur des *Mémoires* qui portent son nom.
[4] Mort à Port-Royal en 1687.
[5] « C'étoit un lion plutôt qu'un homme ; le feu lui sortoit par les yeux et son seul regard effrayoit. » Dufossé, p. 67.

sonne ; l'abbé Breton de Pontchâteau, neveu du duc d'Épernon et du cardinal de Richelieu, négociateur éminent, qui donna plus tard à Rome la mesure de son mérite[1]; M. Bouillé, ancien chanoine d'Abbeville; les célèbres médecins Hamon, Moreau et Pallu, le bon et vertueux Nicole, l'auteur des *Essais de morale*; les naïfs et pieux chroniqueurs de l'abbaye, Fontaine et Dufossé ; Tillemont [2], le docte et consciencieux historien de l'Église et des empereurs ; le docteur Arnauld, le grand Arnauld, comme disaient ses contemporains ; Pascal enfin. Attirés par tant de vertus et de talents, les premiers personnages et les plus grandes dames de l'époque, Marie de Gonzague [3], l'amie de Cinq-Mars et la future reine de Pologne ; madame de Guéménée, aux tragiques destinées [4], y font des visites et des retraites. Le duc et la duchesse de Liancourt, et la belle duchesse de Longueville, y construisent des maisons de campagne. Le duc de Roannès, ce jeune duc et pair, si tendrement attaché

---

[1] Il était le neveu du cardinal à la mode de Bretagne. Pour les détails de cette mission, V. Fontaine, t. II.

[2] Le Nain de Tillemont, né à Paris en 1637, mort en 1698.

[3] Marie de Gonzague, sœur aînée de la princesse palatine, célèbre par ses tragiques amours avec Cinq-Mars, son admirable beauté, les grâces de sa personne et de son esprit, épousa en 1645 Vladislas, roi de Pologne, puis en 1648, en secondes noces, Jean Casimir (Casimir V), frère et successeur de son premier mari, qui abdiqua et se retira en France, où il devint abbé de Saint-Germain-des-Prés et de Saint-Martin de Nevers. Née en 1612, Marie de Gonzague mourut en 1687.

[4] On sait qu'elle fut la nièce de Montmorency et la mère du chevalier de Rohan, tous deux décapités : le premier en 1632, par ordre de Richelieu, et le second en 1674, pour crime de haute trahison.

à Pascal[1], y accompagna son ami. Le bon et généreux duc de Luynes[2], fils de la célèbre madame de Chevreuse et mari de cette sainte et charmante duchesse de Luynes, moissonnée dans son printemps[3], élève à cent pas des solitaires son château de Vaumurier.

Au milieu des instruments de labour et des bruits de la ferme, les solitaires vivent de la plus rude existence des ordres monastiques. Vêtus d'habits grossiers, souffrant le froid et la chaleur, ils dorment sur la paille, boivent de l'eau, ne font qu'un seul repas, observent tous les jeûnes et les prolongent jusqu'au soir. Chaque nuit, à deux heures, ils se lèvent pour chanter matines[4]. A trois heures, dans toutes les saisons, ils sont debout, aidant les valets de la ferme et travaillant comme des mercenaires. L'ardent Lemaistre fauche les foins et scie les blés[5]; M. de la Rivière garde les bois de l'abbaye, où il passe des journées entières, seul, priant et jeûnant[6]; ce farouche la Petitière, si chatouilleux naguère sur le point d'honneur, s'exerce maintenant par humilité à

---

[1] Le duc de Roannès, pair de France et gouverneur du Poitou. Il demeura toute sa vie l'ami de Pascal, et il a été l'un des éditeurs de ses *Pensées*.

[2] Mort en 1690, et célèbre par ses prodigalités envers Port-Royal.

[3] Louise Séguier, morte en 1651, à vingt-sept ans, après avoir mis au monde deux enfants jumeaux morts après elle. Elle fut la mère du célèbre duc de Chevreuse, l'ami de Fénelon.

[4] *Mémoires de Fontaine*, t. 1er, p. 27-28. *Histoire abrégée de Port-Royal*, p. 14.

[5] Il lavait même la vaisselle, si l'on en croit Racine.

[6] Il passait des années entières à ne faire qu'un seul repas par jour. Dufossé, p. 64.

faire des chaussures aux religieuses [1] ; M. de Saint-Gilles est tour à tour fermier et menuisier; M. Bouillé plante et taille la vigne sur la colline des Granges ; Pontchâteau travaille sous ses ordres comme apprenti vigneron ; Hamon et Pallu exercent gratuitement la médecine près des pauvres du voisinage ; Lemaistre de Sericourt utilise sa belle écriture à copier des manuscrits jansénistes; M. de Pontis, malgré son grand âge, s'occupe à des travaux de terrassement dans le vallon et sur la montagne; il nettoie et nivelle la solitude et fait de cet endroit inculte « un lieu propre et agréable [2]. » Tous bêchent et travaillent à ses côtés dans les jardins. Le chef suprême des travaux est le patriarche de la colonie, le vénérable Arnauld d'Andilly, qui se pare du titre de surintendant des jardins, et qui conserve dans un corps de quatre-vingts ans « l'activité d'une personne de quinze [3]. Sa voix retentissante, sa taille droite, ses cheveux blancs « qui s'accordaient si merveilleusement avec le vermillon de son visage, » donnent à cet aimable vieillard l'apparence de la force et de la santé. D'Andilly dépensa des sommes considérables [4] à aplanir et à défricher les jardins, à

---

[1] Dufossé, p. 68. Ce fut à ce sujet que les Jésuites prétendirent que Pascal faisait des souliers. « En tout cas, leur répondit le malin et janséniste chanoine Boileau (frère du satirique), avouez, mes révérends Pères, qu'il vous a porté de fameuses bottes. » Lancelot, t. Ier, p. 128.

[2] *Mémoires de Dufossé*, p. 160.

[3] *Mémoires de Fontaine.*

[4] C'est son fils l'abbé Arnauld qui nous l'apprend, avec un certain dépit. *Mémoires de l'abbé Arnauld*, collection Michaud, p. 528.

construire des terrasses, à planter de nombreux espaliers, qui produisaient à l'automne des fruits admirables. Courtisan, même dans la retraite, d'Andilly envoyait chaque année à la reine un magnifique panier de pêches[1], mais, ce qui est un trait distinctif, aucun des solitaires ne touchait à ces fruits, qui mûrissaient sous leurs yeux. Ils étaient vendus au marché et l'argent qui en provenait donné aux pauvres.

Les mains laborieuses des solitaires réparent ainsi les ravages du temps. Ils déblayent l'église, dessèchent les mares et nettoient le canal de l'étang, dont les eaux reprennent leur cours dans la campagne. La prairie reverdit et le jardin se couvre de fleurs, comme du temps des religieuses. Fatiguant leur esprit comme leur corps, les laborieux ermites s'appliquent aux mâles études du grec et de l'hébreu. D'Andilly traduit Josèphe; Sacy, Nicole et Le Maistre enseignent le latin à des enfants parmi lesquels étudie Racine. Leur seul délassement est le chant des psaumes, sans cesse recommandé par Saint-Cyran, d'après cette parole de l'apôtre : « Chantez et psalmodiez dans vos cœurs. » Chacun la pratiquait dans sa chambre, nous dit Lancelot, de sorte qu'on entendait en passant chanter à demi voix des cantiques, ce qui rappelait cette Jérusalem des premiers temps, dont les campagnes et les maisons semblaient mur-

---

[1] Le cardinal Mazarin les appelait les *fruits bénits*. Lancelot, t. Ier, p. 127.

murer doucement les psaumes [1]. Quelquefois, après les travaux du jour, les solitaires montaient sur la colline des Granges, d'où l'on aperçoit toute la vallée, et ils y disaient complies, chantant tout haut la parole sainte, louant Dieu devant ses œuvres, et montrant par le mélange de leurs voix la joie de leurs cœurs [2].

Le nombre des religieuses augmentant, et Port-Royal devenant lui-même trop étroit [3], Saint-Cyran enjoignit à la mère Angélique de revenir aux champs. « Mais, mon père, lui repartit l'abbesse, en rappelant l'insalubrité du monastère, nous y étions quelquefois très-malades, et il n'y en avait pas de reste pour assister les autres, ni même pour aller au chœur. — Tant mieux, répliqua Saint-Cyran : ne vaut-il pas mieux servir Dieu dans l'infirmerie que dans l'église? Il n'y a pas de prières plus agréables au Seigneur que celles qui se font dans les souffrances [4]. » Cette réponse décida l'abbesse ; elle fit agrandir à la hâte le cloître des champs [5], puis elle laissa une partie des sœurs à Paris, et ramena les autres à l'ancien monastère. La séparation fut déchirante : le jour qu'elle leur apprit cette nouvelle, les

---

[1] Lancelot, t. II, p. 76.

[2] .... « On nous faisoit monter le soir sur la montagne pour y prendre l'air, et nous disions complies. M. Singlin nous les faisoit quelquefois chanter tout haut, afin que le mélange de nos voix témoignât la joie de nos âmes. » Lancelot, t. Ier, p. 109.

[3] Les religieuses étaient alors plus de cent. Racine. *Histoire de Port-Royal*, p. 118.

[4] *Mémoires de Lancelot*, t. II, p. 317-318.

[5] Dufossé, p. 115.

sœurs qui devaient rester à Paris se jetèrent aux genoux de leur mère bien-aimée et la prièrent avec des larmes de les emmener. Après quelques consolations, la rigide abbesse les pria de ne plus s'entretenir de cette affaire, qui ne servait qu'à les distraire et à les affaiblir, mais de demander à Dieu de bénir cet établissement et de répandre son esprit sur les sœurs qui devaient s'y rendre. Le jour du départ, la mère Angélique communia avec les filles qui l'accompagnaient, puis elle dit adieu aux religieuses de Paris, qui la conduisirent jusqu'à la porte avec des larmes et des sanglots. Elle dut s'arracher à leurs supplications pour partir. Elle arriva sur les deux heures de l'après-midi à Port-Royal des Champs, où elle trouva la plus cordiale et la plus solennelle réception. C'était par une journée de printemps [1]; tous les pauvres du voisinage étaient accourus pour saluer les sœurs après vingt-deux années d'absence. Ils remplissaient les cours du monastère et poussaient des cris de joie ; parmi eux se trouvaient de pauvres vieilles femmes qui avaient connu autrefois la mère Angélique et qui se précipitaient à ses pieds, à ses bras, à son cou en l'appelant leur mère nourricière. Tous ces pauvres remerciaient Dieu de leur rendre leur bienfaitrice et la couvraient de bénédictions. La sainte abbesse leur rendait leurs caresses et leurs embrassements, sans s'inquiéter de leurs haillons ou de leurs souffrances [2]. En arrivant devant l'église, les

---

[1] 13 mai 1648.
[2] « Elle les embrassait, dit Lancelot, avec une tendresse incroyable. »

sœurs trouvèrent tous les solitaires rangés devant le portail, derrière le chapelain qui tenait une croix. La mère Angélique passa au milieu d'eux, suivie de ses religieuses, et elle entra comme en triomphe dans l'église, au bruit des cloches qui sonnaient à toutes volées et aux chants joyeux du *Te Deum*[1]. Elle s'établit ensuite dans le cloître avec les sœurs, tandis que les solitaires remontèrent sur la colline des Granges. Ils ne descendirent plus au monastère que pour les offices, auxquels ils se rendaient par un escalier séparé.

La persécution cependant allait commencer : tandis que la renommée de Port-Royal excitait l'admiration de la cour, Richelieu seul ne partageait pas cet enthousiasme. Saint-Cyran avait froissé l'impérieux ministre, qui voulait s'attacher tout ce qu'il y avait de grand dans le royaume[2], en refusant plusieurs abbayes et jusqu'à sept évêchés successivement offerts par le cardinal[3]. Richelieu était secrètement jaloux de Saint-Cyran : ce gouvernement des âmes effaçait sa tyrannie. Il dit un jour de l'abbé en le reconduisant au Palais-Cardinal et en le touchant sur l'épaule : « Vous voyez là, messieurs, un des plus savants hommes de l'Europe, » mais il ajoutait : « Cet

---

[1] *Histoire abrégée de Port-Royal*, p. 17. — *Histoire du rétablissement de Port-Royal des Champs*, à la fin des *Mémoires de Lancelot*, t. II, p. 458.

[2] Dufossé, p. 8.

[3] Saint-Cyran dit plus tard à la mère Angélique « qu'il pensoit bien que de tels refus le conduiroient à une prison, sous un gouvernement qui ne vouloit que des esclaves. » Lancelot, t. Ier, p. 429. Note.

homme est plus dangereux que six armées [1]. »

Effrayé des progrès du jansénisme, il le frappa dans son chef. Il fit arrêter Saint-Cyran, en disant que si l'on avait emprisonné Luther et Calvin au moment où ils commençaient à dogmatiser, on aurait épargné bien des troubles aux États. » Saint-Cyran fut enfermé à Vincennes, où il demeura cinq ans, et dont il ne sortit que pour mourir [2]. Le même mois, presque le même jour, la peste enlevait Jansénius au moment où il achevait son livre [3]. L'ouvrage mystérieux si longtemps attendu, et auquel il avait consacré sa vie, parut après sa mort; il portait le titre d'*Augustinus* [4], couvrant ainsi du grand nom de saint Augustin la réformation commencée. Ouvrons-le, ouvrons en même temps les principaux organes du jansénisme et résumons en quelques mots toute la doctrine.

Le dogme du jansénisme est tout entier contenu dans cette question tant de fois débattue de la liberté humaine : l'homme relève-t-il de Dieu ou de lui-même? est-il esclave ou libre, est-ce un instrument ou un roi? Partant de la faiblesse de l'homme et de la grandeur de Dieu, Jansénius proclame la souve-

---

[1] Lancelot, t. Ier, p. 176.
[2] Arrêté le 14 mai 1638, Saint-Cyran resta à Vincennes jusqu'à la mort de Richelieu, qui eut lieu le 4 décembre 1642. Saint-Cyran, mis en liberté, mourut quelques mois après, le 8 octobre 1643.
[3] Jansénius mourut à Ypres, le 6 mai 1638.
[4] « C'est un livre, dit Saint-Cyran, qui durera autant que l'Eglise, et quand le roi et le pape se joindroient ensemble pour le ruiner, ils n'en viendroient jamais à bout. » *Mémoires de Lancelot*, t. I, p. 107.

raineté de la grâce et la vanité du libre arbitre[1]. La grâce, suivant lui, n'est plus un don de Dieu, mais Dieu lui-même qui commande et vit dans nos cœurs. A la grâce seule revient le mérite des bonnes œuvres[2]. Tout est possible à celui qui possède la grâce, rien au malheureux qui en est privé[3]. Il ne peut suivre aucun des divins commandements[4], ni commettre une action indifférente[5]; il pèche et péchera sans cesse[6]. Les mauvais arbres, dit Jansénius, ne peuvent porter de bons fruits. Toutes les œuvres des infidèles sont des péchés, et les prétendues vertus des philosophes sont des vices. Jansénius arrache au monde jusqu'au nom de cette liberté qui lui est si chère, dégradant et rabaissant l'homme à plaisir.

L'évêque d'Ypres revient ainsi au double principe de Manès : la grâce est le bon principe, la liberté le mauvais, et de là deux divisions parmi les hommes, les enfants de Dieu et les fils des créatures, les élus et les réprouvés. Les uns, continuellement soutenus par la main du Christ, ne pourront même plus chanceler; les autres, abandonnés à eux-mêmes, battus par les passions, roulent de chute en chute et d'abîme en abîme. De là aussi un fatalisme épouvantable : entraîné par la logique, Jansénius déclare que

---

[1] *Augustinus.* (*Rotomagi*, 1652. In-folio comprenant les trois volumes.) T. III, liv. III, chap. 1ᵉʳ, p. 134.
[2] *Augustinus*, t. II, liv. II, chap. xxiii, p. 165.
[3] *Id.*, t. II, liv. IV, chap. xvi, p. 255.
[4] *Id.*, t. III, liv. III, chap. xiii, p. 136.
[5] *Id.*, t. III, liv. V, chap. iv, p. 214.
[6] *Id.*, t. III, liv. III, chap. xx, p. 81.

Jésus-Christ n'est pas mort pour tous les chrétiens, et il décrète la plus effroyable des injustices, l'inégalité des hommes devant Dieu. Pénétré du petit nombre des élus, Saint-Cyran s'écrie : « De mille âmes il n'en revient pas une, de mille prêtres pas un [1] ! »

Mais de ce sombre dogme découlait la plus pure des morales. Les Jansénistes opposaient la crainte de Dieu à cette banale bonté que lui prêtaient les Jésuites. Avant toute chose, disaient ces derniers, fréquentez les églises et les sacrements. Vous appartenez à l'ambition ou à l'égoïsme, à l'avarice ou à la luxure, votre sang bouillonne encore de désirs impurs, qu'importe? Votre repentir est suffisant, communiez, communiez encore, voici l'absolution, plus tard viendra la grâce [2], et ils menaient au ciel, comme on le leur reprochait, par un chemin de velours [3].

---

[1] Le doux saint François de Sales avait dit lui-même en parlant de la rareté des bons directeurs : « A peine un sur dix mille. » *Port-Royal*, Sainte-Beuve, t. Ier, p. 456.

[2] « Plus on est dénué de grâce, disait le P. Sesmaisons à madame de Sablé, sa pénitente, plus on doit hardiment s'approcher de l'Eucharistie. » V. M. Sainte-Beuve, *Port-Royal*, t. II, p. 167.

[3] V. à ce propos la *Dévotion aisée*, par le P. Lemoyne, de la Compagnie de Jésus. Paris, MDLII, in-12. Cet incroyable livre est rempli de comparaisons galantes empruntées au langage des ruelles du temps. Les fleurs, les fruits, les étoiles, les perles, les nuits, le soleil, la lune, les grâces, les beaux jours, le printemps, y jouent le plus grand rôle. Les vices y sont des fâcheux, la vertu une maîtresse, et la religion y a des amants. Nous recommandons surtout les deux chapitres intitulés : « Qu'il y a une galanterie de pur esprit qui peut compatir avec la dévotion ; qu'il s'est toujours trouvé des saints polis et des dévots civilisés. » Et « qu'il faut faire cas de la médiocrité de dévotion, qu'elle a son prix et son mérite ; *qu'elle est d'obligation et nécessaire au salut.* » Livre Ier, chap. vi, p. 56. C'est à peu près la paraphrase de cette maxime, aussi peu recherchée par le fond que par la forme, et dont

Les Jansénistes s'élevaient contre cette morale avec l'indignation d'honnêtes gens. Ils protestaient que la pénitence n'est point un jeu comme on semblait le croire ; qu'il fallait prier, jeûner, affliger son âme et son corps, s'interdire les choses permises parce qu'on s'était abandonné aux défendues, et pratiquer des remèdes qui fussent véritablement contraires aux maux [1].

Dans leur méfiance de l'homme et leur respect de Dieu, ils préféraient l'abstention au sacrilége et prêchaient l'éloignement de l'Eucharistie, même à l'article de la mort. « Prenez garde, disaient-ils, vous êtes indignes de recevoir le corps et le sang de Jésus-Christ. » — « Dieu est terrible » répétait Saint-Cyran.

Ils poussaient ainsi jusqu'à l'effroi le respect des sacrements et du sacerdoce. Saint-Cyran épuise toutes les images pour définir le prêtre : « Il est roi, dit-il, et plus que roi sur la terre, il est sacrificateur. Il est ange et plus qu'un ange dans l'Eglise, car il y fait ce que nul ange n'a été appelé à faire en célébrant les mystères.... C'est le troisième officier de Dieu après Jésus-Christ. » Les plus irréprochables des solitaires sont si convaincus du divin caractère de la prêtrise, qu'ils la refusent comme indignes. Saint-Cyran ordonne Singlin, et le successeur de Saint-Cyran est contraint d'employer son autorité pour lui faire dire à trente-sept ans sa première

---

nous demandons pardon au lecteur : « Faut de la vertu ; pas trop n'en faut. »

[1] *Mémoires de Fontaine*, t. 1er, p. 131-132.

messe. Le vénérable Tillemont, dont la modestie va jusqu'à la candeur¹, s'enfuit de Beauvais pour éviter l'ordination que l'évêque voulait lui imposer, après lui avoir fait prendre la tonsure. « M. de Beauvais, écrit-il, le considère trop, et il craint que pour lui les suites n'en soient dangereuses. » Tillemont ne voulut jamais être prêtre avant quarante ans², et il fallut pour le décider les fermes et persuasives paroles de Sacy. Malgré les prières de ses supérieurs, Lancelot ne dépassa jamais le sous-diaconat. Le trop célèbre diacre Pâris mourut simple diacre. Charles Duchemin, l'un des solitaires, est un exemple plus remarquable encore : ordonné prêtre en Picardie, il resta trente-sept ans aux Granges, caché sous les habits d'un valet de ferme, sans dire une seule fois la messe ; son titre de prêtre n'était connu que de de Sacy, et il ne fut divulgué qu'après sa mort³.

En haine de la morale relâchée des Jésuites, les Jansénistes reviennent à l'austérité des plus sévères réformateurs. Ils excluent les pécheurs des offices, comme dans les premiers temps de l'Eglise⁴. Ils prêchent une vie de privations et de sacrifices, proscrivent le théâtre⁵ et la poésie, les tableaux et les sta-

---

¹ Tillemont était l'un des hommes les plus savants de l'époque. Depuis l'âge de quatorze ans, il n'avait rien lu ni rien étudié qui n'eût rapport à son histoire. Il refusa, à cinquante-trois ans, de lire un article du *Journal des Savants*, où il était parlé avec éloges de son livre, disant qu'il n'avait pas besoin de nourrir son orgueil du détail de ses louanges.

² *Mémoires de Dufossé*, p. 503.

³ *Mémoires de Dufossé*.

⁴ 89ᵉ proposition de Quesnel.

⁵ Nicole, dans *Les Visionnaires*, alla jusqu'à traiter les poëtes dra-

tues, jusqu'aux tapisseries représentant les scènes de la fable. Ils suppriment les riches ornements des églises, les parfums, les fleurs, le linge damassé, déchirant les nappes des autels pour les donner aux malheureux [1]. Ils condamnent l'amitié et l'amour, les chastes tendresses du frère et de la sœur, de la mère et de l'enfant, et ne permettent que l'amour de Dieu. A la fréquentation des sacrements, si préconisée par les Jésuites, ils substituent l'assistance aux offices, la lecture de l'Evangile [2] et le chant des psaumes. Ils ne proscrivent pas tous les saints, mais quelques-uns comme supposés ou comme indignes, et la Madeleine, par exemple, comme impure [3]. Ils ne défendent pas la confession, mais ils en diminuent l'importance, en mettant à de longs intervalles la communion. Malgré l'opposition du clergé et les défenses des papes, ils

---

matiques d'*empoisonneurs publics*. On sait que Racine blessé riposta par deux lettres, où il montra toute la susceptibilité de son caractère et plus d'esprit que de reconnaissance envers un homme qui avait été son meilleur maître.

[1] Saint-Cyran loua publiquement la mère Angélique de ce qu'elle avait plusieurs fois déchiré les nappes de l'autel pour les donner aux pauvres. Lancelot, t. II, p. 215.

[2] « Refuser l'écriture, dit éloquemment Quesnel (84e et 85e proposition), c'est interdire l'usage de la lumière aux enfants de la lumière, c'est fermer aux chrétiens la bouche de Jésus-Christ. »

[3] *Lettres de madame de Maintenon*. Edition Auger, t. III, p. 13. — Le docteur gallican et semi-janséniste de Launoy (1603-1678) était le plus terrible adversaire des faux saints reconnus et fêtés dans la liturgie romaine. On l'appelait le *Dénicheur de saints*. Le curé de Saint-Eustache le saluait jusqu'à terre chaque fois qu'il le rencontrait, en disant: « J'ai tant peur qu'il ne m'ôte mon saint Eustache qui ne tient à rien. » *Biographie universelle*, art. LAUNOY. — L'illustre Mabillon attaque lui aussi les fausses reliques dans sa lettre sur le culte des saints inconnus. 1698.

publient la première version catholique de la Bible [1] en langue vulgaire, et les traductions du missel et du bréviaire [2]. L'un des plus hardis, l'oratorien Quesnel, réclame la substitution de la langue nationale à l'idiome romain [3]; tous, comme les réformateurs du xvi° siècle, l'élection des prêtres par les fidèles. A l'égard de la cour de Rome, ils adoptent la grande maxime des Gallicans, que les conciles sont supérieurs aux pontifes. Sans porter directement la main sur le saint-siége, ils proclament l'indépendance et la souveraineté des évêques, en leur enlevant toutefois le titre fastueux de Monseigneur. Ici encore ils s'arrêtent au milieu de la route : « Tous les évêques sont papes » disait Saint-Cyran ; Luther avait dit : « Tous les chrétiens sont prêtres. »

Le jansénisme n'était, comme on le voit, qu'un protestantisme gallican, une réformation catholique. Au lieu de rajeunir les idées du xvi° siècle ou de devancer la grande croisade du xviii°, les Jansénistes bâtissaient une Eglise entre Loyola et Calvin. Mais il y a des transactions impossibles ; il faut accepter ou nier l'Eglise, et ils devaient succomber à la tâche. Par leurs scrupules et leurs subtilités théologiques, Jansénius et Saint-Cyran restaient les apôtres d'une religion de docteurs, renfermée dans les écoles et dans

---

[1] La Bible dite de Sacy, si pure et si fidèle.

[2] Le nonce fit mettre à l'index à Rome l'*Année chrétienne* du prédicateur janséniste Le Tourneux, et arrêter son impression à Paris, parce qu'il y avait mis l'ordinaire de la messe en français. *Mémoires de Fontaine*, t. II, p. 431.

[3] C'est notamment l'opinion de Quesnel. 86e proposition.

les cloîtres. Leur voix n'arrivait pas jusqu'à la foule, et pour convaincre, il faut porter son drapeau sur le forum.

Les réformateurs du xvi⁰ siècle l'avaient compris ; ils ont fondé. Il n'y a pas aujourd'hui vingt mille Jansénistes[1] ; il y a soixante millions de protestants[2].

---

[1] Il y a en Hollande plusieurs milliers de Jansénistes dont le siége principal est à Utrecht. Ils sont gouvernés par un évêque élu par eux. A sa nomination, cet évêque fait connaître son avénement au pape, qui lui répond chaque fois par une excommunication. On trouvera des détails sur cette petite communauté janséniste dans le récent travail de M. Esquiros sur la Hollande. *Revue des Deux-Mondes.* 1er mai 1856.

[2] Ce chapitre a été lu par l'auteur à l'Académie des sciences morales et politiques dans la séance du 29 août 1857.

CHAPITRE XV

(1643-1707.)

Condamnation de cinq propositions de l'*Augustinus* par le pape. — Les Jansénistes répondent qu'elles ne sont pas dans le livre. — Vive polémique à ce sujet. — Violences incroyables des Jésuites. — Le confesseur du duc de Liancourt lui refuse l'absolution. — Lettres du grand Arnauld qui défend le duc de Liancourt. — Procès et condamnation d'Arnauld. — Pascal défend Arnauld. — Origine et publication des *Provinciales*. — Leur condamnation à Rome. — Formulaire du pape. — Mutuelles concessions du pape et des Jansénistes. — Intervention de la duchesse de Longueville et de la princesse de Conti. — Paix de l'Église. — Ovations faites aux Jansénistes. — Séparation des deux abbayes de Port-Royal des Champs et de Port-Royal de Paris. — Mort de la duchesse de Longueville. — Renouvellement des persécutions. — L'archevêque de Paris défend aux religieuses des Champs de recevoir des novices. — Expulsion et proscription des solitaires. — Morts de de Sacy, de Nicole, de Desmares, de Lancelot, de Dufossé, du grand Arnauld. — Renaissance du jansénisme à propos du cas de conscience. Internements. — Exils. — Incarcérations. — Lettres de cachet.

Les prédications de Saint-Cyran avaient créé deux partis dans l'Eglise, l'ouvrage de Jansénius les mit aux prises. A Rome, le pape Urbain VIII condamne l'*Augustinus* dès son apparition[1]; à Paris, la Faculté de théologie rejette la bulle du pontife[2], et la guerre s'engage dans cette même Sorbonne où avaient éclaté tant de tempêtes au xvie siècle. Le pape avait omis,

[1] Juin 1643.
[2] 1641.

suivant l'usage, de citer textuellement les propositions erronées ; les docteurs jansénistes qui remplissent la Faculté s'autorisent de cette omission pour recevoir publiquement des thèses où sont exposées les doctrines nouvelles. L'opposition des docteurs continue ainsi pendant cinq années. Irrité à la fin de ces attaques quotidiennes, le président de la Faculté de théologie, Nicolas Cornet, qui, après avoir été Jésuite, était resté l'un des plus chauds partisans de la compagnie [1], extrait lui-même sept propositions de l'*Augustinus* et les dénonce au pape comme hérétiques [2]. Rome foudroie de nouveau l'*Augustinus* et spécialement cinq des propositions signalées par Cornet [3], mais malgré ce second anathème, les Jansénistes ne s'avouent pas vaincus. Par un inexplicable oubli, le pape n'avait cité ni la page, ni le volume où se trouvaient les propositions énoncées ; les Jansénistes répliquent qu'elles ne sont pas dans l'*Augustinus* ; que le pape a condamné des pensées de Cornet, non celles de Jansénius ; et que, par conséquent, l'anathème frappe dans le vide.

Sur cette question : les cinq propositions sont-elles ou ne sont-elles pas dans l'*Augustinus* [4] ? la bataille

---

[1] Racine, p. 139. On sait que Cornet fut le maître de Bossuet.
[2] 1649.
[3] Bulle d'Innocent X, publiée en juin 1653.
[4] Il paraît certain qu'elles n'y sont pas. Une foule de plaisanteries furent faites à ce sujet par les sceptiques du temps. Le chevalier de Grammont affirma que les cinq propositions étaient dans l'*Augustinus*, mais *incognito*. Vers le milieu du xviiie siècle, un curé hollandais (Grégoire, *Ruines de Port-Royal*, p. 150) déposa chez un notaire une somme d'argent, et publia dans les journaux qu'il la donnerait à qui

s'engage de nouveau. Il faut se garder de sourire ; ici se révèle l'idée favorite de Jansénius de conquérir l'Eglise sans en sortir. Les Jansénistes circonscrivent à dessein le combat sur ce terrain étroit et obscur, évitant avec soin tout symbole qui pourrait les démasquer et les perdre [1]. On a la profession de foi d'Henri VIII, de Luther, de Calvin ; on demanderait vainement celle de Jansénius. Ses disciples argumentent dans l'ombre, et pour mieux voiler leurs sentiments, ils créent des termes subtils et burlesques qui rappellent les débats scolastiques du moyen âge [2]. De cette belle langue française que va tout à l'heure fixer Pascal, ils font un idiome barbare ; d'un fleuve limpide un ruisseau fangeux. Mais pour être confuse, la lutte n'en est pas moins acharnée, et les passions religieuses embrasent le royaume comme aux temps les plus orageux de la ligue. Les Eglises,

---

découvrirait les cinq propositions. Nul ne se présenta et la récompense attend encore.

[1] C'est ce qu'a très-bien senti M. de Maistre, quand il a dit avec sa modération habituelle : « Le jansénisme a l'incroyable prétention d'être de l'Eglise catholique, malgré l'Eglise catholique.... Il n'y a point de jansénisme, c'est une chimère, un fantôme créé par les Jésuites. Le pape qui a condamné la prétendue hérésie rêvait en écrivant sa bulle. Il ressemblait à un chasseur qui ferait feu sur une ombre, en croyant ajuster un tigre.... » Puis il ajoute avec colère : « Cette secte, la plus dangereuse que le diable ait tissue ; et encore la plus vile à cause du caractère de fausseté qui la distingue. » V. *De l'Église gallicane*, liv. Ier, ch. III.

[2] Voici, par exemple, quelques-uns de ces mots : congruisme, science moyenne, grâce versatile, efficace, suffisante, opérante, coopérante, prévenante, subséquente, excitante, adjurante...., etc., etc. Le temps a épaissi encore les ténèbres qui couvraient ces ouvrages et les a rendus presque inintelligibles. « Les Jansénistes ont la phrase longue » disait Voltaire ; on pourrait ajouter « et obscure. »

les Universités, les Parlements retentissent de cette querelle. De toutes parts arrivent des in-folio chargés de citations, d'injures et de calomnies. A la Sorbonne s'engagent des discussions brûlantes, où les deux partis s'invectivent et se menacent en latin [1]. Les Jésuites, les plus vivement attaqués, ripostent avec violence. Ils défendent avec fureur leur morale flétrie par les écrivains, leurs colléges menacés par les écoles de Port-Royal, surtout ce gouvernement souterrain des consciences qu'on veut leur ravir. Au Louvre ils excitent contre Port-Royal la reine et Mazarin, les ministres et les évêques. Pour détourner les mères d'envoyer leurs enfants à la petite école des Granges, ils leur persuadent que c'est un véritable séminaire, où l'on enseigne les plus dangereuses maximes de Saint-Cyran. Ayant recours à une classique vengeance, ils distribuent des vers latins dans lesquels ils demandent à Dieu, par la plus fervente prière, de précipiter tous les Jansénistes dans l'abîme [2]. Dans leurs colléges de Paris ils font jouer des pièces allégoriques, où les démons emportent Jansénius en enfer [3]. Ils publient jusqu'à six mille exemplaires d'un pamphlet intitulé: *la Déroute et la Confusion des Jansénistes*, où l'on voit Jansénius en habit d'évêque, fuyant avec son livre devant l'épée de la justice royale, et se réfugiant auprès des mi-

---

[1] On sait que les débats avaient lieu en latin à la faculté de théologie.
[2] *Mémoires de d'Andilly*, p. 468.
[3] Racine, p. 245.

nistres de Calvin, qui accueillent avec empressement une religieuse à lunettes, personnifiant sans doute l'abbaye des Champs[1]. En pleine chaire, ils traitent le grand Arnauld de destructeur de l'Évangile et de la divinité de Jésus-Christ[2]. Le P. Brisacier, fougueux auteur du *Jansénisme confondu*[3], traite les directeurs de Port-Royal de vénérables hérésiarques, d'hérétiques hypocrites, de pontifes du diable, de portes d'enfer, d'âmes noires et enragées, dignes du fer et du feu, et les saintes filles des Champs de vierges folles et incommuniantes, et « tout ce qu'il vous plaira » s'écrie-t-il en finissant, laissant ainsi le champ ouvert aux suppositions les plus infâmes[4]. A Ypres, les Jésuites flamands arrachent de la cathédrale l'épitaphe et la pierre tumulaire de Jansénius[5]. A Paris, le P. Meynier élève une accusation des plus sérieuses[6] : il raconte qu'il y a trente-cinq ans, dans l'été de 1621, Saint-Cyran, Arnauld, Jansénius, et quelques autres, se sont réunis dans la forêt de Villers-Cotterets, dans la vieille chartreuse de Bourg-Fontaine, qu'ils y ont juré d'exterminer la religion

---

[1] *Mémoires de Dufossé*, p. 227.

[2] *Mémoires de Dufossé*, p. 143. Lettres d'Arnauld, Edition de 1656, t. Ier, p. 193.

[3] Odieux libelle publié en 1651 contre le jansénisme. Il y accusait les religieuses de Port-Royal des crimes et des dérèglements les plus horribles. *Mémoires de Dufossé*, p. 58.

[4] *Mémoires de Lancelot*, t. Ier, p. 358.

[5] En 1655.

[6] En 1656. V. à ce sujet les *Mémoires de Dufossé* et l'ouvrage intitulé : *De la Réalité du projet de Bourg-Fontaine*, par le P. Sauvage, Jésuite. On sait comment Pascal a fait justice de cette calomnie dans *les Provinciales*.

catholique, d'établir le déisme sur ses ruines, et que l'un de leurs complices, bourrelé de remords, vient de livrer ce secret aux tribunaux[1]. Un autre Jésuite, le P. Séguin, demande à tous les princes le sang et la vie des Arnauldistes[2]. Tous les confesseurs de la compagnie de Jésus refusent impitoyablement l'absolution à ceux qu'ils soupçonnent de jansénisme.

Au milieu de ces haineuses polémiques, un scandale vient déchaîner toutes les passions ; le rang et le caractère de la victime grandissant l'offense. Au mois de janvier 1655, un prêtre de Saint-Sulpice, qui confessait le duc de Liancourt[3], ami des solitaires, lui refusa l'absolution jusqu'à ce qu'il eût rompu toute relation avec Port-Royal et retiré sa petite-fille du monastère, lui déclarant qu'il lui refuserait également la communion s'il se présentait à la sainte table[4]. Sur-le-champ, le docteur Arnauld, ami personnel du duc et l'un des plus intrépides champions de la Sorbonne, publie deux longues lettres[5] dans

---

[1] A M. Filleau, avocat du roi à Poitiers, en 1654. *V.* M. Sainte-Beuve. *Port-Royal*, t. Ier, p. 258 et t. II, p. 82.

[2] Lancelot, t. Ier, p. 243.

[3] M. de Liancourt, de la maison de Larochefoucauld, et premier gentilhomme de la chambre, était le mari de cette admirable et sainte Jeanne de Schomberg, fille du maréchal surintendant des finances, qui, d'une vie dissipée, avait ramené son mari à la vertu. Sa petite-fille, mademoiselle de la Roche-Guyon, était pensionnaire à Port-Royal, et il logeait chez lui le P. Desmares. M. de Liancourt était le plus poli, le plus aimable, le plus charitable des hommes, joignant à une piété douce et éclairée tout l'esprit d'un Larochefoucauld. *V.* les anecdotes citées par Fontaine, t. II, p. 464-470.

[4] Racine, p. 158.

[5] La première était intitulée : *Lettre à une personne de condition* ; la seconde : *Lettre à un duc et pair*. Celle-ci était adressée au duc de Luynes.

lesquelles il s'attache à disculper à la fois M. de Liancourt et Jansénius. Il affirme que les cinq propositions ne sont pas de l'évêque d'Ypres, qu'elles sont du reste parfaitement orthodoxes, et qu'elles se trouvent dans saint Augustin.

Le nom d'Arnauld avait alors un poids immense. Jeune encore [1], il était déjà connu par son livre de *la Fréquente communion*, où il combattait par l'autorité des Pères et des conciles ces absolutions précipitées accordées si souvent à des pécheurs endurcis dans le crime [2]. Bien plus redoutable par sa parole que par sa plume, Arnauld apparaissait dans ces mêlées de la Sorbonne, devenues si fréquentes, comme le plus infatigable tribun du jansénisme. C'était un de ces hommes qui savent parler, sans pouvoir écrire. Terne et incolore dans ses ouvrages, il devenait chaleureux et éloquent lorsqu'il prenait la parole, et ses yeux brillaient comme les flammes [3]. Petit et maigre, mais fort et nerveux, il était si opiniâtre dans la discussion

---

[1] Né en 1612, il avait quarante-trois ans. Il était le vingtième et dernier enfant d'Antoine Arnauld, frère cadet de la mère Angélique et d'Arnauld d'Andilly.

[2] Racine, p. 127. Le point principal de ce livre, publié en 1643, était d'imposer des délais entre la confession et la communion. V. *Mémoires de Lancelot*, t. Ier, p. 242. L'ouvrage avait eu pour origine une discussion entre la princesse de Guéménée, dirigée par Saint-Cyran, et la marquise de Sablé, dirigée par le P. Sesmaisons, Jésuite. Madame de Guéménée avait refusé d'aller au bal un jour qu'elle avait communié, tandis que madame de Sablé avait déclaré que son directeur le lui permettait. V. M. Sainte-Beuve. *Port-Royal*, t. II, p. 166.

[3] « Il y a du lion en lui, » disait un de ses contemporains, l'évêque de Montpellier Colbert. On connaît le portrait peu flatté, mais vivant, qu'en a tracé Guy-Patin. V. le beau tableau de Philippe de Champagne, ou tout au moins la belle gravure qui en a été faite.

que, au dire de Nicole, si les Jésuites avaient voulu le tuer, ils n'auraient eu qu'à se relayer pour contester avec lui sur les matières religieuses.

Arnauld avait pris pour règle de conduite ces paroles, que sa mère [1] lui avaient transmises de son lit de mort, par Singlin, son confesseur : « Dites à mon fils que tout ce que je lui recommande est de défendre la vérité et de combattre pour elle jusqu'à la mort. » Son savoir et ses vertus, ce sang déjà illustré des Arnauld et des Lemaistre, ajoutaient à l'éclat de sa réputation. Il touchait au parlement par son père, le célèbre adversaire des Jésuites, à l'Église et à l'Université par sa profession [2], à Port-Royal par son frère, Arnaud d'Andilly, par sa sœur, la mère Angélique, par ses neveux, les trois Lemaistre. Il était le disciple de Saint Cyran et le maître de Pascal. En lui semblait vivre Port-Royal tout entier. Pour parler comme Fontaine, c'était « le rempart de la maison d'Israël [3]. »

Les Jésuites, qui haïssaient Arnauld, comme leur plus dangereux adversaire, profitèrent de l'occasion pour étouffer cette grande voix. Ils dénoncèrent à la Faculté de théologie les deux lettres d'Arnauld, et, à force d'intrigues, réussirent à le faire déférer à une commission. Jamais jugement moins juridique ne fut

---

[1] Lancelot, t. Ier, p. 323. Sa mère avait pris le voile après la mort de son mari, M. Arnauld, l'avocat, et elle mourut à Port-Royal en 1641. Rendant justice à sa mère, Arnauld disait qu'il n'était pas moins le fils de ses larmes, que saint Augustin des larmes de sainte Monique.
[2] Arnauld était prêtre et docteur en théologie à la Faculté de Paris.
[3] Fontaine, t. II, p. 98.

rendu ; tous les statuts de la Sorbonne y étaient violés [1]. Les Jésuites composèrent cette commission de moines mendiants [2], de tous les ennemis d'Arnauld, sans admettre ses récusations et sans écouter sa défense. On lui interdit de comparaître ; on disputa à ses amis le temps nécessaire pour discuter les chefs d'accusation, et son procès [3] s'instruisit à la Faculté avec le plus redoutable appareil. Mazarin, gagné par les Jésuites, se prononça contre l'accusé. Par ses ordres, le chancelier, malgré ses infirmités et son grand âge [4], assista aux séances escorté de six huissiers avec leur chaîne et de deux archers portant la hallebarde [5]. Ce procès passionna la cour, la ville et les provinces. La reine Anne d'Autriche, qui craignait toujours de voir renaître les troubles de la Fronde, était partagée entre ses affections et sa conscience [6]. Au Louvre et sur la place Royale les dames jansénistes s'entretenaient des débats avec anxiété [7].

[1] Racine, p. 159.

[2] D'après les statuts, les assemblées ne devaient jamais compter plus de huit moines ; il s'en trouva plus de quarante. *Mémoires de Dufossé*, p. 138. Ce fut à ce propos que Pascal écrivit plus tard qu'il était plus facile de trouver des moines que des raisons.

[3] Sur ce procès d'Arnauld nous devons des remerciments à M. Cousin, qui a bien voulu nous communiquer un volume entier de pièces relatives à cette affaire et tirées de sa précieuse bibliothèque.

[4] Racine, p. 159.

[5] Dufossé, p. 138.

[6] « La reine, disait Mazarin, est admirable dans l'affaire des Jansénistes. Quand on en parle en général, elle veut qu'on les extermine tous, mais quand on lui propose de perdre quelqu'un d'entre eux, et qu'il faut commencer par M. d'Andilly, ou quelque autre, elle s'écrie aussitôt qu'ils sont trop gens de bien et trop bons serviteurs du roi. » Lancelot, t. I|er|, p. 268. Note.

[7] « Les femmes, disait Mazarin avec plus de malice que de vérité, ne

A Port-Royal de Paris et à Port-Royal des Champs, les religieuses ne quittaient plus les autels; les novices et les petites filles faisaient des neuvaines pour l'acquittement de M. Arnauld. Mais sa perte était résolue d'avance. Mazarin voulait une condamnation. On précipita les votes [1], et, le 31 janvier 1656, la Sorbonne rejeta Arnauld de son sein, à la majorité de cent vingt-quatre voix contre soixante-onze. Les docteurs qui l'avaient absous furent exilés avec lui.

L'expulsion d'Arnauld désespéra les Jansénistes. Après l'éclat d'un tel procès, on croyait le docteur coupable des plus grands crimes. Ses amis brûlaient de le voir se justifier : « Vous laisserez-vous condamner comme un enfant? » lui disaient-ils avec amertume. Arnauld, cruellement blessé, rédigea un long mémoire et les rassembla pour l'entendre. L'ouvrage était savant, décisif, mais lourd et froid. Le docteur l'adressait au monde et l'écrivait comme pour la Sorbonne. La lecture terminée, les assistants gardèrent un silence significatif : « Vous n'approuvez pas mon ouvrage, dit Arnauld avec tristesse, j'avoue en effet qu'il ne vaut rien; mais vous, jeune homme, continua-t-il en s'adressant à Pascal [1], vous devriez faire quelque chose. » Pascal se mit à l'œuvre, et, l'in-

---

font qu'en parler, quoiqu'elles n'y entendent rien, ni moi non plus, » ajoutait-il humblement. Le cardinal au moins se rendait justice : il était plus fort en politique qu'en théologie.

[1] Dufossé, p. 138.

[2] Pascal avait alors trente-trois ans. V. *Mémoires de Perrault* et la notice de Petitot sur Port-Royal.

dignation dans le cœur, il écrivit *les Provinciales.*

Il composa ces lettres fameuses rue des Poirées, dans une auberge à l'enseigne du *Roi David*, en face du collége de Clermont, depuis Louis-le-Grand, alors aux Jésuites, à quelques pas de l'ennemi. Un fidèle serviteur portait le manuscrit au principal du collége d'Harcourt, M. Fortin, qui l'imprimait dans son collége, et, malgré les soins de la police, qui gardait toutes les imprimeries, *les Provinciales* parurent de mois en mois, pendant une année entière [1]. Ces feuilles légères glissent sous le manteau et se répandent peu à peu dans Paris. Madame de Chevreuse [2]. dont le nom se mêle à toutes les luttes, mesdames de Sablé, de Guéménée, du Plessis-Guénégaud, amies ferventes de Port-Royal et d'Arnauld d'Andilly, les distribuent à foison de leurs belles mains. Des milliers d'exemplaires circulent dans les provinces et la France prête l'oreille. Pascal a compris la lutte : il s'adresse à tous, aux femmes, aux sceptiques, aux ignorants, aux Français, aux étrangers; de la Sorbonne il en appelle au monde. Il raconte d'abord le procès d'Arnauld, il intéresse par la clarté, amuse par la raillerie, et soulève par l'injustice, lorsqu'il montre la haine qui accuse et la partialité qui condamne. Après avoir disculpé ses maîtres, il attaque

---

[1] De 1656 à 1657. Leur titre était: *Lettres écrites à un provincial par un de ses amis* ; on a dit depuis pour abréger : *les Provinciales.*

[2] Marie de Rohan-Montbazon, née en 1600, épousa en 1617 le connétable de Luynes, et en secondes noces, en 1622, Claude de Lorraine, duc de Chevreuse ; elle est morte en 1679. Le duc de Luynes, l'ami des solitaires, était son fils.

à son tour ses ennemis. Il étale au grand jour ces révoltantes subtilités, ces maximes dépravées des Jésuites, dispersées dans leurs écrits, « ces ordures des casuistes, » pour parler comme Bossuet [1]. Tour à tour enjoué ou sublime, Pascal déploie la malice de Montaigne, l'ironie de Rabelais et l'âpreté de Calvin, et il laisse les Jésuites marqués d'une flétrissure immortelle. L'ouvrage n'a pas vieilli depuis deux cents ans et le succès dure encore.

Battus et bafoués par Pascal, les Jésuites appellent à leur aide le gouvernement et le pape. Sur leurs instances, Mazarin ferme les écoles de Port-Royal, où Racine achevait ses études. Le cardinal voulait renvoyer des Granges les solitaires ; le politique Arnauld d'Andilly, secrétaire d'un ancien ministre et père d'un ministre futur, conjure heureusement l'orage. Mais ni ses puissantes amitiés, ni ses constantes sollicitations ne purent préserver son frère, le grand Arnauld, qui, menacé de la Bastille, se vit contraint de quitter Port-Royal et de se cacher dans Paris, où il erra pendant douze ans d'asile en asile. Pendant ce temps, le Conseil du roi fait lacérer et brûler à Paris, par la main du bourreau, l'œuvre de Pascal. A Rome, le pape Alexandre VII [2] condamnait à la fois

---

[1] On sait que Bossuet haïssait la morale des Jésuites, qu'il fit condamner à Rome par Innocent XI, en 1679, soixante-cinq propositions extraites des casuistes de la compagnie de Jésus, qu'il foudroyait ceux « qui mettaient des coussins sous les coudes des pécheurs. »

[2] Fabio Chigi, qui eut avec Louis XIV de graves démêlés au sujet de l'insulte faite par les soldats de la garde corse au duc de Créquy, alors ambassadeur de France à Rome. Les Corses furent chassés de Rome,

les *Provinciales* et les cinq propositions. Pour forcer les Jésuites à confesser ou à nier enfin leurs doctrines, il publiait un formulaire qui levait toute équivoque, et enjoignait à tous les fidèles, sous peine d'excommunication, de le signer sincèrement [1].

Le débat s'engage alors sur le formulaire : quatre évêques, ceux de Beauvais, d'Angers, d'Alais et de Pamiers, les religieuses de Port-Royal de Paris et de Port-Royal des Champs, les solitaires et tous les Jansénistes de France refusent de l'accepter. Le gouvernement intervient pour les contraindre, et les persécutions recommencent. Dans les dernières années du sceptique Mazarin, les classes de Port-Royal s'étaient rouvertes; Louis XIV, aux applaudissements des Jésuites, ferme pour toujours ces petites écoles, chères espérances du parti, d'où la nouvelle génération devait sortir. Le lieutenant civil accourt aux Granges et chasse les garçons. Il se transporte ensuite à Port-Royal de Paris et renvoie les petites filles [2]. L'archevêque de Paris, Péréfixe [3], homme bon mais emporté, suivi du lieutenant civil, du chevalier du guet et de deux cents gardes le mousqueton sur

---

et le neveu du pape, le cardinal Chigi, fut chargé de présenter des excuses.

[1] Ce formulaire était ainsi conçu : « Je me soumets sincèrement à la constitution de N. S. P. le pape Innocent X.... Je condamne de cœur et de bouche la doctrine des cinq propositions de Cornélius Jansénius, contenues dans son livre intitulé *Augustinus*, que le pape et les évêques ont condamnée, laquelle doctrine n'est point celle de saint Augustin, que Jansénius a mal expliquée contre le vrai sens de ce saint docteur. »

[2] 1664.

[3] « Péréfixe, homme bon, mais colère.... » *V* Racine. p. 254.

l'épaule, fait enlever de Port-Royal de Paris seize religieuses, les disperse dans des couvents éloignés et les remplace par des sœurs orthodoxes [1]. Mais il exhorte en vain les religieuses des Champs à signer le formulaire. Il leur interdit les sacrements[2], et les quitte en leur adressant ces paroles : « Vous êtes pures comme des anges, mais orgueilleuses comme des démons [3]. » Après lui, Bossuet use inutilement contre la froide conviction des religieuses cette éloquence à laquelle rien ne résistait. La sœur de Dufossé, de Port-Royal de Paris, qui avait accepté le formulaire, avec bien des angoisses et des larmes, se rétracte publiquement devant la communauté, après la visite et sur les tendres reproches de son frère [4]. On s'imaginerait difficilement quelle terreur inspirait le formulaire à ces âmes honnêtes et troublées [5]. Dans la seule crainte de le signer, plusieurs religieuses tombent malades. Jacqueline Pascal, cette forte, cette courageuse, cette charmante sœur de Pascal, qui a donné sa signature, meurt de chagrin et de remords [6].

---

[1] Parmi elles étaient l'abbesse et la prieure. 26 août 1664. *Histoire abrégée de Port-Rogal*, p. 25-28.

[2] 17 novembre 1664.

[3] Racine, p. 254.

[4] Dufossé nous a laissé le plus touchant récit de cet épisode. V. ses *Mémoires*, p. 251-56.

[5] « J'avoue que je frémis encore, écrit Fontaine vingt ans après, lorsque je me représente en quels déchirements étoit M. Singlin (alors directeur des religieuses), au sujet des signatures qu'on exigeoit en 1662. » *Mémoires de Fontaine*, t. II, p. 283.

[6] A trente-six ans. 4 octobre 1661. V. le beau livre de M. Cousin : *Jacqueline Pascal* (Paris, Didier, 1844, in-8°). M. Cousin l'a caractérisée en un mot : la *Cornélie du christianisme*. Elle avait pris à Port-

Après avoir dompté Port-Royal de Paris, Louis XIV s'attaque à la maison des Champs. Il y envoie un chapelain, une tourière orthodoxe, et quatre gardes du corps commandés par un exempt, avec mission d'épier les moindres actions des religieuses et de repousser les visiteurs [1]. Ces soldats occupent toutes les portes du monastère, tant en dedans qu'en dehors; ils se promènent nuit et jour en buvant dans les enclos, qu'ils font retentir de leurs blasphèmes et de leurs chansons obscènes. Un scandale inouï dans les chastes annales de Port-Royal signale la présence de ces hôtes du roi : cette misérable tourière, choisie par l'archevêque et envoyée dans le couvent, devient enceinte et accuse le chapelain d'être son complice [2]. Louis XIV, moins tolérant que Mazarin, ferme la maison des Granges et poursuit les solitaires. D'Andilly, malgré ses soixante-seize ans et ses protections à la cour, est relégué avec son fils Luzancy à sa terre de Pomponne [3]. Sacy, Fontaine et Dufossé sont mis à la Bastille [4]. Le grand Arnauld, toujours traqué dans Paris, où des amis dévoués se disputent sa personne comme si elle eût attiré sur eux la bénédiction du

---

Royal le nom de sœur Euphémie. V. encore Racine, p. 231. — Malebranche lui-même, qui avait signé le formulaire par soumission, crut de son devoir après la paix de l'Eglise, en 1673, de faire une rétractation formelle dans laquelle il reconnaissait devant Dieu la faute qu'il avait faite „« ayant été assez souvent dans le trouble à cause de cette action. » V. M. Cousin, *Fragments de philosophie moderne*, p. 255. Note.

[1] En juillet 1665 ; elles y restèrent jusqu'en février 1669.
[2] *Histoire abrégée de Port-Royal*, p. 28.
[3] En 1664. Il y écrivit ses Mémoires. *Mémoires de d'Andilly*, p. 471.
[4] Mai 1666. V. le curieux récit de leur arrestation. Dufossé, p. 78

ciel ¹, échappe cette fois encore. Les choses en viennent à ce point que Louis XIV nomme des commissaires pour instruire le procès des évêques qui rejettent le formulaire ².

Au milieu de ces persécutions, l'auteur du formulaire, Alexandre VII, vient à mourir ³, et son successeur, Clément IX, pontife doux et conciliant, offre aux Jansénistes d'accepter, il est vrai, le formulaire, mais avec certaines restrictions, qui puissent rassurer leurs consciences. Leurs puissantes protectrices à la cour, la duchesse de Longueville et la princesse de Conti, le pieux et honnête M. de Gondrin, archevêque de Sens et oncle de madame de Montespan ⁴, les ministres Lyonne et Arnauld de Pomponne ⁵ s'interposent, et les opposants signent une transaction, qui prend le nom de paix de Clément IX ou de paix de l'Eglise ⁶.

La concorde semble rétablie pour toujours, et les deux partis la célèbrent avec une effusion et une générosité toutes françaises. On frappe une médaille

---

¹ Fontaine, t. Iᵉʳ, p. 135.
² *Mémoires de l'abbé Arnauld*, p. 542.
³ 1667.
⁴ M. de Gondrin, ayant trouvé un jour madame de Montespan dans les appartements du roi, lui donna un soufflet en lui disant : « Que faites-vous ici ? » Cette affaire arrêta quelque temps les négociations. V. *Mémoires de Fontaine*, t. II, p. 406.
⁵ Arnauld de Pomponne ne fut ministre des affaires étrangères qu'en 1671, à la mort de Lyonne, mais il était déjà associé aux travaux du ministère, et particulièrement connu et distingué de Louis XIV. *Mémoires de l'abbé Arnauld*, p. 54.
⁶ Arrêt du 23 octobre 1668, qui rappelle toutes les personnes dépossédées de leurs bénéfices pour avoir refusé d'accepter le formulaire. *Histoire abrégée de Port-Royal*, p. 29.

pour éterniser le souvenir de la paix récente[1]. Le ministère ouvre la Bastille, et les solitaires reviennent aux Granges. L'archevêque de Paris présente Sacy au roi et le chancelier lui offre une riche abbaye, que le modeste Janséniste a peine à refuser[2]. Louis XIV reçoit avec une cordialité respectueuse le père d'Arnauld de Pomponne, son ministre préféré ; la mâle vieillesse, le noble visage et les beaux cheveux blancs d'Arnauld d'Andilly charment le roi. « Sire, lui dit-il gracieusement, j'ai une grâce à demander à Votre Majesté, c'est qu'elle daigne m'aimer un peu. » Pour toute réponse, Louis XIV se jette à son cou et l'embrasse. Le roi désira voir ensuite le grand Arnauld, qui, poursuivi de grenier en grenier, faisait encore trembler une société formidable, dont les mille langues et les mille bras étaient déchaînés contre lui. Son neveu, Arnauld de Pomponne, le conduisit lui-même à Saint-Germain, où se trouvait la cour[3]. Le roi lui donna les plus nombreux témoignages de sa bienveillance et de son estime, et comme Arnauld s'excusait des paroles un peu vives qui avaient pu lui échapper dans la lutte, Louis XIV le pria de n'y plus songer, ne voulant pas, ajoute Fontaine, qu'il s'humiliât d'une chose qui méritait plutôt des louanges[4]. Le nonce Borgellini voulut lui-même

---

[1] *Mémoires de Fontaine*, t. II, p. 382.
[2] Fontaine, t. II, p. 392. L'abbé Arnauld, fils de d'Andilly, moins scrupuleux, accepta l'abbaye de Chaume en Brie. *Mémoires de l'abbé Arnauld.*
[3] Dufossé, p. 315.
[4] Fontaine, t. II, p. 402.

recevoir Arnauld, et, après les plus affectueux compliments, il dit en propres termes : « Votre plume, monsieur, est une plume d'or [1]. » Le pape Innocent XI avait pour Arnauld, qu'il regardait comme très-orthodoxe, la plus haute et la plus sérieuse estime. La cour de Rome alla jusqu'à lui offrir une place parmi les cardinaux [2].

A l'exemple du maître, Paris se passionne pour les hommes de Port-Royal. La foule s'entasse à Saint-Roch, aux sermons jansénistes du P. Desmares. Les nombreux amis de Sacy célèbrent dans des *dîners de réjouissance* sa sortie de la Bastille. Le bon Janséniste n'ose refuser ces petites fêtes, où le suit Fontaine, son compagnon de captivité, et il y porte son air doux et grave et son impassible sérénité [3]. Les Parisiens se pressent pour voir les principaux Jansénistes, et surtout le grand Arnauld, le plus populaire et le plus célèbre de tous, « cet homme doux et sublime, digne de vivre au siècle des apôtres, » a dit Racine. Un grand concours de peuple l'environnait à chaque sortie, avide d'apercevoir un homme si fameux par ses ouvrages, et dont la personne, si longtemps cachée dans Paris même, était si complétement inconnue. On accourait des provinces les plus éloignées pour l'entendre. Les plus grands dignitaires de l'Eglise se faisaient une joie et un honneur de converser quelques instants avec lui. Et de même que,

[1] Dufossé, p. 315.
[2] Fontaine, t. II, p. 108.
[3] Fontaine, t. II, p. 399.

suivant saint Jérôme, on allait autrefois à Rome pour y contempler Tite-Live, « les étrangers venus alors à Paris y cherchaient autre chose que Paris, et regardaient moins la ville qu'un seul homme[1]. » Par un de ces revirements de l'opinion, si soudains dans notre pays, la France entière exalte les mérites, les vertus, les souffrances des solitaires, et les célèbre comme des saints et des martyrs.

Au milieu de cette ivresse publique, les Jésuites seuls ne s'endormaient pas, et, à la faveur de la paix, ils préparaient la guerre. Jusqu'ici, les deux abbayes, l'aînée et la cadette, Port-Royal de Paris et Port-Royal des Champs, avaient lutté côte à côte, mais la première avait été la plus éprouvée, Louis XIV ayant dispersé les sœurs jansénistes et mis à leur place des orthodoxes ; à l'instigation des Jésuites, le roi fit plus encore. L'abbaye de Paris était élective comme celle des Champs, Louis XIV la déclara royale, c'est-à-dire qu'il se réserva la nomination de ses abbesses, laissant élective comme autrefois la maison des Champs. Il partagea ensuite les biens des deux monastères restés en commun, opposant ainsi leur croyance, leur organisation et leurs intérêts, et préparant leur désunion dans l'avenir [2]. Port-Royal devenait de la sorte la rivale de Port-Royal des Champs, rivale puissante et jalouse qui devait un jour tuer sa sœur.

Cette misérable transaction, cependant, si célé-

[1] Fontaine, t. II, p. 403.
[2] Arrêt du Conseil, du 23 mai 1669. *Histoire abrégée de Port-Royal*, p. 30.

brée sous le nom pompeux de paix de l'Eglise, ne pouvait durer. Aussi fragile que ces innombrables trêves signées entre les Armagnacs et les Bourguignons, entre les protestants et les catholiques, et tous les partis inconciliables, elle était surtout l'œuvre de la duchesse de Longueville, qui soutenait de son crédit cette paix chancelante, et les persécutions recommencèrent à la mort de cette généreuse patronne de Port-Royal [1]. Dès qu'elle eut rendu le dernier soupir, l'archevêque de Paris, M. de Harlay, prélat savant, mais voluptueux et mondain [2], se rendit à Port-Royal de Paris avec des commissaires et expulsa douze sœurs jansénistes [3], puis de là à Port-Royal des Champs, où il interdit les sacrements aux religieuses dans les termes les plus cruels. Il leur défendit de recevoir à l'avenir aucune sœur jusqu'à ce que leur nombre fût réduit à cinquante, renvoya sur-le-champ toutes les novices et les pensionnaires, après les avoir dépouillées de leurs uniformes. Les solitaires et jusqu'aux confesseurs du couvent, MM. de

---

[1] Madame de Longueville mourut le 15 avril 1679, après vingt-sept ans de pénitence. On pourrait l'appeler *Notre-Dame de Port Royal*; elle mériterait aussi bien ce nom que madame Tallien, la *Notre-Dame de Thermidor*.

[2] M. Sainte-Beuve (t. III, p. 235) cite un noël très-piquant sur sa charité. Dulaure rapporte des couplets moins édifiants encore. Madame de Lesdiguières passait pour sa maîtresse, et cette relation était tellement publique que madame de Maintenon ne craint pas d'en parler. « Le P. de Lachaise, écrit-elle en février 1687, est mieux que jamais dans l'esprit du roi : il agira désormais sans M. l'archevêque de Paris, et madame de Lesdiguières ne verra plus le clergé de France à ses genoux. C'étoit un grand scandale. »

[3] Dufossé, p. 245-246.

Sacy et de Sainte-Marthe, partagèrent le même sort[1]. Les compagnons de Pascal quittèrent, pour n'y plus revenir, leur petite maison des Granges, et se dispersèrent sous le coup de lettres de cachet qui menaçaient leur liberté. Sacy, Lancelot, Fontaine et Dufossé, se cachèrent dans les provinces. Le grand Arnauld, Tillemont, Sainte-Marthe, Pontchâteau, Nicole, vieux, infirmes et pauvres, s'enfuirent dans les Pays-Bas[2]. C'est alors qu'Arnauld fit cette belle réponse à Nicole, qui parlait d'accommodement et de repos : « N'avons-nous pas l'éternité pour nous reposer ? »

La guerre détournant l'attention, les fugitifs repassent peu à peu la frontière ; ils ne peuvent cependant revenir aux Granges, où leur maison reste pour toujours vide et désolée. Louis XIV laisse mourir en paix ces vieillards, mais en les dispersant dans le royaume, Nicole à Paris, Sacy et Luzancy à Pomponne, Dufossé en Normandie[3], Sainte-Marthe à Corbeville, Tillemont à Vincennes, Desmares à Liancourt, Beaupuis à Beauvais, Fontaine à Melun, Lancelot à Quimperlé, au fond de la Bretagne. Le brillant abbé de Pontchâteau se retire à l'abbaye des Bénédictins d'Orval, dans le Luxembourg, où il demeure jusqu'à sa mort, caché sous les humbles vêtements

---

[1] 17 mai 1679.—Dufossé, p. 242.—Fontaine, t. II, p. 499.
[2] « Le pauvre M. Nicole est dans les Ardennes, écrit alors madame de Sévigné (le 31 mai 1680), et M. Arnauld, sous terre comme une taupe. »
[3] En sa terre du Fossé.

d'un jardinier[1]. Le grand Arnauld reste en Belgique, où il continue ses infatigables polémiques, et, fidèle au vœu de sa mère, il combat jusqu'à ses derniers moments. Malgré l'exil, ou plutôt en raison même de l'exil, il était resté tellement patriote qu'il refusait de croire aux moindres revers de la France. Il portait si loin cet amour de son pays que, sur la fin de ses jours, comme il était sujet à tomber dans un assoupissement que l'on croyait dangereux, ses amis ne savaient pas de meilleur moyen pour le tirer de cette torpeur que de lui crier, ou que Louis XIV avait levé le siége d'une ville, ou que les Français étaient battus. Le vieillard alors se réveillait, et, retrouvant sa vivacité naturelle, disputait contre les assistants, et soutenait que la nouvelle était impossible [2]. Après la plus longue et la plus noble carrière, Arnauld s'éteint à quatre-vingt-deux ans, dans les bras du P. Quesnel, son disciple, qui rapporte son cœur à Port-Royal. Mais son corps, proscrit pendant sa vie, reste proscrit malgré la mort : il repose à Sainte-Catherine de Bruxelles, oublié comme les martyrs des causes perdues.

Le jansénisme semblait vaincu par les persécutions et par le temps, lorsque, dès les premiers jours du xviiie siècle, une dispute d'école le ranima. Le 20 mars 1701, plusieurs docteurs en théologie ayant posé en Sorbonne la question suivante, ou, pour nous servir du mot consacré, ce cas de conscience : « Peut-on

[1] Dufossé, p. 376.
[2] Racine, p. 178.

donner l'absolution à celui qui ne croit pas que les cinq propositions soient dans Jansénius et qui ne croit pas que l'Église puisse en exiger la croyance? » tous les docteurs jansénistes affirmèrent qu'une telle personne était assurément en état de grâce, et ils rédigèrent un écrit qui décidait ainsi le cas de conscience [1]. C'était une véritable déclaration de guerre. Le cas de conscience rappelait toutes les brûlantes questions des temps passés, la doctrine de Jansénius, l'existence des cinq propositions, le droit d'examen, la soumission à l'Église. Une seconde génération se levait pour combattre, et la lutte allait recommencer sur un nouveau champ de bataille pour se prolonger à travers tout le xviiie siècle, jusqu'aux marches de l'échafaud de Louis XVI.

Aigri par ces querelles, qui durent depuis soixante années, Louis XIV enjoint aux docteurs qui ont signé le cas de conscience de rétracter leurs signatures. Sous le coup de la menace royale, tous obéissent à l'exception d'un seul, le docteur Petit-Pied; une lettre de cachet l'exile à Beaune. Le nouvel archevêque de Paris, M. de Noailles [2], condamne expressément le cas de conscience [3], et le pape confirme l'anathème dans la bulle *Vineam Domini*. Cette bulle subit d'abord sans obstacle toutes les formalités établies pour la réception des actes pontificaux en France. L'assemblée du clergé l'adopte d'une seule

---

[1] *Histoire du cas de conscience.*
[2] Il avait remplacé en 1695 M. de Harlay.
[3] Février 1702.

voix, et, malgré leurs sympathies contraires, la Sorbonne, le Parlement de Paris, toutes les Facultés et tous les Parlements du royaume, l'enregistrent en silence. Mais la bulle, loin de finir le débat, ne fait que l'envenimer ; en dépit des ordres de Louis XIV, qui la soutient comme loi de l'État, du sein même des corporations qui l'ont reçue, de nombreuses voix protestent.

Le roi les étouffe par la force. Il lance des lettres de cachet, interne, exile, emprisonne et poursuit les opposants jusque dans les pays étrangers, sur les terres de Philippe V. A Malines, il fait saisir le compagnon du grand Arnauld, le P. Quesnel. L'archevêque de Bruxelles enferme ce vieillard septuagénaire dans ses prisons, où il lui interdit la messe et le retient dans la plus dure captivité. Un gentilhomme flamand, le marquis d'Aremberg, perce la muraille et fait évader Quesnel, qui se sauve en Hollande ; il est arrêté à sa place et conduit à la Bastille, ainsi qu'un autre ami de Quesnel, M. Willart, savant historiographe du temps, qui reste captif pendant douze années. Le Bénédictin Jean Tiron subit le même sort ; il était regardé comme suspect[1] pour avoir écrit contre les Jésuites. Un ami de Quesnel, le Bénédictin Gerberon, vieillard de quatre-vingts ans, est arrêté en Belgique, conduit à Amiens, puis au donjon de Vincennes, d'où, après sept ans de capti-

---

[1] *Tenu pour suspect.* Ces mots se trouvent souvent dans les qualités des prisonniers. V. *Bastille dévoilée* (Paris. Charpentier. 1789-90), t. 1er, p. 59.

vité, il sort la tête tellement affaiblie qu'il meurt l'année suivante. On saisit à Rouen l'Oratorien Dubreuil, dénoncé comme ayant reçu de Hollande des livres jansénistes, et on le conduit à la Bastille, où il meurt après quinze ans de captivité [1].

L'archevêque de Paris, plus éclairé et plus humain que son prédécesseur, élève en vain la voix en faveur des victimes. Madame de Maintenon lui représente froidement l'inutilité de ses efforts : « Tout ce que vous direz au roi contre les lettres de cachet, lui écrit-elle, n'en diminuera pas le nombre. On est persuadé qu'on a le droit de les donner. Vous direz de bonnes raisons ; mais quelle apparence que vous l'emportiez sur trois ministres, sur tous ceux qui les ont précédés, dont ils citent l'exemple, et sur l'habitude de gouverner ainsi [2] ? »

Les persécutions continuent, mais avec elles aussi les résistances ; et un véritable schisme éclate dans l'Église. D'un côté se rangent le roi, le clergé des villes, la majorité des ordres religieux ; de l'autre, plusieurs évêques, le clergé de Paris, un grand nombre de curés de campagne, la Magistrature, l'Université, les ordres savants ou austères des Bénédictins, des Oratoriens ou des Chartreux, qui tous au fond du cœur repoussent et haïssent la bulle.

Parmi eux, au premier rang, se place l'abbaye de

[1] V. *Histoire du livre des Réflexions morales*, t. Ier. — *Bastille dévoilée.* — *Mémoires de Saint-Simon.* — M. Sainte-Beuve, *Port-Royal*, t. II, p. 182.

[2] *Lettres de madame de Maintenon au cardinal de Noailles*, 11 janvier 1706. Edition Auger, t. III, p. 61.

Port-Royal des Champs. Cet humble couvent de filles combat avec les forts. Ici s'ouvre la dernière lutte de Port-Royal, marquée par de généreux sacrifices et d'épouvantables représailles, lutte inégale et héroïque qui trouble les derniers instants et l'agonie même de Louis XIV.

CHAPITRE XVI.

LA HONGRIE.—III.

(1705-1707.)

Forces de Ragoczi en 1705. — Mort de Léopold Ier et avénement de Joseph Ier.—Inutiles tentatives de paix faites par l'empereur.—Confédération des Magyares à Seczim.—Ouverture du congrès de Tirnau —Continuation des hostilités.—Insurrection de la Transylvanie.— Marches d'Herbeviller à travers les steppes pour la réduire.—Bataille de Czibò. — Désobéissance de Karoly. — Défaite des Magyares. — Soumission de la Transylvanie.—Trêve entre les Autrichiens et les Magyares.—Secrète mission de la princesse Ragoczi auprès de son époux. —Son noble dévouement. — Désintéressement de Ragoczi. — Conférences de Tirnau. — Violents débats entre les Autrichiens et les Magyares.—Rupture des conférences. — Conséquences de cette rupture. —Reprise des hostilités. — Défection du général magyare Forgatz.— Diète sanglante d'Onod.—Meurtre de deux députés.—Forces de Ragoczi au printemps de 1707.

Il faut de nouveau quitter la France, revenir sur les champs de bataille et reprendre le récit de tant de guerres interrompues, la guerre de Ragoczi contre l'Autriche, celle de Charles XII contre le Nord, celle de Louis XIV contre la Grande-Alliance. Nous avons laissé les lieutenants de Ragoczi ravageant les faubourgs de Vienne, tandis que le prince réorganisait son armée dans les montagnes de la haute Hongrie, et se préparait à envahir l'Autriche au printemps. Il tente en effet l'exécution de ce dessein, et descend des Carpathes avec cinquante mille hommes, au mois de mai 1705, mais, au moment où les masses hongroises se dirigent vers le Danube, le sombre et implacable Léopold Ier vient à mourir [1], et cette mort, qui appelle au trône son jeune fils Joseph Ier [2], prince loyal, tolérant et généreux, suspend la marche des Magyares.

A peine assis sur le trône, le nouvel empereur montra à l'égard des insurgés l'esprit de conciliation qui devait l'animer durant tout son règne. Cinq jours après la mort de Léopold [3], il publia un manifeste où il déclarait qu'il était entièrement étranger à la politique de son père, et où il accordait la plus complète amnistie à ceux qui poseraient les armes et resteraient dans leurs foyers. Pour montrer en même temps la sincérité de ses intentions, il renvoya les ministres de Léopold, tous attachés aux Jésuites, qui avaient gouverné sous son père. Il destitua ensuite le cruel Heister, le remplaça par le comte lorrain Herbeviller, général doux et humain, et envoya aux insurgés des plénipotentiaires. Exaltés par leurs forces, ceux-ci demandèrent d'abord la cession de la

---

[1] 5 mai 1705.

[2] Joseph Ier, frère aîné de l'archiduc Charles (le compétiteur de Philippe V, reconnu roi d'Espagne par la Grande-Alliance sous le nom de Charles III), né en 1678, empereur et roi de Hongrie en 1705, mort en 1711. Il avait alors vingt-cinq ans et la plus charmante figure, le teint blanc, les yeux bleus, des cheveux blonds.... V. William Coxe, t. IV, p. 267. Joseph Ier a plusieurs traits de Joseph II. Quoique sincèrement religieux, il était tolérant et éclairé. N'étant pas général, il eut le bon esprit de laisser faire ses généraux. Son seul défaut fut d'aimer les femmes avec passion.

[3] « Quinto die post obitum patris. » Pray, t. Ier, p. 460.

Transylvanie, dont les habitants avaient élu Ragoczi pour leur souverain, et sur laquelle l'empereur n'avait aucun droit, suivant eux [1], puis le rétablissement de leur ancienne constitution, avec tous les priviléges dont ils jouissaient depuis le moyen âge, et que Léopold Ier avait abolis à Presbourg [2]. Malgré l'épuisement de ses États et son vif désir de traiter, l'empereur rejeta une paix qui lui eût enlevé les conquêtes de deux siècles, et voyant les Magyares persister dans leurs prétentions, il rappela ses plénipotentiaires.

La guerre recommença donc, mais sans succès pour les Hongrois. Au lieu d'écraser sur le Danube la faible armée que possède alors l'empereur, Ragoczi va ravager la Moravie. Le général Herbeviller profite de cette faute, et s'avance sur les frontières de cette province pour attaquer les Hongrois, qui reviennent en désordre et chargés de butin ; il les rencontre près du village de Poudmeritz, au pied de la Montagne-Blanche [3]. Malgré la supériorité de ses forces, Ragoczi voulait éviter un engagement et ruiner peu à peu les Autrichiens dans une guerre d'escarmouches et d'avant-postes, mais il n'avait ni l'autorité d'un général en chef, ni l'assurance que donne l'habitude

---

[1] « L'empereur, disaient les Magyares, possède assez de provinces pour abandonner la Transylvanie, sur laquelle il ne possède aucun droit. » (*Vie du prince Ragoczi*, p. 203.) On sait que l'Autriche avait acquis la Transylvanie par la cession d'Apaffy, prince électif.

[2] En 1687.

[3] Le Wessein-berg, qui sépare la Hongrie de la Moravie. Poudmeritz est dans le comté de Néograd.

de la victoire. Le dépit que lui causaient les reproches de ses officiers, qui blâmaient avec aigreur sa longue inaction, le décida à engager la bataille [1]. Ce fut une seconde journée de Tirnau. L'infanterie se rangea si mal qu'elle ne put servir ; la cavalerie, chargeant avec trop d'ardeur, arriva en désordre sur les batteries impériales, ne put soutenir leurs feux et prit la fuite. Comme à Tirnau, toutefois, les Magyares perdirent peu de monde, et les Autrichiens, qui n'espéraient pas la victoire, ne surent pas en profiter.

Sans s'enorgueillir de ce succès, l'empereur renouvela ses ouvertures pacifiques, et, cette fois, Ragoczi le seconda. Des gentilshommes, jaloux de son élévation, répétaient qu'il ne continuait les hostilités que pour obtenir la Transylvanie. Dans le but d'étouffer ces rumeurs, il réunit à Seczim [2] une assemblée nationale magyare, où il convoqua les commissaires autrichiens, en les priant de transmettre à la diète les propositions de l'empereur Joseph 1er. Il pensait que, dans le gouvernement d'un pays libre, les négociations mystérieuses sont toujours pleines de dangers, que l'affectation d'un secret engendre les méfiances et les soupçons [3], et, sachant qu'on l'accusait de prolonger la durée de la guerre pour servir à la fois son ambition et ses intérêts, il avait hâte de laisser aux députés de la diète toute la res-

---

[1] 11 août 1705. *Mémoires de Ragoczi*, t. V, p. 236-243.—*Engel*, t. V, p. 204.
[2] Dans le comté de Néograd. *Mémoires de Ragoczi*, t. V, p. 244.
[3] *Mémoires de Ragoczi*, t. V, p. 169.

ponsabilité des événements. Il fut convenu toutefois avec l'empereur que la guerre continuerait malgré les pourparlers.

Tous les comtés et toutes les villes de la Hongrie, à l'exception de celles qui restaient au pouvoir des Autrichiens, envoyèrent des députés à Seczim. Quand ils furent réunis, Ragoczi se rendit au milieu d'eux. Après quelques paroles pleines d'émotion, dans lesquelles il remerciait Dieu de rendre enfin une assemblée libre à son pays, il déclara qu'il remettait aux mandataires de la nation le pouvoir absolu dont les circonstances l'avaient investi ; qu'ils allaient connaître les propositions de l'empereur, et qu'il leur appartiendrait désormais de choisir la paix ou la guerre. Mais loin d'accepter sa démission, les députés le proclament, à l'unanimité, général en chef des troupes magyares du royaume. Le prince ayant cédé à leur vœu, l'armée se range sur deux rangs : au milieu, sous une large tente, Ragoczi jure sur l'Évangile de défendre les constitutions de la Hongrie ; puis tous les assistants lui prêtent un serment solennel. Ses généraux l'élèvent sur un bouclier et le promènent autour du camp, suivant les traditions barbares. La diète établit ensuite une confédération, formée de tous ceux qui veulent contribuer à l'affranchissement du pays, et donne au prince droit de vie et de mort sur les confédérés. Ragoczi refuse avec modestie cette dictature ; il accepte seulement le pouvoir exécutif, en s'adjoignant un sénat de vingt-quatre membres pour gouverner avec lui. Il démontra sans peine à l'assemblée, que, s'il avait refusé la paix, il n'avait pas été guidé par des vues intéressées, et il ajouta qu'à l'avenir il ne voulait plus négocier sans l'intervention des sénateurs[1]. L'assemblée décida qu'elle ne traiterait avec l'empereur que s'il consentait à restituer les anciennes franchises du royaume, et elle désigna des commissaires chargés de s'en tenir à ces instructions, dans les conférences qui allaient s'ouvrir à Tirnau [2] ; là ils retrouvèrent les députés impériaux, qui avaient vainement paru à Seczim. L'établissement de la confédération avait ravivé les espérances des Magyares et rallumé le désir d'une liberté dont ils commençaient à goûter les prémices[3].

Malgré l'ouverture des négociations, les hostilités n'étaient pas interrompues. Pendant la diète de Seczim, l'empereur envoyait à Herbeviller six mille Danois, des Serbes et des Croates, et il lui ordonnait de se rendre dans la province de Transylvanie, dont les habitants avaient, en proclamant Ragoczi, renversé le gouvernement impérial. Le général Rabutin[4], qui avait le commandement, ne conservait plus que trois places : Hermanstadt, Cronstadt et Brachau,

---

[1] *Mémoires de Ragoczi*, t. V, p. 259.

[2] « Schon war der congress in Tirnau, am 27 october 1705, versammelt. » *Engel.*, t. V, p. 209.

[3] *Mémoires de Ragoczi*, t. V, p. 259.

[4] Rabutin était cousin de madame de Sévigné. Chassé de France pour une intrigue amoureuse avec la femme du grand Condé, il avait pris du service en Autriche, où il était parvenu aux plus grands honneurs. C'était un homme dur et cruel. Dans l'une de ses proclamations, il menace les femmes magyares d'égorger leurs enfants jusque dans leur sein.

toutes trois bloquées. Si l'empereur l'abandonnait plus longtemps, il allait perdre la Transylvanie, et Ragoczi acquérait avec elle sa nombreuse population magyare [1], ses mines et ses montagnes, qui assuraient les derrières de l'insurrection, et lui ouvraient la Turquie comme un refuge.

Suivant les ordres de la cour, Herbeviller marche au secours de Rabutin ; il descend le Danube, passe le fleuve et s'avance au milieu des steppes par les plus fortes chaleurs de l'année [2]. Brûlée le jour, glacée la nuit, l'armée autrichienne devait périr au milieu de ces plaines de sable, où trois armées hongroises étaient échelonnées pour la harceler et la combattre. Ragoczi, retenu par la diète de Seczim, envoie contre elle ses lieutenants : Botian dans les steppes, Karoly dans les marais de la Theiss, Forgatz dans les montagnes de la Transylvanie avec ordre d'y attendre et d'y achever les Impériaux. Lui-même devait rejoindre Forgatz dès que la diète serait dissoute. Mais les Magyares ne savent point profiter de leurs avantages. Botian harcèle, il est vrai, les Autrichiens dans les steppes, mais il combine et abandonne successivement divers projets, et Herbeviller profite de son indécision pour traverser la Theiss, puis les marais et les prairies inondées chaque année par la rivière.

[1] Il y a en Transylvanie plus d'un million de Magyares, de riches mines d'argent, d'or et de sel. Ces dernières seules rapportent aujourd'hui dix-huit millions à l'Autriche. La plupart des rivières roulent des paillettes d'or. Les Hongrois disent de la Transylvanie que c'est une jeune fée aux cheveux d'or.
[2] Août et septembre 1705.

Karoly lui prend des trainards et des malades, mais, comme Botian, il laisse échapper les ennemis. Herbeviller quitte les rives humides de la Theiss, et pénètre au milieu de la grande lande, où se trouve Debreczin, et où les plus cruelles épreuves lui étaient réservées. Le soleil et la poussière, la soif et la faim y torturent et déciment ses soldats. Tous les villages sont déserts, les granges brûlées, les moulins détruits. Les malheureux soldats de l'empereur ont pour toute nourriture un pain fait avec des blés verts, mal écrasés dans les moulins de campagne, qui les rend malades et les étouffe [1]. Ils atteignent enfin Debreczin. Après quelques jours de repos, ils continuent leur marche. Ils traversent le fertile comté de Bihar, où se trouvent les plus riches moissons de la Hongrie, et s'acheminent vers le défilé de Czibò, l'un des deux passages qui conduisent en Transylvanie [2]. La Samosch, affluent de la Theiss, creuse ce défilé dans les montagnes hautes et boisées qui, du côté de la Hongrie, ferment la Transylvanie comme un rempart.

Poursuivis par Karoly, les Autrichiens avancent lentement ; le mois de novembre est venu, et la pluie, qui tombe sans relâche, inonde et détrempe les cam-

---

[1] « L'armée ennemie ne mangeait que du pain de blé, plutôt écrasé que moulu dans de petits moulins de fer. Les prisonniers disaient que ce blé mal broyé germait dans l'estomac et causait parmi eux des maladies, qu'il gonflait et tuait les malades. » *Mémoires de Ragoczi*, t. V, p. 264.

[2] Près de Samosch-Vivar, à la frontière nord-ouest de la Transylvanie.

pagnes. Les pièces et les caissons s'enfoncent dans les terres grasses de ces contrées. Karoly saisit de nombreuses voitures, des chevaux embourbés ou abattus, des malades couchés sur le bord des chemins. Si la pluie eût duré quelques jours encore. l'armée impériale était perdue [1]; mais le temps s'éclaircit peu à peu, et les Autrichiens reprennent leur marche, et arrivent devant le défilé de Czibò, toujours harcelés par Karoly.

La diète de Seczim venait de finir. Ragoczi, libre enfin, laisse au fidèle Berseny le soin de conférer à Tirnau avec les Autrichiens, et se rend en Transylvanie. Il y rejoint Forgatz, occupe et fortifie avec lui le défilé de Czibò, les bords de la Samosch et les montagnes qui l'entourent. Il y construit des retranchements garnis de canons, et, maître du formidable passage, il attend de pied ferme les Impériaux, comptant les écraser dans ces montagnes, où ils n'arrivent qu'après avoir épuisé toutes les souffrances. Une fois encore la perte d'Herbeviller semble certaine. Déjà accablée par les privations et les maladies, son armée est maintenant prise entre deux feux. D'un côté, Karoly, qui la poursuit depuis la Theiss; de l'autre, Ragoczi, qui ferme l'entrée de la Transylvanie; l'ennemi derrière, dans la plaine; l'ennemi devant, dans la montagne.

Mais, là encore, l'indiscipline des Magyares sauva

---

[1] « Il avait plu douze heures de suite, et si ce temps avait continué deux ou trois jours, il eût défait l'ennemi sans que je m'en mêlasse. » *Mémoires de Ragoczi*, t. V, p. 267.

les Autrichiens. Ragoczi avait ordonné à Karoly de se jeter sur le camp impérial au moment où Herbeviller commencerait l'attaque, et de brûler ses bagages et ses munitions [1]. Au mépris de cet ordre, Karoly resta immobile sous sa tente. « Il était volontaire et raisonneur, dit le prince en ses *Mémoires*, fertile en raisons de ne pas faire ce qu'il ne voulait pas [2]. » Il allégua la difficulté des chemins et Herbeviller, libre du côté de la plaine, attaqua avec résolution la montagne. La nécessité doublait ses forces ; il fallait passer ou mourir ; il passa. Dirigeant alors tous ses efforts sur la gauche des Hongrois, établie dans un bois rempli de clairières et défendue par de simples détachements, il lance sur elle ses Croates, qui escaladent lestement la hauteur, forcent la gauche, et prennent les Magyares en écharpe. Ceux-ci, surpris de se voir attaqués en flanc et en tête, se débandent et cherchent leur salut dans la fuite. Ragoczi se retire en désordre à Samosch-Vivar, perdant six mille hommes et vingt-quatre canons, et laissant Herbeviller échapper à la mort par la victoire [3].

La déroute de Czibò entraîna la perte de la Transylvanie. Herbeviller s'unit à Rabutin, délivra les places bloquées par les Magyares, parcourut la province et y rétablit le gouvernement impérial. Ragoczi

---

[1] « Je lui ordonnai de rester avec son corps à portée du camp de l'ennemi, pour qu'il pût l'attaquer et le brûler lorsqu'il marcherait à moi, parce qu'en effet il ne fallait que cela pour l'achever. » *Mémoires de Ragoczi*, t. V, p. 269.

[2] *Mémoires de Ragoczi*, t. V, p. 275.

[3] 12 novembre 1705.

rallia son armée sur la frontière, mais n'ayant pas le temps de faire venir des renforts, il n'osa descendre en Transylvanie, dans la crainte des neiges qui, à cette époque de l'année, couvrent les montagnes. Il laissa Karoly avec ses hussards, moins pour combattre que pour inquiéter les Autrichiens pendant l'hiver, et se rendit aux conférences de Tirnau, qui s'étaient ouvertes quelques semaines auparavant[1], en présence de M. George Stepney et de M. de Rechteren, ambassadeurs d'Angleterre et de Hollande. Les cabinets de Londres et de la Haye, désireux de finir une guerre qui retenait en Hongrie les armées impériales, avaient offert leur médiation, et les deux partis l'avaient acceptée. Pendant la marche d'Herbeviller, les Autrichiens demandaient une trêve; les Magyares la refusèrent; ils comptaient sur les difficultés de leur pays, et sur les trois armées que commandaient Botian, Karoly et Forgatz. Après la défaite de Czibô seulement, ils signèrent une trêve de quarante jours[2] et consentirent à débattre les conditions d'une paix définitive. Depuis la déroute de Blenheim, qui rendait si difficile le secours des armées étrangères, Ragoczi inclinait lui-même vers la paix; mais il ne l'espérait sérieuse et honorable que par l'intercession de la Hollande et de l'Angleterre, qui seules pouvaient contraindre l'empereur à l'accorder[3].

[1] En novembre 1705; elles se prolongèrent jusqu'en mai 1706.
[2] Elle fut signée à Nitria le 8 mai 1706, et dura jusqu'au 30 juin. *Révolutions de Hongrie*, t. III, p. 278.
[3] *Mémoires de Ragoczi*, t. V, p. 295.

Afin de précipiter les négociations, l'empereur, qui, lui aussi, souhaitait vivement la fin de la guerre, essaya de détacher Ragoczi de la confédération. Il lui fit dire par M. Stepney qu'il conservait pour lui la plus profonde estime; que s'il désirait revoir sa femme, encore retenue à Vienne dans un couvent, il y consentirait volontiers, ne lui imposant d'autre condition qu'une lettre écrite de sa main dans laquelle il solliciterait cette faveur. Ragoczi, malgré son vif désir de revoir la princesse, qu'il avait quittée lors de son évasion de Neustadt, répondit qu'en négociant pour son pays il ne pouvait rien demander pour lui-même; que si l'empereur envoyait sa femme en Hongrie, il engageait seulement sa parole de la laisser retourner à Vienne aussitôt après la rupture des négociations. Joseph, qui ne demandait qu'un prétexte, s'empressa d'accorder à la princesse la permission de partir [1]. Il comptait se servir d'elle pour décider Ragoczi à poser les armes. Ces intentions devinrent bientôt manifestes : la cour, qui jusque-là n'avait eu que des rigueurs pour la prisonnière, la combla tout à coup de politesses et de prévenances. Les archiduchesses et les deux impératrices la reçurent dans leurs appartements, et la félicitèrent sur le grand rôle qu'elle était destinée à remplir. L'impératrice lui dit en propres termes que c'était de sa prudence et de sa vertu que l'empereur attendait

---

[1] « Il ne fallait pas beaucoup solliciter pour l'obtenir. La cour de Vienne avait envie de l'envoyer, et la proposition n'en était faite que pour trouver un prétexte. » *Mémoires de Ragoczi*, t. V, p. 297.

la consommation de la paix. Joseph Ier la fit venir lui-même dans son cabinet, l'avertit qu'elle rencontrerait de grands obstacles de la part des conseillers du prince, qui tous étaient acharnés à la continuation de la guerre : « Mais, ajoutait-il, quelle valeur attacher à de pareilles influences, quand elles se trouvent en lutte avec la tendresse d'une femme ? » Elle l'emporterait infailliblement. Il termina son entretien en lui prodiguant les témoignages de confiance et de respect, et lui promit de servir à l'avenir de père à ses enfants. La princesse, trop habile pour ne pas deviner la cause d'un revirement si soudain, remercia l'empereur de ses offres magnifiques, lui répondit que peut-être il préjugeait trop de son pouvoir, et partit avec une escorte [1].

Dès que la princesse fut arrivée en Hongrie, le comte de Wratislau, favori de Joseph Ier et l'un des commissaires autrichiens, vint la trouver comme pour lui rendre visite, mais avec l'intention de la gagner, ainsi que son époux, aux intérêts de l'empereur. Ragoczi voulait feindre d'ignorer sa présence, mais comme Wratislau venait sans aucune cérémonie, il le rencontra dans l'appartement de sa femme et ne put éviter un entretien. Wratislau, qui avait connu le prince à Vienne, lui parla avec l'autorité d'un ancien ami et lui découvrit les intentions véritables de l'empereur. Il lui représenta que Joseph Ier ne lui céderait jamais la Transylvanie, comme le voulaient

---

[1] *Vie du prince Ragoczi*, liv. V, p. 21 et 38.

les Magyares, et lui offrit, en échange de cette province, une principauté en Allemagne, donnant siége à la diète, plus riche que la Transylvanie[1], non pas élective comme elle, mais héréditaire à perpétuité dans sa maison. Il lui promit en outre la restitution de ses biens, la liberté de sa femme et de ses enfants, ajoutant que par considération pour sa personne, l'empereur lui proposait, à lui, vaincu dans toutes les batailles, les conditions qu'il pourrait dicter s'il était victorieux ; qu'il lui demandait non-seulement la paix, mais son amitié.

Ragoczi repoussa froidement ces propositions et ces avances. Une principauté héréditaire valait assurément mieux qu'une principauté élective, mais il était attaché de toute son âme à la Transylvanie trois fois gouvernée déjà par ses aïeux. Le lien qui l'unissait aux Transylvains avait été tout récemment resserré par l'unanime élection qui l'avait porté au trône, et il lui semblait honteux d'abandonner ce pays, au moment où il venait de s'engager par serment à maintenir et à défendre ses priviléges. Lui, qui avait refusé de ses alliés la couronne de Pologne, pouvait-il accepter une province de ses ennemis ? Pour montrer, au contraire, son désintéressement, il offrit de rendre aux Transylvains le brevet de son élection, si l'empereur consentait à reconnaître leur indépendance, et de leur permettre de nommer un autre prince, « fût-il le moindre de ses valets[2]. »

---

[1] Il lui offrit le margraviat de Burgau.
[2] *Mémoires de Ragoczi*, t. V, p. 299.

Au lieu d'engager Ragoczi à poser les armes, la princesse l'encouragea à persister dans ses refus [1]. La paix lui rendait son épouse, la guerre la ramenait à son couvent ; elle préféra l'honneur du prince à son amour. S'arrêtant à des soupçons que devait écarter le caractère de Joseph Ier, mais qu'expliquent suffisamment les haines de famille et la tendresse ombrageuse d'une femme qui aime et qui craint, elle exhorta Ragoczi à repousser toute transaction. « Qui peut vous assurer, lui dit-elle, que l'empereur ne se souviendra plus que vous le forcez à s'humilier ? Manquera-t-il de prétextes, lorsqu'il vous tiendra parmi ses sujets, pour vous mettre la tête sur un échafaud ? La seule pensée m'en fait frémir. Croyez-moi, vivez libre à la tête de vos armées et laissez-moi passer mes tristes jours dans la solitude de mon couvent. Je crains plus pour votre vie que pour la mienne, et je hais trop le fils de celui qui a fait périr votre aïeul [2] par le bourreau, pour vous conseiller d'être jamais son ami. Quand le sujet a tiré l'épée contre le maître, vous savez qu'il doit jeter le fourreau [3]. » Ragoczi lui répondit qu'il était heureux de la voir dans ces sentiments, qu'il était décidé dans le cas contraire à lui refuser toute audience [4]. Esclave de sa parole, la princesse embrassa son époux et revint tristement en Autriche, où

---

[1] *Vie du prince Ragoczi*, liv. V, p. 42.
[2] Pierre Zriny, décapité sous Léopold Ier.
[3] *Vie du prince Ragoczi*, liv. V, p. 42.
[4] *Id., Ibid.*, p. 44.

elle arriva malade. A son passage en Moravie, le peuple, qui souffrait des continuelles invasions des Magyares, se jeta sur sa voiture en l'accusant de la continuation de la guerre et poussant des cris de mort. La cour dut lui fournir une escorte pour la conduire aux bains de Carlsbade, où elle fut étroitement gardée à vue, jusque dans son lit. Mais dès les premiers jours de sa convalescence, elle obtint la faveur de monter à cheval, gagna l'un de ses gardiens et s'enfuit à franc étrier jusqu'en Saxe. Elle passa de là en France, où elle se retira dans un couvent [1]. Ainsi, par la générosité de Ragoczi et le dévouement de sa femme, échouèrent les desseins de l'Autriche. La cour envoya au prince, sans plus de succès, sa sœur, la comtesse d'Aspremont. Wratislau, piqué de son échec, prit congé de Ragoczi : « Adieu, prince, lui dit-il, vous vous fiez aux promesses de la France, qui est l'hôpital des princes qu'elle a rendus malheureux ; vous serez de leur nombre et vous y mourrez [2]. » Il revint ensuite à Tirnau, et les envoyés autrichiens, reconnaissant l'impossibilité de corrompre Ragoczi, entamèrent une négociation directe avec les commissaires désignés par la diète hongroise.

Avant toute chose, les Magyares réclamaient leurs anciennes constitutions, le privilége d'élire leurs souverains, le célèbre droit des armes, la restitution

---

[1] Elle y mourut en 1722. V. pour les détails de sa fuite les *Mémoires de Ragoczi*, t. V, p. 335-337.
[2] *Mémoires de Ragoczi*, t. V, p. 299.

des temples enlevés aux protestants, et la cession de la Transylvanie à Ragoczi, avec les garanties de la Suède, de la Hollande et de l'Angleterre [1]. L'Autriche acceptait cette garantie, restituait les temples, mais elle refusait de rendre la Transylvanie et de rétablir l'ancienne constitution du royaume. « L'empereur, disaient les Autrichiens, a des droits incontestables sur la Transylvanie ; il la possède, et, comme roi de la Hongrie, dont elle dépend, et comme cessionnaire d'Apaffy, qui a légué ses droits à la cour de Vienne [2]. — La Transylvanie, répliquaient les Magyares, dépend assurément de la Hongrie, mais, à ce titre, le droit de la Hongrie lui est applicable. La Hongrie est une monarchie élective ; la Transylvanie est donc à son tour une principauté élective. L'empereur invoque vainement l'abdication d'Apaffy : il n'était que prince électif et n'avait que l'exercice de la souveraineté ; il n'a donc pu céder la souveraineté même. »

La revendication de la charte magyare, qui rappelait de si sombres souvenirs, souleva de violents débats. Les commissaires de l'empereur soutenaient que cette constitution n'existait plus. A la diète de Presbourg, en 1687, les Hongrois eux-mêmes avaient

---

[1] « Mon but, écrit Ragoczi à propos de cette médiation, était de parvenir à une paix affermie par la garantie de plusieurs puissances étrangères, afin que si la cour de Vienne venait à l'enfreindre, selon sa coutume, ces puissances garantes eussent un titre légitime de nous secourir. » *Mémoires de Ragoczi*, t. V, p. 141.

[2] Il a déjà été dit qu'Apaffy, le dernier prince de Transylvanie, avait cédé ses droits à l'empereur en 1690. Il était mort en Autriche, où il s'était retiré et où la cour lui faisait une pension.

proclamé l'hérédité du trône et sacrifié ce droit d'insurrection, qui couvrait du manteau de la loi les plus injustes des révoltes. Par ces généreuses réformes, ils avaient mis fin aux discussions et aux guerres civiles qui déchiraient le royaume à chaque élection, et substitué à un état anarchique un gouvernement régulier ayant pour base éternelle la royauté légitime et héréditaire. Ces allégations étaient combattues par les Magyares, qui rappelaient qu'à la diète de Presbourg leurs députés n'étaient pas libres; qu'à cette époque, la Hongrie regorgeait de troupes, des régiments autrichiens entouraient l'assemblée, la terreur régnait des Carpathes au Danube, Caraffa siégeait à Eperies, sur un tribunal de sang : « Ceux-là ne sont pas libres, s'écriaient-ils, qui délibèrent sous les baïonnettes et les canons, entre des soldats et des bourreaux. D'ailleurs, opprimés ou libres, les députés de Presbourg n'avaient pas le droit d'engager l'avenir. La liberté d'un pays n'appartient point à la génération qui passe, mais à toutes les générations qui se succèdent, et nos pères vous ont vendu notre héritage et l'héritage de nos enfants. Ils avaient reçu de leurs aïeux la liberté; ils ne pouvaient nous léguer la servitude. Nous réclamons donc aujourd'hui notre constitution tout entière. Notre monarchie était élective, nous voulons qu'elle reste élective : en vertu du décret d'André II, nous avons le droit de protester par les armes contre la violation de nos priviléges ; nous revendiquons ce droit. Nous savons comme vous qu'il a servi des révoltes, mais il a empêché aussi des usurpations et renversé des tyrannies¹. »

Malheureusement, en insistant de la sorte sur la restitution de leur charte, les Magyares envisageaient plus la justice que la force de leur cause. Ils oubliaient que s'ils avaient des armées, des places fortes, et les deux tiers environ du royaume, ils étaient renfermés en Hongrie depuis la fatale journée de Blenheim, ils manquaient d'un général en chef capable de tenir tête aux habiles lieutenants de l'empereur, et que, victorieux dans les escarmouches, ils étaient vaincus dans les batailles. Ils perdirent ainsi l'occasion, si rarement offerte aux gouvernements issus d'une insurrection, de conclure une paix sérieuse et honorable, garantie par deux grandes puissances étrangères. Il était désormais impossible de s'entendre. Joseph Ier, dans un dernier espoir de conciliation, prolongea quelque temps la trêve, mais à la fin de juillet, les Magyares cessèrent toute négociation². Les deux partis se reprochèrent la rupture et la guerre continua pour n'être plus interrompue³.

---

¹ Résumé des pièces diplomatiques contenues dans Lamberty.— V. les *Révolutions de Hongrie*, t. III, p. 150 et suiv., et la *Vie du prince Ragoczi*, liv. V, p. 63.

² Am 22 julius (1706), brachen die Rakotzischen Deputirten alle negociation ab. *Engel*, t. V, p. 221.

³ V. à ce sujet le curieux document intitulé : *Remarques apologétiques que Veracius Constancius, homme de guerre hongrois, a faites avec sincérité sur la réponse impériale donnée sur les articles de paix des États et ordres du royaume de Hongrie, confédérés pour la liberté l'an de Jesus-Christ 1706, et le IVe depuis que l'on a commencé à travailler à la liberté*. (*Révolutions de Hongrie*, t. IV, p. 220.) Le manifeste des Hongrois se trouve dans la *Vie du prince Ragoczi*, liv. V, p. 102. V. encore la *Dernière Protestation* de la commission hongroise à MM. les

Ragoczi ouvrit la campagne par le siége de Gran, ville forte restée aux Autrichiens et située sur une hauteur. Il enleva la ville, mais il livra un sanglant et inutile assaut de nuit à la citadelle. L'ennemi fit pleuvoir sur les assaillants une prodigieuse quantité de grenades et de bombes, qui semblaient dans la nuit autant de ruisseaux de feu [1]; et ce spectacle, nouveau pour ses soldats, ralentit leur attaque, qui fut trop molle pour réussir. Sans se laisser décourager par cet échec, Ragoczi creusa des mines sous la citadelle, la resserra étroitement, et après un long blocus, la garnison se décida à capituler [2]. L'empereur n'ayant plus alors en Hongrie que douze mille soldats, les confia au comte de Stahremberg, émule heureux du prince Eugène et l'un de ses meilleurs généraux. Stahremberg était trop faible pour hasarder une bataille contre les Hongrois, il se contenta de reprendre Gran. Le général magyare Forgatz, qui commandait la place, la livra à l'ennemi après une si mauvaise défense qu'elle ressemblait à une trahison. La réprobation des Hongrois fut tellement unanime, que Ragoczi destitua Forgatz et voulut lui faire trancher la tête [3]. Sur l'avis de ses sénateurs, il se contenta de le faire enfermer dans la forteresse de Scepuz. Forgatz s'échappa de sa prison en se laissant glisser le long d'une corde, mais la corde se rompit,

médiateurs à Tirnau, le 22 juillet 1706. *Révolutions de Hongrie*, t. IV, p. 138.

[1] C'est Ragoczi lui-même qui le dit dans ses *Mémoires*, t. V, p. 309.
[2] *Vie du prince Ragoczi*, liv. V, p. 132.
[3] Fin 1706. *Engel.*, t. V, p. 222.

il tomba, et dans sa chute se brisa une cuisse. Ses gardes le ramassèrent au pied des murs et le conduisirent à la citadelle de Munkacz, où il resta jusqu'à la fin de la guerre[1].

La trahison de Forgatz, le découragement qui se glissait parmi les Hongrois, depuis la rupture du congrès de Tirnau, la défection de plusieurs gentilshommes qui, reproduisant leurs anciens griefs, accusaient Ragoczi de continuer la guerre pour obtenir la Transylvanie, le refus de Louis XIV de traiter avec lui comme général des confédérés, jusqu'à ce qu'il eût publiquement désavoué la domination impériale[2], entraînèrent alors le prince à une mesure impolitique et désespérée. Il convoqua une diète nationale à Onod[3], et là, devant les députés réunis en plein air, selon la coutume magyare, il proposa la déchéance de la maison de Habsbourg et la séparation définitive de la Hongrie et de l'Autriche. C'était la guerre à outrance, sans trêve ni merci, entre les Magyares et les empereurs. Les députés pourtant n'hésitèrent pas. Ils se levèrent tous, et, avec un sombre enthousiasme, frappèrent Joseph Ier de déchéance, et déclarèrent ennemis de la patrie ceux qui, dans

---

[1] *Mémoires de Ragoczi*, t. V, p. 327.

[2] Louis XIV avait traité avec lui comme prince de Transylvanie, mais non comme chef de la confédération magyare. Par un scrupule d'étiquette bien déplacé, il refusait de négocier à ce titre avec Ragoczi jusqu'à ce qu'il se fût entièrement séparé et affranchi de l'empereur. Il était contraire, disait le cabinet de Versailles, à la dignité du roi, de traiter avec les sujets d'un autre prince. *Mémoires de Ragoczi*, t. V, p. 327.

[3] Dans le comté de Honth, mai 1707.

deux mois, n'auraient pas accédé à la confédération.

Des scènes sanglantes augmentèrent le retentissement d'un tel vote, où se révélait plus de crainte que de confiance. Dans une des séances de la diète, deux députés du comté de Turocz, le vicomte Radkosky et le notaire Okoliczany, tous deux secrets partisans de la paix et de l'Autriche [1], se levèrent et se plaignirent avec amertume de l'excès des réquisitions, de la dépréciation de la monnaie de cuivre [2], des dépenses des officiers et de la misère du peuple. Comme ils parlaient de leurs places, et comme leur voix se perdait dans l'éloignement, au milieu des bruits confus d'une si nombreuse assemblée, Ragoczi les fait venir près de l'estrade où il siégeait avec ses généraux. Les députés s'approchent et réitèrent leurs plaintes avec une nouvelle force. L'ardent Berseny voulait les interrompre. Ragoczi l'arrête et se lève pour répondre : il dit que la guerre entraîne, il est vrai, de grands malheurs, mais qu'il faut les imputer à l'Autriche, qui refuse de leur rendre leur constitution ; qu'il s'étonne toutefois des récriminations des députés de Turocz; que ce comté, situé sur les confins de la Moravie, est un de ceux qui ont le moins souffert de la présence et des ravages des armées; qu'il n'y a jamais levé de taxes plus fortes que dans les comtés voisins, et qu'il demande justice d'une accusation calomnieuse et mal fondée.

[1] Le père d'Okoliczany était même resté ouvertement attaché à l'empereur.
[2] Le crédit de cette monnaie, d'abord suffisant, baissait en effet peu à peu. *Mémoires de Ragoczi*, t. V, p. 329.

Ragoczi espérait obtenir de l'assemblée une enquête qui aurait démontré clairement son innocence, mais, contrairement à son espoir, les députés restent muets. Blessé de ce silence, qui semble une approbation, Ragoczi attend quelques instants ; aucun des députés ne prenant la parole, il s'écrie qu'il voit avec douleur qu'on lui refuse la justice due au dernier membre de la confédération. Les députés restent immobiles sur leurs siéges. Ragoczi, cette fois, ne peut contenir son indignation : « Si l'assemblée, dit-il avec amertume, approuve de semblables accusations ; si elle croit à l'inégale répartition des charges publiques et à la prévarication de ceux qui gouvernent le pays ; si elle pense que, pendant cinq ans, j'ai souffert les privations de la guerre, bravé les calomnies et les boulets de l'Autriche pour amasser des trésors, il ne me reste plus qu'à remettre dans vos mains ce titre de général de la confédération dont vous m'aviez autrefois investi, et à quitter dès aujourd'hui le royaume. » En achevant ces mots, il se lève et fait quelques pas pour s'éloigner. La pâleur de son visage, le tremblement de sa voix, cet inimitable accent de vérité qui marque les paroles d'un honnête homme, remuent enfin les députés. A la vue du prince qui s'éloigne, plusieurs versent des larmes. Plus impétueux, ses généraux s'élancent et le retiennent par le bras. Berseny, son ami d'enfance, son camarade d'exil et son plus vieux compagnon d'armes, ne peut contenir sa douleur ni sa colère.

« Députés de la Hongrie, s'écrie-t-il avec force,

montrerez-vous une telle ingratitude envers votre libérateur? Le laisserez-vous partir plutôt que de punir d'infâmes calomniateurs? Non, il n'en sera pas ainsi; périssent ces misérables! » Et, tirant son sabre, il court sur Radkosky et le frappe à l'épaule. Karoly, imitant son compagnon, se jette sur le blessé et l'étend mort à ses pieds. L'autre député de Turocz, Okoliczany, tombe près de son collègue, frappé de plusieurs coups et baigné dans son sang. Tous ces gentilhommes armés frémissent et tirent leurs épées; ils veulent se jeter sur la noblesse de Turocz et l'immoler tout entière. Ragoczi couvre de son corps un des députés de Turocz, avocat vaniteux et téméraire, qui s'était signalé par la violence de son langage, et contient avec peine la fureur de ses partisans. Ils votent du moins par acclamation la mise en jugement d'Okoliczany, qui survit à ses blessures. Son procès s'instruit dès le lendemain et il a la tête tranchée. Les corps des deux victimes sont traînés sur la claie et jetés à la voirie. Le comté de Turocz est déclaré traître à la patrie, son drapeau déchiré, son sceau rompu [1]. Après ces meurtres, qui montrent la guerre civile au sein de la guerre civile même, l'assemblée se sépare en votant des subsides et des soldats.

La guerre se poursuit avec fureur. Ragoczi lance en avant tous ses généraux et toutes ses armées. Stahremberg, incapable de lutter, s'enferme dans

---

[1] *Mémoires de Ragoczi*, t. V, p. 364 et suiv.

l'île de Schut au milieu du Danube, et laisse passer les Hongrois. Ils traversent le fleuve, la Montagne-Blanche et ravagent toutes les provinces impériales, la Moravie, l'Autriche, la Styrie et jusqu'aux faubourgs de Vienne [1]. Dans la haute Hongrie, pendant ce temps, Ragoczi déploie sa remarquable activité et ses rares talents d'organisateur. Il rassemble des armes, de l'argent, des chevaux et des recrues. Pour ménager les populations, il leur demande, au lieu d'argent, dont elles manquent, des denrées qu'elles ont en abondance, des laines ou des vins, des grains ou des bestiaux. On évalue ainsi en nature le contingent que doit fournir chaque comté [2]. Le prince fait voter une nouvelle émission de monnaie de cuivre, s'élevant à deux millions de florins, pour remplacer les contributions abolies; il règle l'équipement, la solde et la discipline de ses troupes, casse les officiers ignorants ou ivrognes, dont il avait dû se contenter dans les premiers temps de la guerre, et leur substitue des capitaines instruits et capables d'inspirer le respect et la confiance à leurs soldats. Il renoue de nouvelles négociations avec le czar, qui lui offre de nouveau la couronne de Pologne, que Ragoczi refuse une seconde fois [3].

Il réunit enfin soixante mille hommes équipés et soldés, qui forment une véritable armée régulière. Derrière lui, les Magyares de Transylvanie s'in-

[1] Juin, juillet et août 1707.
[2] *Mémoires de Ragoczi*, t. VI, p. 331.
[3] *Ibid.*, t. V. p. 368.

surgent de nouveau et chassent les garnisons autrichiennes; devant lui accourent deux redoutables auxiliaires, Charles XII et Villars. Ragoczi peut les rejoindre encore et arracher à l'empereur les conditions qu'il a refusées à Tirnau. La cause de la Hongrie n'est pas perdue.

SOURCES.

GUERRES DE HONGRIE (chap. Ier, II et XVI).—*Tableau de l'Europe où sont représentés les royaumes, républiques, principautés et autres seigneuries de cette puissante partie du monde* (1651, in-12), p. 371 et suiv.—*Histoire de l'état présent du royaume de Hongrie* (Cologne, 1686, in-16).—*Histoire et Description ancienne et moderne du royaume de Hongrie et des autres États qui ont été ou qui sont encore ses tributaires* (Paris, 1688, in-12).—*Voyage en Hongrie*, par Robert Townson (Londres, 1797; Paris, an XI, 3 vol. in-18).—Marcel de Serres, *Voyage en Autriche* (Paris, 1814, 5 vol. in-8).—Beudant, *Voyage minéralogique et géographique en Hongrie, pendant l'année* 1818 (Paris, 1822, 3 vol. in-4).—Balbi, *Abrégé de géographie* (Paris, 1833), p. 243 et suiv.— Malte-Brun, *Précis de géographie*, VI, p. 595 et p. 719.—Baron d'Hausser, *Alpes et Danube* (Paris, 1837, in-8).—*Voyages du maréchal duc de Raguse* (Paris, 1837), tome Ier.—M. Thouvenel, *la Hongrie et la Valachie* (Paris, 1840, in-8).—De Gérando, *Essai historique sur l'origine des Hongrois* (Paris, 1844, 1 vol. in-8).—De Gérando, *la Transylvanie et ses habitants* (1845, 2 vol. in-8).—M. de Bourgoing, *les Guerres d'idiome et de nationalité* (Paris, 1849, 1 vol. in-8 avec une excellente carte).— *Biographie universelle*, art. TÉKÉLY.—William Coxe, *Histoire de la maison d'Autriche depuis Rodolphe de Habsbourg jusqu'à la mort de Léopold II, 1218-1792* (Paris, 1810), tomes III et IV.—Henri Martin, *Histoire de France* (édition de 1848), tome XVI, p. 13, 86, 98 et 461.—*Histoire du prince Ragoczi ou la Guerre des mécontents sous son commandement* (Paris, 1707, in-12).—*Mémoires historiques sur la Transylvanie*, par Lecoq de Villeray (1734, 2 vol. in-12).—*Histoire des révolutions de Hongrie*, par l'abbé Brenner (La Haye, 1739, 6 vol in-12. Les tomes V et VI de l'ouvrage contiennent les Mémoires de Ragoczi).—*Essai sur l'histoire de la maison d'Autriche*, par le comte de Girecour (Paris, 1718), tomes IV et V.—*Mémoires historiques et politiques de la maison d'Autriche*, par Dubosc de Mont-André, tome II.—*Histoire générale de Hongrie*, par de Sacy (1778, 2 vol. in-8).—*Historia regum Hungariæ a Georgio Pray, abbate de Tornova et canonico, complectans res gestas ab anno 1527 ad annum 1780* (Bude, 1801, 3 vol. in-8).—*Historia critica regum Hungariæ, stirpis Austriacæ, a Stephano Katona, abbate et canonico* (Bude, 1804), tomes XXXV et XXXVI.—Fessler, *Geschichte der Ungarn* (Leipzig, 1825), tome IX, p. 357 et suiv.—Engel, *Geschichte des Ungrischen Reichs* (Wien, 1813-14, 5 vol. in-8), tome V, p. 168

et suiv.—Schœll, *Histoire des États européens*, tome XXXII, p. 244 et 301.—*Historia pragmatica regni Hungariæ, compendio proposita a Glycerio Spanyck* (Pesth, 1844, in-8), pag. 406 et suiv.—*Mémoires de Saint-Simon* (Paris, Sautelet et Cie, 1829), tome X, p. 417.

CAMPAGNES de 1704 (chap. III et IV), de 1705 (chap. V et VI) et de 1706 (chap. VIII et IX).—*Archives de la guerre*, vol. 411, n° 193; 1732; 1736, n° 105; 1739, n° 36; 1748, n° 142; 1750, n° 76; 1751, n°s 29 et 215; 1786; 1787, n° 181; 1788, n° 76, 148 et 245; 1789, n° 143; 1790, n° 9; 1836, n° 229; 1837, n° 246; 1846, n° 170; 1852, n° 241; 1853, n° 73; 1867, n°s 105, 117 et 121; 1884; 1885, n°s 37 et 212; 1886, n° 167; 1888, n° 47; 1933, n°s 4, 240 et 299; 1936, n° 122; 1937, n° 25; 1963, n°s 2 et 58; 1966, n°s 46, 79 et 370; 1975, n° 1; 1976, n°s 26 et 259; 1979, n° 26; 1997, n° 79.—*Mémoires de Saint-Simon* (édition précitée, passim).—M. Mignet, *Négociations relatives à la succession d'Espagne* (Paris, 1835, in-4°), tome Ier.—Général Pelet, *Mémoires militaires sur la guerre de la Succession d'Espagne*.—M. Babington Macaulay, *History of England*, tome Ier, p. 461.—*Macpherson's original Papers*.—*Private Correspondance of Sarah duchess of Marlborough illustrative of the court and times of queen Anne* (London, 1838, 2 vol. in-8).—*Agnès Strickland* (Londres, 1848), *lives of the queens of England*.—*Marlborough dispatches*.—*Relation de la bataille de Blenheim* (publiée à La Haye).—P. Simplicien, *État de la France* (1727, 5 vol. in-12).—Rousset, *Histoire militaire du prince Eugène*.—*Voltaire* (édition Beuchot), tome XXXVI, p. 172.—*Mémoires de Feuquière*.—*Histoire politique et secrète de la cour de Madrid dès l'avénement du roi Philippe V* (1719, 5 vol. in-12).—Belando, *Historia civil de España*.—De Quincy, *Histoire militaire du règne de Louis le Grand*.—Saint-Philippe, *Mémoires pour servir à l'histoire d'Espagne sous le règne de Philippe V* (Amsterdam, 1756, 3 vol. in-12).—*Mémoires secrets du marquis de Louville* (Paris, 1818, 2 vol. in-8).—*Mémoires et Lettres du maréchal de Tessé* (Paris, 1806, 2 vol. in-8).—*L'Espagne sous les rois de la maison de Bourbon*, de William Coxe, traduit et annoté par don Andrès Muriel.—Ch. Weiss, *l'Espagne depuis le règne de Philippe II jusqu'à l'avénement des Bourbons* (2 vol. in-8.)—Henri Martin (édition précitée), tome XVI, p. 567-591.—*Mémoires de Noailles* (collection Michaud et Poujoulat), tome XXXII.—*Mémoires de Berwick* (ibid.), tome XXX.—*Mémoires de Villars* (ibid.), tom. XXXI.—Léon Guérin, *Histoire de la Marine*, 2 vol. in-12.—*Mémoires du comte de Mérode Westerloo*.—Limiers, *Histoire du règne de Louis XIV*.—Puységur, *Art de la Guerre*.—*Mémoires de Saint-Hilaire*.—Carlo Botta, *Storia d'Italia*.—Général Duvivier, *Observations sur la guerre de la Succession d'Espagne*.—*Militærische Korrespondenz des Prinzen Eugen von Savoyen*.—*Lettres inédites de madame de Maintenon et de madame la princesse des Ursins* (Paris, Bossange, 1826, 4 vol. in-8).

PERSÉCUTION DES PROTESTANTS (chapitre VII).—*Archives de la Guerre*, vol. 1906, n°s 236, 238, 246 et 252; vol. 1907.—*Le Fanatisme renou-*

velé, par Louvreleuil, prêtre (Avignon, 1701-1706, 4 vol. in-12).—L'abbé Brueys, *Histoire du fanatisme de notre temps* (Utrecht, 1737, 3 vol. in-12).—*Lettres choisies de Fléchier*, évêque de Nîmes (Paris, 1711, 2 vol. in-12).—Lamberty, *Mémoires pour servir à l'histoire du* xviiie *siècle.* —Court, *Histoire des troubles des Cévennes* (Villefranche, 1760, 3 vol. in-12), tome III.—Ménard, *Histoire civile, ecclésiastique et littéraire de Nîmes* (Paris, 1765, in-4).—M. Charles Coquerel, *Histoire des Églises du Désert* (Paris, 1841, 2 vol. in-8), tome Ier.—M. Napoléon Peyrat, *Histoire des Pasteurs du Désert*, tome II.—M. Dourille de Crest, *Histoire des guerres civiles du Vivarais.*—M. de Felice, *Histoire des Protestants de France depuis l'origine de la Réformation jusqu'au temps présent.*

Histoire intérieure (chap. X et XI).—Les *Histoires générales* de Limiers, Larrey, Voltaire, Sismondi, Henri Martin, Schœll et Bruzen de Lamartinière.—Reboulet (Avignon, Girard, 1742-44), tome III.— *Mémoires de Saint-Simon* (passim).—*Caractères de la famille royale, des ministres et des principales personnes de la cour de France, avec une supputation abrégée des revenus de cette couronne* (Villefranche, Paul Pinceau, 1702, in-12).—*Nouveaux Caractères de la famille royale* (Paul Pinceau, 1703, in-12).—*Le Passe-Temps royal de Versailles* (Cologne, Pierre Marteau, 1706, in-16).—*Recueil de pièces héroïques et historiques pour servir d'ornement à l'histoire de Louis XIV*, dédié à MM. Racine et Boileau, historiographes de France (imprimé par Jean de Montespant, à Gisors, à l'enseigne de l'*Édit de Nantes*, 1693, 2 vol. in-fol.), tome II.—Bibliothèque impériale : *Chansons et Anecdotes satiriques* (1713-47, manuscr. in-4, n° 2036). *Recueil Maurepas*, tomes X et XI.— Bibliothèque de l'Arsenal : *Recherches historiques et copies curieuses pour les deux derniers siècles* (in-fol.), n° 150.—Collection du marquis de Paulmy, *Recueil en vers et en prose sur les affaires du temps* (ibid.), n° 148.—*Clef du cabinet des Princes*, 1704-1707.—*Mercure galant.*— *Gazette de France.*—*Mercure historique et politique*, 1706-1707.— —*Lettres historiques et galantes de madame Dunoyer* (Londres, 1739, 6 vol. in-12).—*OEuvres de Louis XIV*, publiées par Grouvelle (Paris, Treuttel et Wurtz, 1806, 6 vol. in-8).—*Mémoires de Louis XIV*, publiés par M. Gain de Montagnac (Paris, 1806, 2 vol. in-8).—*Lettres inédites de madame la princesse des Ursins avec M. le maréchal de Villeroy, suivies de sa correspondance avec madame de Maintenon* (Léopold Collin, Paris, 1806, in-12).—*Lettres de madame de Maintenon* (édition Auger, Paris, 1815, 4 vol. in-12).—*Essai sur l'établissement monarchique de Louis XIV* (Lemontey, Paris, 1818, in-8).—Walckenaër, *Mémoires sur madame de Sévigné* (Paris, 1842-57, 5 vol. in-12).—M. de Noailles, *Histoire de madame de Maintenon* (Paris, 1848-57, 3 vol. gr. in-8).—*Lettres de la duchesse de Bourgogne* (Mélanges de littérature et d'histoire, publiés par des bibliophiles français ; Paris, 1850).—*Notice sur la duchesse de Bourgogne*, par madame la vicomtesse de Noailles.— *OEuvres de madame de Maintenon*, nouvelle édition de M. Lavallée (Paris,

Charpentier).—*Recueil de documents inédits sur l'histoire du tiers-état*, par M. Augustin Thierry (Paris, 1850, Imprimerie nationale), introduction, p. CCXLVII.—*Mémoires* de Noailles, de Berwick, de Tessé, de Saint-Hilaire précités. — *Mémoires de Lafare, de Choisy* (collection Michaud et Poujoulat).—*Souvenirs de madame de Caylus* (ibid).— *Mémoires de Catinat.*—*Pièces inédites sur les règnes de Louis XIV et de Louis XV*, tome II.—*Mélanges historiques*, de Boisjourdain, tome Ier.— *Bibliothèque des gens de cour*, par Guyot de Pitaval (Paris, 1722, 2 vol. in-12), tome II.—Amelot de la Houssaye, *Mémoires historiques, politiques et littéraires* (1722, 2 vol. in-8).—*État de la France*, par le P. Simplicien précité.—*Recueil de différentes choses*, par le marquis de Lassay (1727, 2 vol. in-4).—Ramsay, *Vie de Fénelon* (Amsterdam, 1747, in-12). —*Annales politiques de l'abbé de Saint-Pierre* (2 vol. in-12), tome II.— *Galerie de l'ancienne cour* (Maëstricht, 1787, 3 vol. in-8), tome II.— *Louis XIV, sa cour et le Régent*, par Anquetil (Paris, 1789, 4 vol. in-12). —*Nouveau Siècle de Louis XIV ou procès-anecdotes du règne et de la cour de ce prince* (Paris, 1793, 4 vol. in-8), par Sautreau de Marsy.—*Lettres de la duchesse du Maine*, publiées par Stephen de la Madeleine (Paris, 1805, in-12).—*Abrégé du journal de Dangeau*, par madame de Genlis (Paris, 1807, 4 vol. in-8), tomes III et IV.— *Mémoires du duc d'Antin* (Paris, Didot, 1822, in-8).—Cardinal Beausset, *Histoire de Fénelon* (Versailles, 1821, 4 vol. in-8).—Guillon, *Histoire générale de l'Église pendant le* XVIIIe *siècle* (Paris, 1823, in-8), tome Ier.—Fénelon, *OEuvres complètes*, sa Correspondance, édition Gosselin et Caron (1822-29, 22 vol.).—*Journal de Dangeau*, publié en entier pour la première fois par MM. Soulié, Dussieux, de Chennevières, Mentz et de Montaiglon, avec les additions inédites du duc de Saint-Simon, publiées par M. Feuillet de Conches (Paris, Firmin Didot, 1854, 3 vol. in-8).—*Correspondance complète de Madame, mère du Régent*, publiée pour la première fois par M. Gustave Brunet (Paris, Charpentier, 1855, 2 vol. in-12).—*Les Historiettes de Tallemant des Réaux*, édition Montmerqué et Paulin Pàris Paris, 1854, Techener, 7 vol. in-8), tomes VI, V. Ninon.

FINANCES, AGRICULTURE, INDUSTRIE (chap. XII et XIII).—*Lettres de Fénelon.*—*Lettres de madame de Maintenon*, passim, précitées.—*Mémoires de Saint-Simon.*—*État de la France*, par le comte de Boulainvilliers Londres, 1737, 6 vol. in-12), tomes II et VI.—Dutot, *Réflexions politiques sur les finances et le commerce* (La Haye, 1738, 2 vol. in-12). — Duhautchamp, *Histoire du système des Finances* (La Haye, 1739, 6 vol. in-12), tome V.—Pâris Duverney, *Examen des Réflexions politiques sur les finances de Dutot* (La Haye, 1740, 2 vol. in-12).—*Remarques sur les avantages de la France et de la Grande-Bretagne, par rapport au commerce et aux sources de la puissance des États*, traduit de l'anglais du chevalier John Nickolls (Dresde, 1754, in-8).—Forbonnais, *Recherches et Considérations sur les finances de France* (Bâle, 1758, 2 vol. in-4).—Necker, *Administration des Finances* (Paris, 1788, 3 vol. in-8).

—Montyon, *Particularités et observations sur les Ministres des Finances* (Paris, 1812, in-8).—*Histoire financière de la France,* par M. Bailly (Paris, 1830, 2 vol. in-8).—M. D'Audiffret, *Système financier de la France* (Paris, Guillaumin, 5 vol. in-8), tome V.—*Notice historique sur Colbert.*—M. Pierre Clément, *Histoire de la vie et de l'administration de Colbert* (Paris, Guillaumin, 1846, in-8).—Carnot, *Éloge du maréchal de Vauban* (1784, in-8).—Fontenelle, *Éloge de Vauban* (édition de 1818).—Monteil, *Histoire des Français des divers états* (les six derniers volumes, 1839).—*Mémoires inédits de Vauban*, par M. le lieutenant-colonel Hugoyat (Paris, 1841, in-8).—Vauban, *Projet d'une Dîme royale*; Boisguillebert, *Détail et Factum de la France*; Melon, *Essai sur le Commerce* (collection des économistes financiers du xviiie siècle, Paris, 1843, édition Guillaumin), tome Ier, avec une bonne Notice de M. Eugène Daire sur Vauban.—Adam Smith, *Recherches sur la nature et les causes des richesses des nations* (ibid.), tomes V et VI.—M. Michel Chevalier, *Cours d'économie politique* (1842-44, 2 vol. in-8). — *Une Province sous Louis XIV*, situation politique et administrative de la Bourgogne, de 1661 à 1715, par M. Alexandre Thomas (Paris, 1844, in-8).—Blanqui, *Histoire de l'économie politique* (Paris, Guillaumin, 1845), tome II.—M. Pierre Clément, *le Gouvernement de Louis XIV,* 1683-89 (1849, in-8).—*De l'Administration de Louis XIV,* 1661-1672, d'après les Mémoires inédits d'Olivier d'Ormesson, par M. Chéruel (Paris, 1850, in-8).—*Correspondance administrative sur le règne de Louis XIV*, collection des documents inédits, par M. Depping (Paris, 1850, imprimerie nationale), tome Ier.— Savary, *Dictionnaire universel de commerce, d'arts et de métiers* (Genève, 1750, 5 vol. in-fol.).

HISTOIRE DU JANSÉNISME (chap. XIV et XV).—*Lettres de M. Cornélius Jansénius à M. Jean Duvergier de Hauranne* (Cologne, Lejeune, 1702, in-12).—*Nécrologe de l'abbaye de Port-Royal des Champs* (D. Rivet, Amsterdam, 1743, in-4).—*Supplément au Nécrologe de Port-Royal* (in-4, 1735). —*Mémoires pour servir à l'histoire de Port-Royal*, par M. Fontaine (Cologne, 1736, 2 vol. in-12).—*Mémoires touchant la vie de M. de Saint-Cyran*, par M. Lancelot (Cologne, 1738, 2 vol in-12).—*Mémoires pour servir à l'histoire de Port-Royal,* par M. Dufossé (Cologne, MDCCXXXIX, in-12).—*Recueil de plusieurs pièces pour servir à l'histoire de Port-Royal* (1740, in-12).—*Mémoires pour servir à l'histoire générale de Port-Royal* (Utrecht, 1742, 3 vol. in-12).—*Lettres chrétiennes et spirituelles* de messire Jean Duvergier de Hauranne (1744, 2 vol. in-12).—*Vies intéressantes et édifiantes de plusieurs religieuses de Port-Royal* (Utrecht, 1750-52, 4 vol. in-12).—*Vies intéressantes et édifiantes des amis de Port-Royal* (Utrecht, 1751, in-12).—*Les Ruines de Port-Royal des Champs,* par Grégoire (Paris, 1809, in-8).—*Notice sur Port-Royal*, de Petitot, en tête des Mémoires d'Arnaud d'Andilly.—*Mémoires de l'abbé Arnauld d'Andilly* collection Michaud et Poujoulat), tome XXI.—*Histoire des cinq propositions*, par Hilaire Dumas (Liége, 1699, in-12).—*Histoire du Jansénisme*

(Gerberon, MDCC, 3 vol. in-8).—*Mémoires chronologiques et dogmatiques pour servir à l'histoire ecclésiastique*, par le P. d'Avrigny (Paris, 1720-39, 4 vol. in-12).—*Histoire de l'abbaye de Port-Royal*, par l'abbé Besoigne (Cologne, 1752, 6 vol. in-12).—*Histoire générale de Port-Royal*, par dom Clément (Amsterdam, 1755, 10 vol. in-12).—*Mémoires historiques et chronologiques sur l'abbaye de Port-Royal*, par l'abbé Guilbert (Utrecht, 1755-56, 9 vol. in-12).—*Histoire de Port-Royal*, par Racine.—*Oraison funèbre de Cornet*, par Bossuet.—*Histoire de l'Église*, par Bérault-Bercastel (Toulouse, 1811, 12 vol. in-8).—*Histoire de l'Église au* xviiie *siècle*, par l'abbé Aimé Guillon (Paris, 1823, in-8), tome Ier.—*Mémoires d'Arnauld d'Andilly* (collection Petitot).—*Lettres* de M. Arnauld d'Andilly (Paris, MDCLXII, in-18).—M. Sainte-Beuve, *Histoire de Port-Royal* (Paris, 1840-48, 3 vol. in-8). —*Pensées, Fragments et Lettres* de Blaise Pascal, publiées pour la première fois conformément aux manuscrits originaux, par M. Faugère (Paris, 1844, 2 vol. in-8).—*Lettres, Opuscules et Mémoires de madame Périer et de Jacqueline Pascal*, publiées sur les manuscrits originaux, par M. Faugère (Paris, 1845, in-8).—M. Crétineau-Joly, *Histoire de la Compagnie de Jésus* (1845, 5 vol. in-12), tome IV.—Varin, *La Vérité sur les Arnauld* (1847, 2 vol. in-8).—Schœll (précité).—*Les Provinciales*, édition de l'abbé Maynard.—M. Louis Blanc, *Histoire de la Révolution française*.—Henri Martin (précité).—M. Cousin, *Madame de Longueville* (Didier, 1853, in-8).

FIN DU TOME DEUXIÈME.

TABLE

CHAPITRE PREMIER.

	Pages
Géographie physique de la Hongrie	6
Le Bannat; les marais de la Theiss; les steppes	ib.
Villes principales	7
Vignes, mines et montagnes	8
Géographie politique de la Hongrie	ib.
Migrations successives de barbares; fondation du royaume de Hongrie	9
Décadence de la Hongrie; sa réunion à l'Autriche	10
Différentes races qui l'habitent: Valaques, Slaves	11
Magyares	12
Allemands	13
Guerre de trois siècles entre les Hongrois et la Maison d'Autriche	14
Succès et revers de Tékély, le dernier chef des Hongrois	15
Héroïsme d'Hélène Zriny, sa femme	ib.
Cruautés des Autrichiens; massacres d'Epéries	16
Léopold couronné roi de Hongrie à la diète de Presbourg	ib.
Nouvelles victoires de Tékély	17
Succès des impériaux, paix de Carlowitz	ib.
Mort de Tékély	18

CHAPITRE II.

Exactions des Autrichiens en Hongrie	20
Exaspération des vaincus	21

Ragoczi..	*ib.*
Sa naissance, sa jeunesse.........................	22
Il quitte la cour de Vienne et se retire dans la haute Hongrie...	23
Il se décide à la révolte...........................	24
Trahison de Longueval..............................	25
Ragoczi est arrêté à Neustadt......................	*ib.*
Son procès..	26
Son évasion...	27
Retiré en Pologne, il prépare et dirige de loin l'insurrection hongroise...............................	29
Révolte prématurée et excès des paysans.........	30
Ils sont battus à Dolha.............................	31
Ragoczi va se mettre à leur tête et commence la guerre..	32
Il remporte un premier avantage à Tisabecs......	33
Les déserteurs et les gentilshommes viennent grossir son armée.....................................	34
Situation critique de l'Empereur...................	35
Succès des Hongrois................................	*ib.*
Heister reprend l'avantage; férocité des Serbes et des Croates.......................................	36
Heureuse campagne de Ragoczi en Servie.........	37
Il revient sur Heister et prend Neuhausel........	38
Il est battu à Tirnau................................	39
Il rallie son armée et ses généraux ravagent les faubourgs de Vienne.................................	*ib.*
Administration de Ragoczi.........................	40
Ses alliances..	41
Situation et ressources de l'insurrection magyare en 1704...	*ib.*

CHAPITRE III.

Détresse de l'armée de Marsin au printemps de 1704	43

	Pages
Les ennemis lui coupent toutes les communications avec la France.........................	44
Tallard lui amène des renforts................	45
Louis de Bade en détruit une partie............	ib.
Découragement de l'Electeur de Bavière.........	46
Les princes allemands réclament l'expulsion des Français...............................	47
Portrait de Marlborough.....................	ib.
Sa jeunesse, sa conduite à la cour de Charles II...	48
Sa rapide fortune servie par son ingratitude.....	49
Sa popularité et son autorité dans les conseils de l'Europe................................	50
Il trompe Villeroy et opère sa jonction avec l'armée impériale...............................	51
Situation critique et faiblesse de l'armée française.	52
Tallard arrive à son secours avec 30,000 hommes..	53
Bataille de Blenheim........................	ib.
Fautes de Tallard...........................	55
Il est battu à l'aile droite tandis que Marsin et l'Electeur triomphent au centre et à l'aile gauche....	59
Retraite des Français.......................	ib.
Capitulation de Blenheim.....................	62
Conséquences de la défaite...................	63
Retraite des Français au delà du Rhin...........	ib.
Succès en Italie ; prise de Verceil et d'Yvrée......	64

CHAPITRE IV.

Situation de l'Espagne au commencement du XVIIIe siècle............................	67
Son gouvernement, ses finances, ses forces militaires...................................	69
Avilissement du pouvoir royal sous Charles II....	70

	Pages
Fédéralisme des provinces	72
Rivalité de la maison de Habsbourg et de la maison de Bourbon	73
Exil de George de Darmstadt	ib.
L'archiduc Charles proclamé roi d'Espagne à Vienne sous le nom de Charles III	74
Il débarque à Lisbonne avec une armée anglaise	ib.
Louis XIV envoie à Philippe V 12,000 hommes commandés par le marquis de Puységur	75
Berwick remplace Puységur	76
Portrait de Berwick	ib.
Il réorganise l'armée espagnole et reprend l'offensive	77
Succès de la campagne	78
George de Darmstadt et l'amiral anglais Rook tentent une descente en Catalogne	79
Ils échouent dans leur entreprise	80
L'amiral Rook vient mettre le siége devant Gibraltar	ib.
Il prend possession de cette place au nom de l'Angleterre et remet à la voile	81
Bataille de Malaga	ib.
L'avantage reste aux Anglais	84

CHAPITRE V.

Marlborough projette d'envahir la France de concert avec Louis de Bade	88
Louis XIV rappelle Villars des Cévennes et l'oppose à Marlborough	ib.
Les alliés intimidés quittent la Moselle	90
Désespoir de Marlborough qui offre sa démission	ib.
Il arrive en Belgique	91

	Pages
Il y trouve Villeroy retranché derrière les lignes de la Ghète....................................	91
Il s'empare de ces lignes et veut poursuivre ses avantages.......................................	92
Le mauvais vouloir des états généraux le décide à rentrer en Angleterre............................	93
Villars envoyé sur le Rhin y trouve le prince de Bade avec des forces triples des siennes........	ib.
Il se replie sur Strasbourg............................	94
Il a recours à une ruse pour décider l'ennemi à prendre ses quartiers d'hiver....................	95
Son retour à Versailles et le mauvais accueil qu'il y reçoit..	ib.
En Italie, Vendôme assiége Verrue..............	ib.
Il emporte la place malgré les difficultés du siége.	96
Portrait de son frère Philippe, grand prieur de France....................................	97
Les fautes qu'il commet en Lombardie forcent Vendôme à quitter le Piémont pour venir à son secours..	98
Bataille de Cassano.................................	99
Situation critique de l'armée française...........	100
Belle conduite de Vendôme......................	101
Déroute des Autrichiens et retraite du prince Eugène...	102
Inertie du grand prieur pendant la bataille........	103
Sa disgrâce et son exil............................	
Heureuses conséquences de la journée de Cassano.	104

CHAPITRE VI.

Le marquis de Villadarias, à la tête d'une armée franco-espagnole, assiége Gibraltar, défendu par George de Darmstadt...	105

	Pages
Difficultés du siége, rigueurs du climat, insuffisance des munitions, désertions..	106
Vaine tentative de blocus faite par le baron de Pointis.	107
L'amiral Lacke ravitaille la place	ib.
Philippe V envoie Tessé pour examiner les travaux.	108
Portrait de Tessé	ib.
Pointis reçoit l'ordre de retourner devant Gibraltar.	109
Il est battu par la flotte anglaise..	110
Tessé change le siége en blocus et va prendre le commandement de l'armée de l'Estramadure...	ib.
Dénûment de cette armée.	111
Galway et les Anglo-Portugais rentrent en Portugal sans avoir remporté des avantages décisifs.	ib.
L'archiduc Charles prépare une expédition en Catalogne	112
George de Darmstadt et Peterborough l'accompagnent..	115
Portrait de Peterborough.	ib.
Sympathies des Valenciens et des Catalans pour l'archiduc	113
Attitude énergique du gouverneur de Barcelone Francesco de Velasco.	114
Tentative de Peterborough sur le Montjuich..	115
Mort de Darmstadt.	116
Prise du Montjuich.	117
Velasco trahi par la garnison de Barcelone se décide à capituler.	ib.
Belle conduite de Peterborough, qui sauve le gouverneur.	118
Toute la Catalogne se prononce pour Charles III...	119
Murcie, Valence, l'Aragon et Grenade suivent cet exemple...	120
La cause de Philippe V semble perdue..	ib.

CHAPITRE VII.

	Pages
Berwick succède à Villars dans les Cévennes	122
Il envoie ses soldats à la poursuite des chefs protestants	ib.
Bâville, intendant du Languedoc, les envoie à la mort ou au bagne	ib.
Un vaste complot s'organise contre Berwick et Bâville	123
Ravanel, Jonquet, Maurel dit *Catinat* et Villas, chefs de ce complot	124
Ils se partagent les rôles	ib.
L'Angleterre et la Hollande leur envoient des munitions	125
Berwick est averti par un espion	ib.
Arrestation de trois conjurés dans Montpellier	126
Jean-Louis *le Génevois* fait des révélations	127
Berwick l'envoie à Nîmes sous escorte	ib.
Jean-Louis dirige les perquisitions	128
Arrestations de Jonquet, Villas et Ravanel	ib.
Terreur des Huguenots	129
Berwick et Bâville arrivent à Nîmes	ib.
Bâville met à prix la tête de Catinat	130
Arrestation de Catinat	131
Les prisonniers subissent la torture	132
Villas et Jonquet sont condamnés à la roue, et Ravanel et Catinat au bûcher	133
Détails du supplice	134
Héroïsme des victimes	ib.
Emprisonnements, confiscations, exécutions à Nîmes, à Montpellier et à Uzès	135
Supplice de Laurent Boëton	136
Belles paroles qu'il prononce en se rendant à l'échafaud	137

	Pages
Pénible impression produite par ces persécutions.	139
Les catholiques éclairés les déplorent..	ib.
Un protestant demande la *loi du talion* en Hollande et en Angleterre.....	140
Quelques Camisards échappés à Bâville sont accueillis avec enthousiasme en Suisse et à Londres...	ib.

CHAPITRE VIII.

Forces de la France au printemps de 1706.	144
Villeroy reçoit le commandement de l'armée du nord..	
Il veut reprendre Léau et demande au roi l'autorisation de combattre...........................	ib.
Il l'obtient et donne tête baissée dans l'armée anglaise..	145
Bataille de Ramillies.............................	ib.
Fatale opiniâtreté de Villeroy....................	146
Déroute de l'armée.............................	ib.
Effets désastreux de la défaite...................	147
Louis XIV rappelle Villeroy et donne le commandement à Vendôme, qui revient d'Italie.......	148
Vendôme réorganise les régiments, rétablit la confiance de l'armée et arrête Marlborough jusqu'à la fin de l'automne............................	ib.
Sur le Rhin, Villars entreprend de forcer les Allemands.......................................	149
Hésitations de Marsin............................	ib.
Villars s'avance dans un pays inondé et reprend Lauterbourg, Drusenheim et Haguenau........	150
Il repousse les Impériaux au delà du Rhin........	151
En Italie, Vendôme se charge de fermer le Milanais aux Autrichiens et charge La Feuillade de prendre Turin..	ib.

	Pages.
Funeste présomption de La Feuillade............	152
Le duc de Savoie trompe sa surveillance et se retire chez les Vaudois.....................	153
La Feuillade s'élance à sa poursuite............	ib.
Lenteurs du siége de Turin.................	154
Les Piémontais reprennent confiance............	155
Négligence de Vendôme en Lombardie..........	ib.
Philippe d'Orléans remplace Vendôme, qui a reçu l'ordre d'aller remplacer Villeroy............	156
Le roi lui adjoint Marsin, malgré les conseils de Vendôme.............................	ib.
Eugène force la ligne de l'Adige..............	ib.
Il opère sa jonction avec le duc de Savoie, malgré les efforts du duc d'Orléans................	157
Turin devient le centre des opérations des deux armées..............................	ib.
Le duc d'Orléans propose d'attaquer l'ennemi en rase campagne.........................	158
Marsin s'y oppose........................	ib.
Sinistres pressentiments du maréchal...........	159
Le duc d'Orléans renonce au commandement....	160
L'insubordination règne dans l'armée et la mésintelligence entre les chefs.................	161
Eugène et Victor Amédée attaquent les Français dans leurs lignes.......................	162
Le duc d'Orléans et Marsin sont grièvement blessés.	163
Les alliés triomphent sur tous les points.........	164
Mort de Marsin..........................	165
Inertie de La Feuillade.....................	ib.
Le duc d'Orléans songe à continuer les hostilités..	166
Mauvais vouloir des officiers généraux et sourde opposition de La Feuillade.................	167
Le duc d'Orléans découragé ramène l'armée en Savoie...............................	168

	Pages
Eugène et Victor-Amédée achèvent la conquête du Milanais qui passe sans retour à l'Autriche......	169

CHAPITRE IX.

Philippe V songe à reconquérir la Catalogne......	172
Berwick remplace Tessé dans le commandement de l'armée de l'Estramadure..................	173
Tessé reçoit l'ordre de conduire en Aragon les régiments français faisant partie de cette armée. ...	ib.
L'Aragon s'insurge sur ses pas............ ...	174
Découragement de Tessé...................	ib.
Il opère sa jonction sous les murs de Barcelone avec Philippe V et une armée française commandée par Legall.........................	175
Siége de Barcelone.....................	ib.
Fanatisme des Catalans..................	176
Prise du Montjuich....................	ib.
Situation critique des assiégeants............	177
Tessé lève le siége....................	178
Périls de la retraite...................	ib.
Philippe V retourne à Madrid..............	179
Détresse de Berwick en Estramadure..........	180
Mauvais vouloir et trahison des généraux espagnols.	ib.
Enthousiasme des Madrilènes pour Philippe V.....	181
Il quitte Madrid pour Burgos...............	182
Difficultés du voyage...................	183
Courageuse résignation de la reine...........	184
Entrée des alliés dans Madrid..............	185
La guerre civile éclate sur tous les points........	186
Fidélité des Castillans...................	188
Berwick rassemble une nouvelle armée.........	189
Fanatisme des Madrilènes................	190

	Pages
L'armée anglo-portugaise est décimée par le poison et les assassinats.	191
Elle quitte Madrid et se retire à Valence.	192
La discorde règne entre les généraux.	193
Succès de Berwick.	194
Retour de Philippe V dans sa capitale.	195

CHAPITRE X.

La cour au commencement du XVIIIe siècle.	197
Louis XIV.	198
Madame de Maintenon.	199
Sa naissance, sa jeunesse, son mariage avec Scarron.	ib.
Ses aventures.	200
Son mariage secret avec Louis XIV.	201
Ses intrigues occultes, son influence dans les conseils.	202
Son caractère.	203
Sa participation à la révocation de l'Edit de Nantes.	ib.
Sa société : les dévots et les courtisans.	205
Monseigneur, fils de Louis XIV.	207
Parallèle entre le père et le fils.	ib.
Vulgarité du dauphin.	208
Mademoiselle Choin.	ib.
La duchesse de Bourbon.	210
Elle règne en souveraine à Meudon.	211
Société du dauphin : les partisans de la guerre.	212
Les libertins et les libres penseurs.	213
Le duc et la duchesse de Bourgogne.	215
Portrait de la duchesse de Bourgogne.	ib.
Son originalité, ses saillies.	217
Ses légèretés.	218

   Pages

Sa liaison avec Nangis....................................	*ib.*
Folle passion de Maulevrier............................	219
Dénoûment tragique de cet amour..................	220
Portrait du duc de Bourgogne.........................	*ib.*
Ses mauvais penchants bientôt modifiés par Fénelon.	221
Le duc de Bourgogne se propose de réformer la monarchie...	222
Exposition de son système...............................	*ib.*

CHAPITRE XI.

Société du duc de Bourgogne...........................	227
Fénelon...	*ib.*
Son livre des *Maximes des Saints* entraîne sa disgrâce..	228
Apparition de *Télémaque*................................	*ib.*
Fâcheuses allusions..	229
Fénelon à Cambrai..	230
Sympathies des Anglais pour sa personne.........	*ib.*
Les ducs de Beauvilliers et de Chevreuse.........	231
Le duc de Saint-Simon..................................	233
Ses premières années....................................	*ib.*
Dans quelles circonstances il commence la rédaction de ses *Mémoires*..................................	234
Ses prétentions nobiliaires.............................	235
Motifs de la froideur que lui témoigne Louis XIV..	*ib.*
Ses qualités..	236
Personnages qui se rattachent au parti du duc de Bourgogne...	*ib.*
Les Jansénistes...	238
La maison d'Orléans.....................................	*ib.*
Madame, duchesse douairière d'Orléans...........	239

	Pages
Sa passion pour l'étiquette, ses habitudes excentriques...	239
Son isolement à Versailles...	240
Le duc d'Orléans, son fils...	ib.
Sa froideur pour la duchesse, sa femme...	ib.
Ses désordres...	241
Mécontentement de Louis XIV stimulé par madame de Maintenon...	242
La maison de Condé...	243
Monsieur le prince, fils du grand Condé...	244
Monsieur le duc, son petit-fils...	ib.
Le grand Conti...	245
Motifs de sa disgrâce...	246
Ses amours avec la duchesse de Bourbon, sa cousine.	ib.
Son voyage en Pologne...	247
Sa mort...	248

CHAPITRE XII.

Etat des finances au commencement du XVIII° siècle.	251
Coup d'œil rétrospectif sur l'administration antérieure à Colbert...	252
Ce qu'on appelait les *moyens extraordinaires*...	ib.
Créations de charges, altération des monnaies, ventes de titres de noblesse, émissions de papiers royaux, etc...	254
Réformes introduites par Colbert...	255
Sa répulsion pour le système des emprunts...	256
Déplorable administration de ses successeurs...	257
Enorme quantité de charges créées et vendues par Chamillart et Pontchartrain...	258
Nouveaux impôts établis par Chamillart...	ib.
Altération des monnaies...	259

	Pages
Création de billets de toute nature	260
Agiotage effréné; dépréciation rapide des papiers publics	*ib.*
Le commerce ruiné par la révocation de l'Edit de Nantes	261
Notre industrie naissante paralysée par le tarif de 1699	262
Nouveaux impôts de consommation et ventes de monopoles	264
Augmentation des aides	*ib.*
Définition de cet impôt	*ib.*
Exactions des traitants	265
Augmentation des douanes nationales et provinciales	267
Définition de cet impôt	*ib.*
Brigandages des commis	269
Pouvoirs illimités que leur donnait la loi	270
Augmentation de la gabelle	271
Définition de cet impôt	*ib.*
L'Etat s'efforce vainement de sévir contre les conbandiers	272
Chamillart taxe les baptêmes, les mariages et les sépultures	*ib.*
Séditions dans les provinces	273
Conséquences du système financier de Chamillart	*ib.*

CHAPITRE XIII.

	Pages
Détresse de l'agriculture	275
L'énormité des droits d'exportation entrave le commerce des grains	*ib.*
La taille ruine les cultivateurs	276
Définition de cet impôt; tailles *personnelle* et *réelle*.	277

	Pages
Mode de répartition de la taille...	278
Son incertitude et son injustice démoralisent le laboureur...	279
Frais énormes qu'entraîne sa perception...	280
Dépérissement progressif de l'agriculture ; famines.	281
La guerre, autre cause de misère...	282
Des provinces entières restent en friche...	283
Deux hommes, Boisguillebert et Vauban, cherchent un remède à cette situation...	284
Boisguillebert écrit le *Détail de la France*...	ib.
Plan de cet ouvrage...	ib.
Vice du système actuel...	285
Mesures qu'il propose...	286
Résultats immédiats qui doivent suivre l'adoption de ses projets...	287
Critique de cet ouvrage...	ib.
Dix ans plus tard, Boisguillebert écrit le *Factum de la France*...	288
Il reproduit la plupart des idées exposées dans le *Détail*...	290
Il propose l'établissement d'une taxe uniforme en argent...	291
Son entrevue avec Chamillart...	292
Il écrit une violente brochure...	ib.
Il est exilé en Auvergne, puis rappelé...	293
Portrait de Vauban...	294
Sa naissance, ses premières années, son éducation...	ib.
Son rapide avancement, ses services éclatants...	295
Il écrit la *Dîme royale*...	297
Exposé de cet ouvrage...	298
Vauban propose l'établissement d'une taxe uniforme payable en nature...	ib.
Avantages de l'impôt unique...	300

	Pages
Il réfute d'avance les objections que pourra soulever son système..	302
Mauvais accueil que reçoit la *Dîme royale*........	306
Louis XIV ordonne la saisie du livre.............	ib.
Mort de Vauban..................................	307
Considérations générales sur Boisguillebert et Vauban..	ib.

CHAPITRE XIV.

Jansénius et Duvergier de Hauranne — Université de Paris..	309
Caractère de Duvergier...........................	310
Portrait de Jansénius.............................	311
Travaux et projets des deux réformateurs.........	313
Ils se séparent...................................	315
Duvergier obtient l'abbaye de Saint-Cyran, Jansénius devient évêque d'Ypres...................	316
Leur correspondance.............................	ib.
Jansénius écrit l'*Augustinus*, Saint-Cyran prêche la nouvelle doctrine.............................	317
Saint-Cyran gagne aux idées nouvelles la noblesse, le Parlement, les femmes.....................	ib.
Description de l'abbaye de Port-Royal............	318
L'église, le cloître, la ferme des Granges.........	319
Angélique Arnauld entreprend de régénérer l'abbaye..	320
Elle fonde Port-Royal de Paris...................	321
Elle entre en relations avec Saint-Cyran.........	ib.
Eclatantes conversions d'Antoine Lemaistre......	322
De Lemaistre de Sericourt.......................	324
De Lemaistre de Sacy............................	ib.
Autres conversions...............................	325

	Pages
Les solitaires se transportent à Port-Royal des Champs...	325
Nombreux prosélytes	326
Les Arnauld, Pascal, la duchesse de Longueville..	327
Occupations et travaux des solitaires	328
La mère Angélique revient à Port-Royal des Champs	331
Les religieux vont habiter les Granges	333
Richelieu fait arrêter Saint-Cyran et l'envoie à Vincennes	334
Mort de Saint-Cyran et de Jansénius	ib.
Exposition du dogme du jansénisme	ib.

CHAPITRE XV.

Condamnation de l'*Augustinus* par le pape	343
Opposition des docteurs jansénistes	344
Le pape condamne cinq propositions du livre, dénoncées comme hérétiques	ib.
Querelles dans les universités et à la Sorbonne	345
Polémique des Jésuites	346
Lettres écrites par le docteur Arnauld en faveur de M. de Liancourt	348
Portrait d'Arnauld	349
Sa famille	350
Les Jésuites dénoncent ses lettres à la Faculté de théologie	ib.
Procès d'Arnauld	351
Il est exclu de la Sorbonne	352
Pascal écrit *les Provinciales*	353
Succès de l'ouvrage	ib.
Mazarin ferme les écoles de Port-Royal, à l'instigation des Jésuites	354

	Pages
Alexandre VII condamne *les Provinciales*, et impose un formulaire aux Jansénistes............	355
Persécution des Jansénistes.....	*ib.*
Terreur inspirée par le formulaire....	356
Dispersion des religieuses	*ib.*
Exil et emprisonnement des religieux............	357
Paix de l'Église	358
Les Jansénistes rentrent en grâce..	359
Enthousiasme des Parisiens..................	360
Mort de madame de Longueville...........	362
Les persécutions recommencent.................	*ib.*
Les solitaires quittent les Granges pour n'y plus revenir	363
Mort d'Arnauld	364
En 1700, la lutte se ranime au sujet du cas de conscience	365
Le pape lance la bulle *Vineam Domini*	*ib.*
Lettres de cachet, exils, emprisonnements..... .	366
Le père Quesnel.............................	*ib.*
Mansuétude de M. de Noailles	367
Schisme dans l'Église...........	*ib.*

CHAPITRE XVI.

Ragoczi se prépare à envahir l'Autriche au printemps de 1705	369
La mort de Léopold Ier suspend la marche des Magyares...... ....·.............	370
Son successeur Joseph Ier fait des propositions pacifiques, qui sont repoussées.................	*ib.*
La guerre recommence........	*ib.*
Herbeviller bat les Hongrois à Poudmeritz........	371
L'empereur renouvelle ses ouvertures pacifiques..	372

	Pages
Ragoczi convoque la diète à Seczim....	373
La diète décide la continuation de la guerre......	374
Expédition d'Herbeviller	375
Dangers et souffrances de son armée............	376
Il bat les Hongrois et force le défilé de Czibo......	378
Il reprend la Transylvanie....................	ib.
Trêve de quarante jours	379
Ouverture des conférences de Tirnau....	ib.
L'empereur espère amener Ragoczi à conclure la paix	384
Il lui envoie sa femme....................	ib.
Wratislau fait à Ragoczi des propositions de la part de l'empereur.....	ib.
Ragoczi les repousse	382
La femme de Ragoczi retourne à Vienne	383
Elle passe en France........................	384
Prétentions respectives de l'empereur et des Hongrois exposées aux conférences de Tirnau......	385
Rupture de la diète..	387
Reprise des hostilités ....·.· . ..	388
Trahison de Forgatz....................	ib.
Diète d'Onod...........................	389
La maison de Habsbourg déchue du trône de Hongrie.................	ib.
Plaintes des députés de Turocz..	390
Meurtre des deux députés	392
Nouveaux efforts de Ragoczi	393
État de ses forces en 1707....................	ib.
Sources	395

FIN DE LA TABLE.

PARIS. — IMPRIMÉ CHEZ BONAVENTURE ET DUCESSOIS,
55, quai des Grands-Augustins.

ERRATUM.

Page 355, ligne 2 : au lieu de *Jésuites*, lisez *Jansénistes*.

www.ingramcontent.com/pod-product-compliance
Lightning Source LLC
Chambersburg PA
CBHW070931230426
43666CB00011B/2397